SETI

Seth Speaks:

The Eternal Validity of the Soul

존재하는 모든 것은 사라지지 않는다

제인 로버츠 지음 | 매건 김 옮김

| 우리의 삶을 넘어선 본질에 대한 이야기 |

SETH SPEAKS

터닝페이지

옮긴이 | 매건 김 Meghan Kim

동국대학교 미술학과 졸업 후 미국으로 이민, 우연한 기회에 형이상학과 채널링에 대한 관심이 생겨 존재, 내면, 자아에 대한 많은 공부를 했다. 현재 미국에서 심리 치료사로 활동하고 있다.

존재하는 모든 것은 사라지지 않는다

1판 1쇄 인쇄 2025년 1월 15일
1판 1쇄 발행 2025년 1월 22일

지은이 제인 로버츠
옮긴이 매건 김
발행인 김정경
책임편집 이지은 **마케팅** 김진학 **디자인** 문성미

발행처 터닝페이지
등 록 제2022-000019호
주 소 04793 서울 성동구 성수일로10길 26 하우스디 세종타워 본동 B1층 101/102호
전 화 070-7834-2600
팩 스 0303-3444-1115
대표메일 turningpage@turningpage.co.kr
인스타그램 www.instagram.com/turningpage_books
페이스북 www.facebook.com/turningpage.book

ISBN 979-11-93650-14-1 (03110)

추천의 말

《존재하는 모든 것은 사라지지 않는다》는 2024년에 출간된 《세스 매트리얼》의 후속작으로, 영적 존재인 세스가 제인 로버츠의 육체를 빌려 전하는 삶과 죽음에 관한 이야기들을 담고 있습니다. 저자 제인 로버츠는 "세스의 메시지는 나의 현실관을 완전히 바꿔놓았고, 정체성을 강화해주었다. 인간은 시간과 질병, 부패의 노예이며 통제 불가능한 파괴 본능에 붙들려 산다는 시각은 더 이상 나를 구속할 수 없다. 나는 그 어느 때보다 확실하게 스스로가 운명의 주인임을 느끼고 있다."라고 말합니다.

세스는 제인 로버츠를 통해 우리가 살면서 궁금해하는 존재의 진실들에 대해 들려줍니다. 인간의 정체성과 영혼의 특성, 사후 세계의 구체적인 정황, 현생에서 가족으로 만나게 된 이유, 질병이나 증오심을 어떻게 잘 다룰지, 여성성과 남성성의 조화와 균형에 대해 말합니다. 또 환생과 윤회의 기회를 통해 우리 의식을 잘 활용하는 방법, 석기 시대 훨씬 전에 존재했다 사라진 초고대 문명에 대한 이야기도 무척 흥미롭습니다. 그리고 책의 끝부분, '이 세상의 고통과 아픔은 어떻게 설명할 수 있을지'에 대한 설명은 깊은 공감으로 우리를 이끕니다.

얼마 전부터 제가 죽음학 강의에서 소개하는 내용입니다. 2015년 9월, 국제적으로 명망 있는 과학자들과 의사들이 미국 애리조나주 투손에 모여 "육체가 죽음을 맞더라도 우리의 의식은 지속된다."라는 선언을 했습니다. 유물론과 실증주의에 익숙한 과학자들이 이런 선언을 했다는 것은 시사하는 바가 매우 큽니다.

지난 20년간 제가 섭렵했던 죽음과 정신세계에 관한 책들은 한결같이 육체가 죽음을 맞더라도 우리의 의식은 지속되며, 영혼은 고유의 정보, 주파수, 진동수를 갖고 있는 에너지체로서 수많은 삶과 죽음을 거친다고 말합니다.

세스가 전하는 메시지도 같습니다.

"영혼이란 스스로 자신의 존재와 삶을 프로그래밍하는 신성한 의식 컴퓨터라고 할 수 있습니다. 다만 이 컴퓨터는 너무나 뛰어난 창조력을 갖고 있어서 매번 다양한 퍼스낼리티personality로 나타나 독특한 의식과 노래를 꽃피우며 자신도 상상하지 못했을 놀라운 현실을 만들어내는 것입니다."

반복되는 실험으로 입증되는 물질세계의 법칙과는 달리, 눈에 보이지 않는 세계에서는 신뢰할 만한 저마다의 다양한 통로를 통해 전달되는 메시지가 같다면 그 메시지는 진실일 가능성이 높습니다.

눈에 보이는 육체만이 자신의 정체성의 전부이며 죽음으로 존재가 소멸된다는 생각에 공포를 느끼는 사람들에게 세스의 메시지는 큰 위로를 줍니다.

"여러분은 자신이 피와 살과 뼈로 이루어진 육체라는 감옥 속에 갇힌 존재라고 생각할지 모르겠습니다. 만일 청춘, 아름다움, 지성, 업적 따위와 자신을 동일시한다면 그런 것들은 세월의 흐름과 함께 스러지게 마련이니 당신은 불안함을 느낄 것입니다. 여러분은 나처럼 비육체적 존재입니다. 여러분은 숱한 삶을 살아왔으며 내면에 그 기억들을 고스란히 간직하고 있습니다. 비록 그런 기억을 표면으로 떠올리지 못하지만 말이에요."

세스는 제안합니다. 스스로를 연극의 제작 과정 전반에 관여해온 집단극의 배우라고 생각해보라고요. 우리는 현재 자신의 배역에만 초점을 맞춘 채 도전, 희망, 슬픔 등 연극의 현실에만 너무 깊이 몰입한 탓에 모든 것이 자신의 창조물이라는 사실을 잊고 말았습니다.

심리학자 네기Maria Nagy는 어린이가 죽음을 어떻게 인지하는지에 대해 최초로 연구했는데, 어린이가 궁금해하는 세 가지는, '죽음이란 무엇이지, 사람은 왜 죽는지, 죽은 사람에게는 무슨 일이 일어나며 어디로 가는지'였습니다.

인류에게 집단무의식의 개념을 알려준 분석심리학의 창시자 칼 구스타브 융Carl Gustav Jung은 "사람은 사는 동안 사후생死後生에 대해 이해하기까지, 최소한의 개념을 가질 정도가 되기까지 최선을 다해야 한다. 그렇지 못했다는 것은 아주 결정적인 손실이다."라고 했는데요. 어른만이 아니라 어린이들의 질문에 대한 답이 될 만한 구체적인 이야기를 세스의 말에서 발견할 수 있습니다.

"사후 환경은 우울함과는 전혀 거리가 먼 세계입니다. 그곳은 오히려 여러분이 아는 그 어떤 곳보다도 훨씬 더 활발하고 기쁨이 넘치는 차원이죠. 단지 지금까지와는 다른 법칙이 적용되는 새로운 환경에서 생활하는 법을 배우게 됩니다. 그 법칙은 현재 여러분이 알고 있는 물리적인 법칙보다는 한결 자유롭습니다. 사후의 삶을 믿었던 사람들은 훨씬 쉽게 새로운 환경에 적응합니다."

그리고 사후 세계에 적응하는 정도는 개인에 따라 큰 차이가 있어서 많은 사람들이 사후에도 여전히 의식이 유지된다는 사실을 발견하고 크나큰 기쁨을 맛보지만 어떤 이들은 사후에 자신이 죽어 있다는 사실을 거부하고 지상에서 알았던 사람들에게 감정적 에너지를 계속 집중시킨다고 말합니다.

이어 세스는 "죽은 사람들이 거의 공통적으로 들어가는 차원이 있습니다. 말하자면 아직 육체의 현실에 지나치게 초점을 두고 있는 이들이나 회복과 휴식을 필요로 하는 이들을 위한 병원이나 휴양소가 있으며 훈련 센터도 있습니다. 그런 단계를 거칠 필요가 없는 사람도 많습니다. 병원은 물리적인 것이 아니지만 대개는 나름대로 필요한 계획을 수행하는 안내자들에 의해 운영됩니다."라고 사후 세계에 대해 구체적으로 설명합니다.

이러한 내용은 심리학자 마이클 뉴턴Michael Newton 박사가 최면 퇴행의 29가지 치유 사례를 소개한 《영혼들의 여행》을 비롯한 그의 저서들의 내용과도 일치합니다.

어린 자녀를 질병이나 사고로 잃은 분들은 훗날 자신이 죽어 사후 세계에 갔을 때 자녀를 알아볼 수 있을까 걱정합니다. 그러나 걱정하지 않아도 된다는 걸 세스의 말로 알게 됩니다.

"영혼 대부분은 나이에 상관없이 육체적인 능력이 절정에 달했을 때의 성숙한 이미지를 선택합니다. 그러나 어떤 이는 외적인 아름다움과는 상관없이 정신적으로나 정서적으로 최고 수준에 도달했을 때의 모습을 선택하죠. 이렇게 해서 사자死者들은 자신이 선택한 형체에 만족하며 아는 사람들과 교류하고자 할 때 그 몸을 사용합니다. 그러나 살아 있는 사람과 교류하고자 할 때는 상대방이 알고 있던 자신의 예전 모습을 취할 수도 있습니다."

이 문장을 읽으며, 제가 죽음학 강의에서 인용하곤 하는 영화 〈천국보다 아름다운〉에서 주인공이 죽어 사후 세계에 갔을 때 먼저 떠난 딸과 만나는 장면이 떠올랐습니다. 딸은 생전에 롤모델로 여겼던 한 여성의 모습을 하고 있다가 아빠와 이야기하는 동안 사고로 죽기 전의 모습으로 변합니다.

영국 출신으로 미국에서 활동하고 있는 영매 리사 윌리엄스Lisa Williams는 《죽음 이후의 또 다른 삶》이라는 자신의 저서에서 "가족이란 전생에서 해결하지 못한 문제를 이생에서는 해결하고 극복할 수 있도록 역할을 맡아 영적인 성장을 서로 돕도록 맺어진 인연이다."라고 했는데요. 이런 관점에서 볼 때, 부모와 자식은 단순히 유전형질을 물려주고 받는 관계가 아니라 이생에서 주어진 공통 과제를 함께 해결해 나가는 동지라는 시각을 얻게 됩니다.

가족관계에 대해서도 세스는 흥미로운 관점을 전합니다.

"어떤 가족은 강력한 매력이나 사랑이 아닌 그와는 정반대의 목적으로 만납니다. 전생에 서로를 극도로 미워한 사람은 이전과는 다른 관계에서 공동의 목적을 추구하며 서로를 더욱 잘 이해하고 해묵은 문제를 풀 수 있는 기회를 갖습니다."

칼 구스타브 융은 각 개인 안에는 남성성과 여성성 둘 다 있는데 그 두 성 가운데 어느 한 쪽이 우세하게 나타날 뿐이라고 했고, 에드가 케이시Edgar Cayce의 수많은 상담 사례들을 분석한 심리학자 지나 서미나라Gina Cerminara는 자신의 저서 《윤회》에서 두 성의 균형을 위해 여성의 육체로 또 어떤 때는 남성의 육체로 연속하여 환생하기도 한다고 말합니다.

이에 대해 세스는 좀 더 구체적으로, 융이 말한 남성의 아니마는 내면의 자아가 관련된 모든 여성적 존재에 대한 심령의 기억이자 정체성이며, 그 안에는 과거 여성으로 살았던 개인사에 관한 기억과 그 퍼스낼리티가 가진 모든 여성적 자질에 대한 직관이 포함되어 있다고 얘기합니다.

죽음학 공부를 통해 알게 되었던 진실들을 세스의 메시지에서 다시 확인하고 더욱 구체적으로 알게 되어 책을 읽는 내내 무척 즐거웠습니다. 저와 마찬가지로 독자들께서도 세스의 이야기를 들으며 이제까지 드러나지 않았던 존재의 진실을 발견하는 기쁨을 누리시리라 믿습니다.

그리고 축하합니다. 인식을 크게 변화시켜줄 이 책을 만나기까지 수많은 인연의 징검다리를 건너오셨을 테니까요. 세스가 전해주는 메시지들이 고단한 삶의 여정에서 힘과 위로가 되어 주기를 마음 다해 기원합니다.

정현채, 서울대학교 의과대학 명예교수

추천의 말

《존재하는 모든 것은 사라지지 않는다》는 2000년에 출간되어 큰 사랑을 받았던《육체가 없지만 나는 이 책을 쓴다》의 새로운 번역판입니다. 원제는 'Seth Speaks: The Eternal Validity of the Soul'인데, '세스가 말하다: 영혼의 영원한 유효성' 정도로 옮겨지겠지요. 2024년 국내에서 베스트셀러가 된《세스 매트리얼》의 후속편이자 세스 시리즈 중 가장 많이 읽힌 책이기도 합니다.

미국의 문학가였던 제인 로버츠는 1964년 예기치 않게 '세스'라는 존재와 접촉하고, 그 후 20년 넘게 인간의 영혼을 비롯해 여러 정보를 '채널링channeling' 방식으로 전달받습니다.

세스는 우리가 살고 있는 현실의 본질은 물론, 영혼, 사후 세계, 윤회, 개인의 정체성에 이르는 다양한 주제에 풍부한 정보를 제공했습니다. 특히 그는 '전체적 자아'라 불리는 존재의 일부가 시공에 구현된 존재가 우리들이라고 역설합니다. 또 현실 세계 역시 다중적이며, '지금 이곳'의 차원은 여러 실재 중 하나라는 입장을 취했습니다. 로버츠가 전한 세스의 가르침은 미국을 시작으로 전 세계에 폭발적인 반향을 불러일으켰습니다.

《존재하는 모든 것은 사라지지 않는다》 역시 동일한 주장을 펼칩니다. 세스는 이 책에서 인간 '영혼'의 영원한 가치와 정당성에 집중합니다. 그런데 영혼을 올바르게 이해하려면 마음의 무의식적 차원을 인식하고, 에고가 우리의 일부분이라는 사실을 먼저 받아들이라 권고합니다. 에고가 아닌 영혼이야말로 인간 의식 이상의 무엇이자, 우리 존재의 전체로 영원성을 띤다는 겁니다. 그러니 영혼을 불멸의 에고로 치환해서는 곤란합니다. 많은 생을 통해 구현되는 여러 퍼스낼리티들이 경험한 지혜와 정보, 그리고 지식의 총체가 영혼입니다. 요컨대 영혼은 여러 삶의 여행자이자 모든 인간 경험의 창조자입니다.

무엇보다 세스는 '나는 …이다'라는 선언이 우리의 육체를 포함해 스스로를 창조하는 마법과 같은 강력한 힘을 가진다고 강조합니다. 우리의 '인지'와 삶의 '창조'가 긴밀하게 연결되어 있다는 것이지요. 또 우리의 '생각', '감정', '욕망'이 삶의 드라마에서 얼마나 중요하게 기능하는지를 꼼꼼하게 설명합니다. 세스는 경이로운 창조 과정에서 '나'라는 존재를 포함해 현실을 파악하는 핵심이 '영혼' 개념이라고 보았습니다. 즉, 이 책은 영혼의 관점에서 죽음과 탄생, 인간의 정체성, 삶이라는 우주적 드라마를 치밀하게 엮어냅니다.

요즈음 전 세계는 모든 영역에서 급격한 변화를 겪고 있습니다. 종교 분야 역시 예외는 아닙니다. 탈종교 시대에 등장한 영성 추구는 현대인들이 종교적 정체성을 새롭게 모색하고 있음을 보여줍니다. '무종교無宗教의 종교', '영적이지만 종교적이지 않다'와 같은 역설적 표현들은 이를 증언합니다. 세스의 지혜는 이런 시기에 참으로 귀중한 통찰을 제공한다고 믿습니다. 우리가 각자의 내면에서 확장된 자기 정체성을 찾을 수 있으며, 이를 통해 자신과 세계를 과거와 전혀 다르게 이해할 수 있다고 설파하기 때문입니다.

세스는 우리가 자신의 삶을 창조할 무한한 힘을 가진 존재라고 시종일관 강조합니다. 또 바깥세상은 물론 나를 고정불변의 실체로 간주하는 태도가 '변화'라는 존재의 근본 속성에 반하는 것이라 역설합니다. 현실은 우리의 믿음을 따라 창조되었고, 모든 삶은 축복받은 것이라고 조언합니다. 달리 말해 현실은 '신성한 놀이'의 장이므로, 과도한 진지함을 버리고 삶의 유희성을 회복하라는 겁니다. 신을 포함해 이 모든 존재의 경이로움은 개인의 직접적인 '체험'을 통해서만 인식된다고 주장하면서요.

전례 없는 격변의 시기에 각자의 내면에서 기쁨과 희망의 큰 지혜를 찾으려는 분들께 이 책을 '강력하게' 추천합니다.

성해영, 서울대학교 종교학과 교수

프롤로그

우주는 모든 사람에게 메시지를 전하고 있다

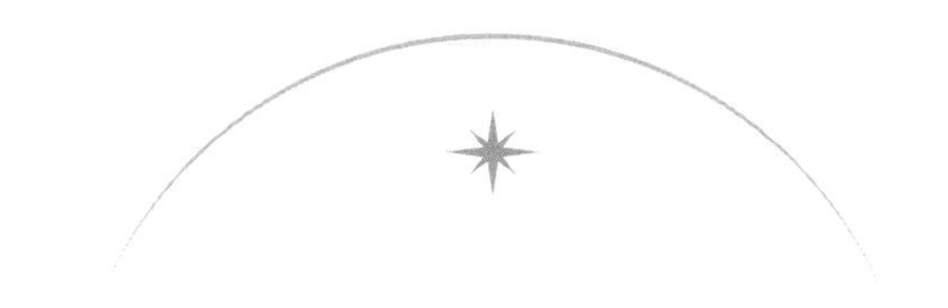

이 책은 자신을 '에너지 형태의 인격적 본질'로 소개하는 '세스'라는 존재가 쓴 글이다. 세스는 7년 동안 매주 두 차례씩 트랜스trance 상태(스스로 깨닫지 못하고 외부 자극에 반응하지 못하는 초월적 의식 상태—옮긴이)의 나를 통해 이야기해왔다.

1963년 어느 날 저녁, 시를 쓰고 있던 나는 처음으로 영계에 발을 들여놓았다. 갑자기 의식이 몸을 떠나더니 마음속에 새로우면서도 충격적인 생각이 물밀듯이 밀려들어왔다. 잠시 후 정신을 차려보니 내 손이 저절로 글을 쓰면서 방금 전해 받은 생각을 설명하고 있었다. 심지어 그 글에는 '아이디어로 이루어진 물리적 우주'라는 제목까지 붙어 있었다.

그 후 나는 심령 활동을 연구하기 시작했고 그 분야의 책을 집필

할 계획을 세웠다. 이와 관련하여 남편 롭과 함께 영적 실험을 했는데 몇 차례 시도한 결과, 세스라고 불리는 인격체의 메시지를 받기 시작했다. 롭과 나는 채널링channeling에 대해서 잘 알지 못했기에 처음에는 그 메시지가 그저 내 잠재의식에서 나오는 것인 줄로만 알았다. 하지만 얼마 지나지 않아 세스의 메시지를 내 입으로 직접 말해야 한다는 것을 느꼈고, 그로부터 한 달 후 트랜스 상태에서 세스의 말을 전하기 시작했다.

지금까지 모은 세스에 대한 자료는 6,000페이지가 넘는다. 세스가 전한 말은 물질의 본질, 시간, 현실, 신, 검증 가능한 우주, 건강, 윤회 등 다양한 주제를 다루고 있으며, 거기에 매료된 우리 부부는 꾸준히 자료를 수집했다.

세스에 관한 첫 번째 책《세스 매트리얼》이 출판된 이후, 세스의 도움을 바라는 수많은 사람들로부터 편지가 쇄도했다. 우리는 기꺼이 그들의 문제를 세스에게 물었다. 그중 많은 사람들이 거리상의 문제로 직접 우리를 찾아오지는 못했지만 우편으로 전달된 세스의 충고로 적절한 도움을 받았으며 개인적인 문제에 대한 세스의 통찰력은 항상 정확했다.

롭은 세스의 메시지를 속기해 놓았다가 나중에 정리하여 자료에 첨부했다. 탁월한 솜씨로 대화의 생생한 상황을 잘 전달해준 롭의 수고와 격려가 내게는 말할 수 없이 귀중한 도움이 되었다.

나는 우리가 진리의 초석을 쌓고 있다거나 시대의 비밀을 밝혀내고 있다고 말하고 싶지는 않다. 그저 여러분 모두가 직관에 접근하여 내면세계의 실상을 들여다볼 수 있다는 사실을 알고 있을 뿐이다. 우주는 모든 사람에게 메시지를 전하고 있으며 세스와의 대화는 우주와 교류한 내 나름대로의 방식이다.

첫 번째 책을 끝내고 2주 후, 세스는 이 책의 개요를 설명하면서 책을 집필하기 시작했고, 장장 2년여에 걸친 작업 끝에 마침내 완성했다.

세스는 나를 루버트로, 롭을 조셉으로 부른다. 그 이름은 현재의 육체 자아와 구별되는 우리의 전체 퍼스낼리티personality(인격)를 나타내는 명칭이다.

자, 이제 여러분이 직접 세스의 말을 들어보기 바란다.

제인 로버츠

차례

PART 2

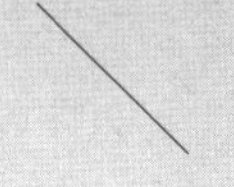

연속적인 삶을 통해 우리의 영혼이 얻는 것

PART 3

영혼은 결과가 아닌 존재의 과정이다

* 일러두기

— 이 책은 2008년에 출간된 《육체가 없지만 나는 이 책을 쓴다》 최신판입니다.
— 인명, 지명 등은 국립국어원 외래어표기법을 따르되 일부는 관용적 표기를 따른 부분도 있습니다.

PART 1

존재하는 모든 것은 사라지지 않는다

SETH SPEAKS

나는 육체가 없지만 이 책을 쓴다

511번째 대화

여러분은 유령 사냥꾼에 대해 들어봤을 것입니다. 유령이라는 말 자체는 수긍할 수 없지만 나를 유령 작가로 소개할 수는 있을 것 같군요. 여러분은 나를 볼 수 없습니다. 영혼ghost이라는 단어는 마음에 들지 않지만 이 단어가 '육체 없는 인격체'를 의미한다면 저에게 어울리는 표현이라는 데 동의해야 할 듯합니다.

나는 나를 대신해 말하는 루버트의 도움으로 이 책을 쓰고 있습니다. 루버트는 이번 생애에서 제인이라 불리고 있고, 그녀의 입을 통해 전하는 말은 남편 롭이 받아 적습니다.

어떤 사람들에게는 내가 그녀를 루버트로 부르는 것이 이상하게 들릴지 모릅니다. 나는 다른 시대, 다른 장소에서, 다른 이름을 가진 루버트를 알아왔습니다. 루버트는 남자이기도 여자이기도 했죠. 그 모든 삶을 살아온 존재이기에 총체적으로 루버트라는 이름으로 불릴 수 있지요.

내 이름은 세스입니다. 사실 이름은 중요하지 않습니다. 이름이란 그저 명칭이나 상징에 불과하지만 이름을 사용해야 한다면 그렇게 할 것입니다.

여러분은 자신이 피와 살과 뼈로 이루어진 육체라는 감옥 속에 갇힌 존재라고 생각할지 모르겠습니다. 여러분의 존재가 육체적 모습에 의존한다고 믿는다면 존재의 소멸이라는 위험에 직면해 있는 셈입니다. 왜냐하면 어떤 육체도 영구적일 수 없기 때문입니다. 아무리 아름다운 육체라도 나이가 들면 젊음을 잃고 노쇠해져 죽음을 맞습니다. 만일 청춘, 아름다움, 지성, 업적 따위와 자신을 동일시한다면 그런 것들은 세월의 흐름과 함께 스러지게 마련이니 당신은 불안함을 느낄 것입니다.

저는 여러분의 삶이 그렇지 않다는 사실을 알려주기 위해 이 책을 쓰고 있습니다. 여러분은 나처럼 비육체적 존재입니다. 생각해보십시오. 나는 육체 없이도 이렇게 글을 쓰고 있지 않습니까? 여러분도 마찬가지로 육체 없이 얼마든지 존재할 수 있습니다.

의식은 형상을 창조합니다. 모든 퍼스낼리티는 비육체적인 것이죠. 우리는 살아내는 일에 너무 몰두한 탓에 자신이 현재의 평범한 모습 이상으로 위대한 힘을 갖고 있음을 깨닫지 못하고 있습니다. 여러분은 숱한 삶을 살아왔으며 내면에 그 기억들을 고스란히 간직하고 있습니다. 비록 그런 기억을 표면으로 떠올리지 못하지만 말이에요. 나는 이 책이 여러분의 직관적인 자아를 해방시켜주기를 기대합니다.

이 책은 어떻게 읽어야 할까요? 퍼스낼리티와 의식을 제대로 이해하지 못하면 '세스'라는 존재에 대해서도 올바로 이해할 수 없으므로, 우선 내가 어떤 존재인지를 묻기 전에 자기 자신에게 '나는 누구인가?'라고 묻는 자세로 이 책을 읽으십시오.

나는 더 이상 육체의 형상에 초점을 맞추지 않는 퍼스낼리티입니다. 내가 여러분에게 무슨 쓸모가 있느냐고 묻는다면, 글쎄요. 나는 여러분이 잊고 있는 몇 가지 진실을 알고 있습니다. 이제부터 이를 여러분에게 상기시켜주고자 합니다.

먼저 우리는 병 속에 갇힌 나비처럼 시간에 갇혀 있는 존재가 아닙니다. 참된 현실을 알고 싶다면 육체 감각이 전해주는 정보를 그대로 믿어서는 곤란합니다. 감각이란 사랑스러운 거짓말쟁이입니다. 여러분이 의심 없이 받아들이는 갖가지 환상적인 이야기를 전해주니 말이에요. 물론 때에 따라서는 감각에 속지 않고 좀 더 현명하고 창조적이며 유식해지기도 합니다. 깨어 있을 때보다는 꿈을 꿀 때 말이죠. 지금 내가 하는 말을 의심하는 사람도 있을 것입니다. 하지만 여러분도 이 책의 끄트머리에 가서는 모든 것이 명확한 사실임을 깨닫게 되리라 생각합니다.

나는 여러분의 지구가 형성되기 전부터 의식을 갖고 있었습니다. 그러니 내 기억 창고에 얼마나 많은 퍼스낼리티가 저장되어 있을지 상상해보십시오. 나는 그 방대한 과거 퍼스낼리티의 창고에서 이 집필 작업에 어울리는 특성을 끄집어낼 것입니다.

나와 같이 육체나 시간에 초점을 맞추지 않은 존재는 얼마든지 있습니다. 우리의 존재가 이상하게 보이나요? 그렇다면 여러분이 아직 자신의 참된 잠재력을 깨닫지 못하고 제한된 개념들의 최면에 걸려 있기 때문입니다.

여러분은 스스로 세상을 창조할 수 있습니다. 자신의 생각을 물질 형태로 만드는 놀라운 능력을 갖고 있지요. 다만 여러분 가운데 많은 사람들이 실패를 맛보면 신과 운명, 사회를 탓합니다. 인류는 죄책감과 실수의 책임을 신에게 돌리는 경향이 있습니다. 여러분의 현실을 창조하는 장본인은 다름 아닌 여러분 자신임을 기억해야 합니다. 영광도 실패도 모두 자기 자신에게 달려 있죠. 그런데 여러분은 창조자가 바로 자신이라는 것을 깨닫지 못하고 책임을 부인합니다. 다시 말하지만 세상을 불행하게 만든 책임을 악마에게 돌릴 수는 없습니다.

이제 악마는 여러분의 심령을 투사해 만든 것임을 깨달았을 겁니다. 하지만 자신의 창조력을 건설적으로 사용할 만큼 성장하지는 못했습니다. 그저 직관을 왜곡하거나 부인하면서 경직된 사고 속에서 에고ego를 키워온 것이 여러분의 현실입니다.

| 512번째 대화 |

동물의 의식은 여러분처럼 자유롭지 않습니다. 하지만 그 한계 내에서는 아무런 구애를 받지 않죠. 인간 의식의 잠재력을 방해하는 특징이 동물에게는 없기 때문입니다.

의식이란 현실의 다양한 차원을 인지하는 수단입니다. 하지만 여러분은 의식을 대단히 제한된 상태로 생각합니다. 육체의 감각은 3차원 세계를 인식하게 해주지만 그 속성상 다른 차원을 인식하는 것은 방해합니다.

몸의 한 부분을 몸의 전부라고 생각하고 그 외 다른 부분을 무시하는 사람은 없을 것입니다. 그러니 육체적인 자아만 자신의 모든 것이라고 생각한다면 아까와 같은 실수를 범하는 셈입니다. 육체는 여러 가지 물질이 어쩌다 뭉쳐진 우연의 산물이 아니며, 의식도 연기처럼 덧없이 한순간에 사라지지 않습니다.

내게도 여러분처럼 친구가 있습니다. 여러분이 생각하는 친구 관계보다 지속적이고 밀접합니다. 그리고 놀라울 정도의 명확한 분별력과 세포 하나하나에 대한 무의식적인 정통한 지식으로 관계를 유지하고 있습니다.

여러분이 인지하는 표면 의식으로는 내면 활동을 의식하지 못하기에 자신의 일부로 받아들이지 못하고 있습니다. 우리는 그저 텔레비전을 보고 요리를 하고 업무를 처리하는 자신과 지금 하는 일이 무엇인지를 아는 자신을 동일시 하기를 좋아합니다. 우리의 무의식적인 일부분이야말로 훨씬 지식이 풍부하며 육체적 생존에 절대적인 영향력을 발휘하는데 말입니다.

무의식적인 '내적 에고inner ego'는 언제나 깨어 있으며 빈틈을 보이지 않습니다. 그러나 대부분의 사람들은 육체의 현실에 지나치게 몰두한 나머지, 내면의 소리에 귀 기울이지 않고, 내적인 부분이야말로 육체적인 자아에게 힘을 불어넣는 위대한 심리적 원동력임을 이해하지 못하고 있죠.

무의식적인 내적 에고는 3차원을 초월하여 육체의 감각이 아닌 내면의 채널을 통해서 정보를 모읍니다. 우리의 모든 과거 기억은 바로 그 안에 저장되어 있죠. 이는 무한한 주관적인 차원과 통하며 주관적인 차원은 온갖 객관적인 현실의 근원이 됩니다.

필요한 모든 정보는 내면의 채널을 통해 우리에게 주어집니다. 손가락 하나를 들어 올리거나 눈을 깜박이고 글을 읽으려 할 때, 그에 앞서 믿을 수 없을 만큼 많은 내적 작용이 벌어집니다. 내적 에고는 천리안과 텔레파시 능력이 있어서 재난이 일어나기 전에 우리에게 경고할 수 있죠. 표면 의식이 그 메시지를 받아들이든 받아들이지 않든, 내면에서는 모든 교신이 이루어지고 있는 것입니다.

'외적 에고outer ego'는 현실 세계에서, 내적 에고는 육체적 존재의 기반이 되는 내면세계에서 서로 협조하며 일합니다. 이처럼 외적 에고와 내적 에고로 이루어지는 '나'의 일부분이야말로 지금 이곳에 '나'의 육체적 존재를 갖다놓기로 결정한 장본인입니다. '나'의 핵심은 다차원적인 퍼스낼리티를 꽃피우는 심령의 씨앗이기도 합니다.

우리가 흔히 말하는 잠재의식이란 것이 이러한 구조에서 어디쯤 들어가야 할지 궁금하다면 일단 외적 에고와 내적 에고 사이의 연락소 정도로 생각하면 됩니다. 엄밀히 말해 '나'는 나눌 수 없지만 기본적인 개념을 명확하게 이해시키기 위해 자아를 여러 부분으로 나누어 말하는 것뿐이죠.

나는 우리가 다차원적 퍼스낼리티라는 사실을 가능한 한 빨리 설명하기 위해 첫 장부터 이 문제를 꺼냈습니다. 사람들은 평범한 의식 상태를 자기 자신이라고 생각합니다. 그래서 퍼스낼리티가 지금 이곳에 국한된다는 믿음을 버리기 전까지는 자기 자신을 온전히 이해할 수 없죠. 물리적 현실에 대한 몇몇 진실이 여러분을 깜짝 놀라게 하더라도 나의 관점은 여러분의 관점과는 전혀 다르다는 사실을 기억하십시오.

여러분은 자신의 물리적 현실 안에 몰두해 있으면서 밖에 뭔가가 있지 않을까 하는 호기심을 갖고 있습니다. 반면에 나는 밖에 있으면서 사랑하는 여러분의 차원으로 종종 돌아옵니다. 나는 여러분이 속한 현실에 머물지 않습니다. 내게는 심령의 여권이 있기는 하지만 차원 이동을 하는 데에는 여전히 몇 가지 불편한 문제가 남아 있기 때문입니다.

뉴욕을 찾는 대부분의 외국인은 엠파이어스테이트 빌딩을 구경하고 돌아가지만 정작 뉴욕 시민 중에는 많은 사람이 평생 한 번도 그 건물에 가보지 못한다고 하더군요. 이런 면에서 나는 외국인이라고 할 수 있고, 여러분은 엠파이어스테이트 빌딩을 구경해보지 못한 뉴욕 시민이라고 할 수 있죠. 다시 말해 나는 여러분이 무시해온 현실의 신비하고도 기적적인 영역, 즉 심령적이며 심리적인 구조를 지적하고자 하는 것입니다.

솔직히 이보다 더 큰 일을 해보고 싶군요. 여러분을 현실의 다양한 수준으로 이끌고 가서 여러 가지 심리 차원을 소개하고 싶습니다. 말하자면 이제껏 여러분이 소홀히 해왔던 의식의 모든 분야를 개방하고자 합니다. 이를 위해서 퍼스낼리티의 다차원적 측면뿐만 아니라 보다 위대한 '참된 나'에 대해 설명하고 싶습니다.

여러분이 알고 있는 자아는 전체적인 '나'의 파편에 불과합니다. 그런 단편적인 자아들은 염주 알처럼 하나로 연결된 것이 아닙니다. 이들은 동일한 근원에서 자라나 생명을 공유하면서도 다양한 현실로 나뉘어 성장한 오렌지나 양파 조각과 같습니다. 그렇다고 해서 퍼스낼리티가 오렌지나 양파 같다는 것은 아닙니다. 다만 성장하여 그런 모양을 이루었듯이 전체적인 '나'의 파편들 역시 그런 과정을 거칠 뿐입니다.

여러분이 어떤 물체를 보고 있다고 가정해봅시다. 이 경우 감각기관을 통해 물체의 겉모양에 반응하겠지만 내면의 생명까지 느끼고 반응하기는 힘들죠. 내가 못에도 의식이 있다고 말한다고 해서 주위에 있는 못에게 인사할 만큼 내 말을 심각하게 받아들일 사람은 별로 없을 것입니다. 못 속의 원자와 분자는 분명 나름대로 의식을 갖고 있는데 말이에요. 지금 여러분이 읽고 있는 책의 종이 역시 그 차원에서는 의식을 유지하고 있습니다. 광물이든 식물이든 동물이든 공기든 모든 것은 각각의 의식을 갖고 있죠. 그러므로 인간은 인식 에너지의 활기찬 움직임 속에 서 있는 것입니다. 인체를 구성하는 모든 세포 의식은 각기 정체성을 유지하면서 전체적인 구조를 이루는 데 기꺼이 협조하고 있는 거죠.

나는 지금 죽은 물질이란 존재하지 않는다는 말을 하고 있습니다. 모든 사물은 의식으로 이루어졌고 개개의 의식은 수준이야 어떻든 저마다 감각과 창조를 즐기고 있습니다. 이러한 상황을 이해하지 못하면 결코 자신을 이해할 수 없습니다.

인간은 육체의 극미한 부분들 사이에 이루어지는 내면의 다차원적 커뮤니케이션에 대해서는 편의상 주의를 기울이지 않습니다. 그러나 분명한 사실은 육체가 의식의 일부이지 의식이 육체의 일부가 아니라는 점입니다. 바꾸어 말해 '나'는 무한하며 '나'의 잠재력에는 한계가 없습니다. 단지 무지로 인해 인위적으로 한계를 만들 뿐입니다. 이를테면 외적 에고만이 자신이라고 여기며 자신의 능력을 무시합니다. 그러나 진실은 부인할 수 있지만 바꿀 수는 없는 법이죠. 퍼스낼리티는 다차원적입니다. 비록 많은 사람들이 3차원적 존재의 모래사장에 머리를 파묻고 그 외에 다른 차원은 존재하지 않는다는 듯 행동하지만 말입니다. 나는 많은 사람들이 이 책을 통해 모래사장에 파묻고 있던 고개를 쳐들기를 바랍니다.

외적 에고를 평가 절하할 생각은 없지만 너무나 많은 사람이 그것의 참된 본질을 깊이 이해하지 못하고 지나치게 과대평가해온 것은 사실입니다. 이 점에 대해서는 나중에 좀 더 이야기하겠지만 우선 인간은 에고 없이도 정체성을 유지할 수 있다는 사실을 밝혀 두고 싶습니다.

나는 앞으로 외적 에고와 관련하여 물질 세상을 언급할 때 '위장camouflage'이라는 표현을 사용할 것입니다. 육체의 형태는 실재가 선택한 위장 중 하나이기 때문이죠. 물론 위장도 실재하는 것이지만 그 속에는 보다 위대한 실재, 즉 형태를 만들어낸 생명이 깃들어 있습니다. 육체의 감각이 위장을 지각하는 이유는 고도로 전문화된 방식으로 위장에 동조되어 있기 때문입니다. 하지만 형태 속 실재를 감지하기 위해서는 또 다른 종류의 주의력과 육체 감각 이상의 매우 정교한 기능이 필요합니다.

에고는 자신이 편하게 느끼거나 이해할 수 있는 차원만 인정하려고 합니다. 원래 '나'의 보조자였지만 결과적으로는 독재자가 되도록 방치한 것입니다. 그렇다 해도 에고는 겉으로 보이는 것과는 달리 배움에 열정을 보이며 그렇게 완고하지도 않습니다. 특히 에고의 호기심은 무척 가치 있는 것입니다.

만일 여러분이 현실에 대해 제한된 개념을 갖고 있다면 에고는 당신을 그런 좁아터진 시각에 묶어 두려고 더욱 안간힘을 쓸 것입니다. 하지만 반대로 직관과 창조적 본능을 해방시킨다면 육체에 치우친 퍼스낼리티의 일부에게 다른 위대한 차원에 관한 지식을 전달할 수 있죠.

513번째 대화

이 책은 제인 로버츠라는 퍼스낼리티가 아닌 다른 퍼스낼리티(루버트)의 힘으로 쓰고 있습니다. 이 책 자체가 에고는 퍼스낼리티의 모든 것이 아니라는 증거입니다. 제인 로버츠가 가진 모든 능력은 인류가 원래부터 갖고 있던 것이며, 그런 면에서 인간의 퍼스낼리티는 통상적으로 이해되는 수준보다 훨씬 많은 특징을 갖고 있다고 보아야 할 것입니다. 나는 그 능력들이 어떤 것이며 개인이 그런 잠재력을 어떤 방법으로 활용할 수 있을지에 대해 설명하고자 합니다.

퍼스낼리티란 끊임없이 변화하는 인식의 게슈탈트Gestalt(단순한 요소의 총합이 아닌 심리 과정의 통일적인 전체 구조)이며 인식 작용을 벌이는 '나'의 일부분입니다. 나는 지금 루버트에게 내 인식을 강요하지 않으며 우리가 소통하는 도중에 그의 의식이 끊기는 일도 없습니다. 대신 3차원 현실로부터 멀어지도록 그의 의식이 확장되고 에너지가 투사됩니다.

집중이 심화되면서 육체의 세계를 벗어나면 마치 루버트의 의식이 끊어진 것처럼 보일 수 있습니다. 하지만 루버트의 의식은 더욱 충실해진 것이죠. 동시에 내 쪽에서는 루버트에게 주의를 기울여야 합니다. 그렇게 해서 흘러나오는 말, 즉 여러분이 읽고 있는 이 글은 처음에는 언어적인 것이 아니었습니다.

원래 언어란 진행 속도가 느린 과정입니다. 우선 글자가 모여 단어가 되고 단어가 꿰어 맞춰져 문장이 되는데, 이 모든 것은 1차적인 사고패턴의 결과입니다. 다시 말해 언어란 부분적으로는 물리적 시간 관계의 최종 산물이라고 볼 수 있습니다. 인간은 동시에 여러 가지 일에 주의를 쏟을 수 있지만 언어 구조는 그런 복잡하고 동시적인 체험을 표현할 수 없습니다.

나는 비선형적인 체험을 인식하며 수많은 동시적 사건들에 초점을 맞추고 반응할 수 있으나 루버트는 이를 표현할 수 없죠. 그 내용을 여러분에게 이해시키기 위해서는 선형적인 표현으로 단순화시켜야 합니다. 무수한 동시적 사건들을 인식하고 반응할 수 있는 능력은 모든 자아, 즉 모든 존재의 기본적인 특성입니다. 그러므로 이를 나만의 독보적인 능력이라고 주장할 생각은 없습니다.

앞에서 말한 대로 육체 안에 안주하고 있는 여러분은 자기 자신의 작은 부분만을 의식할 뿐입니다. 퍼스낼리티는 전체적인 주체의 한 가지 표현, 말하자면 독립적이며 영구적인 일부분입니다. 현재 루버트는 의식을 확장하여 그의 현실과 내 현실 사이의 또 다른 차원에 초점을 맞추고 있습니다. 이는 주의를 산만하게 만들 요소가 거의 없는 영역이죠. 바로 이 영역에서 나는 루버트의 허락과 동의하에 특정한 개념을 전달하고 있습니다. 지식이나 정보는 그것을 보유하거나 전달하는 퍼스낼리티의 특징을 띠기 때문입니다.

우리 둘은 루버트의 언어 지식을 이용하여 거의 자동적으로 말을 만들어내고 있습니다. 다른 정보 전달 과정에서와 마찬가지로 이 정보 역시 왜곡될 수 있죠. 하지만 우리는 함께 일하는 데 익숙해졌기에 그런 일은 일어나지 않을 것입니다.

루버트가 내 잠재의식의 산물이 아니듯 나 역시 루버트의 잠재의식이 꾸며낸 가공의 인물이 아닙니다. 또한 나는 교묘하게 에고를 깎아내리려고 하는 2차적인 퍼스낼리티도 아닙니다. 오히려 나는 루버트의 퍼스낼리티가 지닌 모든 측면에 혜택이 돌아가고 그 측면들의 완전성이 유지되며 존중받을 수 있도록 배려해왔습니다. 그의 퍼스낼리티 속에는 우리의 대화를 가능하게 만드는 독특한 재능이 깃들어 있죠. 간단히 말해 루버트의 심령 속에 어느 정도 다른 현실을 인식할 수 있는 창문 혹은 다차원의 통로 구실을 하는 투과적인 차원의 워프가 존재합니다.

육체의 감각기관은 자체적으로 형성한 이미지를 통해서만 현실을 인식하므로 그런 통로를 가로막게 마련입니다. 그런 상황에서 나는 여러분의 시공간 속에 있는 심리적 워프를 통해 여러분의 현실 속으로 들어갑니다. 바로 그런 통로가 있기에 루버트와 내가 대화를 나눌 수 있죠. 물론 심리적이며 심령적인 차원의 워프는 흔히 있는 것인데 사람들이 그런 통로를 잘 활용하지 않을 뿐입니다.

2

모든 퍼스낼리티는 다차원적이다

나의 환경은 여러분의 세상과 다르지만 매우 실감나고 다양하며 활기찬 곳입니다. 육체를 벗은 이후 쾌락에 대한 나의 생각은 다소 바뀌었지만 어쨌든 이곳은 그곳보다 즐겁고 창조적인 업적을 이룰 기회도 더 많습니다.

나는 지금 이제껏 겪어온 수많은 육체적·비육체적 생활 중에서 가장 매혹적인 존재 상태를 누리고 있습니다. 지구에 나라가 하나만 있지 않듯 비육체적 의식체가 머무는 차원은 하나만 있는 것이 아닙니다. 그러나 나의 환경은 여러분이 세상을 떠난 이후 곧바로 올 수는 없습니다. 여러분이 내 삶의 차원에 들어오기 위해서는 수많은 죽음을 거쳐야만 합니다. 죽은 사람들은 때때로 자신이 죽었다는 사실을 깨닫지 못합니다. 그러나 탄생은 죽음보다 더한 충격을 가져다줍니다. 언제나 갑작스럽고 통렬한 자각을 수반하죠. 그러니 죽음을 두려워할 필요는 없습니다.

이곳에서의 내 활동은 여러분이 아는 어떤 일보다 흥미롭고 그 일을 하기 위해서는 여러분이 이해하기 어려운 창조적인 재료를 다루어야 하죠. 일단 여러분은 객관적인 현실 세계의 모든 것이 의식에 의해 창조되었다는 사실을 이해해야 합니다. 의식은 언제나 형상을 창조하며 예외란 있을 수 없습니다. 이곳 현실 세계 역시 나 자신이나 나와 같은 존재들에 의해 창조되었습니다. 이곳은 우리가 얼마나 발전했는지를 보여줍니다.

내가 사는 곳에는 도시나 마을 따위의 영구적인 구조물이 없습니다. 그렇다고 해서 우리가 아무것도 없는 텅 빈 공간에 살고 있다는 뜻은 아닙니다. 다만 우리는 여러분이 생각하는 방식대로 공간을 생각하지 않으며 무엇이든 원하는 이미지를 형상화해 주변을 채웁니다. 이는 우리의 정신적 패턴에 의해 창조됩니다. 마치 여러분의 현실이 여러분의 욕망과 생각의 완벽한 복제품이듯 말입니다. 여러분은 주변 사물이 자신과 별개로 존재한다고 생각합니다. 여러분의 심리적이며 심령적인 자아의 표현임을 깨닫지 못한 채 말이죠. 나와 같은 존재들은 스스로 자신의 현실을 만든다는 사실을 잘 알고 있습니다. 그래서 크나큰 기쁨과 창조적인 포기를 통해 그러한 일을 해나가죠. 아마 여러분은 내가 있는 곳에 오면 무척 혼란스러울 것입니다. 여러분의 눈에는 일관성 없이 뒤죽박죽인 세계(양자 수준)로 보일 수 있기 때문입니다.

우리는 형상화를 지배하는 내면의 법칙을 잘 알고 있어서 낮이든 밤이든 원하는 대로 형상을 변화시킬 수 있습니다. 동료들은 그런 변화를 기분이나 느낌, 생각에 대한 단서로 자연스럽게 받아들입니다. 형상의 영구성과 안전성은 근본적으로 형상 자체와는 무관하며 오히려 쾌락, 목표, 업적, 정체성의 통합과 관련이 있습니다. 나는 스승이자 교육자로서의 의무를 실천하기 위해 존재의 수많은 단계로 여행을 합니다. 그래서 각각의 세계에서 무엇이든 가장 쓸모 있는 보조물들과 기법들을 이용하죠.

다시 말해 나는 똑같은 가르침도 각 세계인의 고유한 관념과 능력에 따라 다양한 방식으로 전할 수 있습니다. 지금 이 책에서도 나의 정체성에 속한 수많은 퍼스낼리티 중 일부를 골라서 이용합니다. 그래서 세스의 '전체적인 나'가 선택한 특정한 세스의 현재 퍼스낼리티는 다른 현실 세계의 존재들에게는 받아들여지지 않을 수 있습니다.

모든 현실 세계가 항상 육체적인 속성을 지니는 것은 아니며 그중 일부는 육체 형상과 아주 무관할 수도 있습니다. 그런 세계에서는 성姓 역시 자연스러운 것이 아니지요. 그러므로 수많은 육체적 삶을 살아온 남성 퍼스낼리티가 내 정체성의 일부분이기는 해도 그런 식으로 나 자신을 알리고 싶지는 않습니다.

나의 환경에서는 무엇이든 마음에 드는 형상을 취하며 생각의 속성에 따라 변화합니다. 여러분 역시 같은 방식으로 무의식의 수준에서 자신의 육체적 이미지를 만들지만 여기에는 몇 가지 중요한 차이점이 있죠.

우선 여러분은 '나는 …이다'라는 내적 사고의 직접적인 결과로서 순간순간 자신의 육체를 창조한다는 사실을, 그리고 육체는 변화무쌍한 생각에 따라 화학적이며 전자기적인 방식으로 변화하고 있다는 사실을 깨닫지 못하고 있습니다. 반면에 우리는 아주 오래전에 그 이치를 깨닫고 내적 체험의 특징이 보다 충실하게 표현되도록 자신의 형상을 완전히 변화시켜왔습니다. 그러나 형상을 변화시키는 능력은 의식의 고유한 자질입니다. 차이점이 있다면 숙련과 현실화의 정도가 다르다는 것뿐이죠. 여러분의 세계에서도 형상이 천천히 변화되는 과정을 발견할 수 있습니다. 생물이 진화를 통해 스스로 모양을 바꿔온 과정 말입니다.

우리는 동시에 여러 형상을 취할 수 있습니다. 여러분은 대개 그 사실을 깨닫지 못한 채 그렇게 하고 있습니다. 침대에 누워 자는 동안 의식은 꿈을 통해 머나먼 곳으로 갈 수 있죠. 의식은 언제든지 자유롭게 형상을 만들 수 있습니다. 다만 나와 같은 존재들은 여러분보다 훨씬 진보했기 때문에 완벽한 의식으로 형상을 만듭니다. 내 주위에는 나와 똑같은 문제와 똑같은 발전 패턴을 가진 존재들이 있습니다. 나는 그 중 어떤 존재는 알지만 어떤 존재는 모릅니다. 우리에게는 언어가 없습니다. 대신 하나의 공정으로 훨씬 많은 의미를 전달할 수 있는 열전자기적 이미지를 통해 의사소통을 합니다. 커뮤니케이션의 강도는 '정서적 강도'에 달려 있습니다. 정서적 강도라는 말이 자칫 오해를 불러일으키기 쉽지만 말입니다.

우리는 감정에 상응하는 것을 느끼지만 사랑, 증오, 노여움과는 거리가 멉니다. 여러분의 그러한 감정은 내면의 감각과 관련된 보다 거대한 심리적 사건과 체험이 3차원으로 현실화된 것이라고 할 수 있습니다.

내면의 감각에 대해서는 뒤에 따로 설명하겠습니다. 여기에서는 우리 역시 강렬한 감정을 경험한다는 사실을 언급하는 것만으로 충분할 듯합니다. 비록 그 경험은 여러분의 경험과는 다르지만 말이에요. 우리는 감정 상태를 보다 광범위하고 자유롭게 인식하고 반응합니다. 감정에 휩쓸리는 것을 두려워하지 않기 때문에 훨씬 자유롭게 느끼고 체험할 수 있죠. 이를테면 우리는 다른 사람의 강렬한 감정으로 인해 정체성에 위협을 느끼지 않습니다. 여러분에게는 익숙하지 않은 방식으로 감정을 철저하게 체험하고 이를 창조성의 다른 측면(이 역시 여러분에게는 낯설겠지만)으로 전환시킵니다. 우리는 감정을 감출 필요를 느끼지 않습니다. 감정을 숨기기란 애초에 불가능하며 바람직하지도 않다는 것을 잘 알기 때문이죠. 여러분은 아직 감정을 이용하는 방법을 터득하지 못했기 때문에 그것이 문제를 일으키는 것처럼 보입니다. 그러나 우리는 감정의 충만한 잠재성과 관련된 창조성을 터득하는 중입니다.

| 514번째 대화 |

나와 같은 존재들은 정체성이 형상에 의존하지 않는다는 사실을 알기에 형상이 바뀌는 것을 두려워하지 않습니다. 또한 우리는 죽음을 알지 못하며 이러한 존재 상태 덕분에 다른 많은 환경 속으로 들어가고 그곳에 융화되죠. 우리는 각각의 환경에 있는 형상의 법칙을 따릅니다. 우리는 모두 스승이기 때문에 각각의 현실관을 가진 퍼스낼리티들이 우리를 이해할 수 있도록 표현 방식을 바꿉니다.

우리는 흔히 시간이라고 일컫는 구조 속에 존재하지 않습니다. 우리에게 있어서 시간이란 의미도 매력도 없습니다. 하지만 우리는 다른 세계들의 시간 구조를 잘 알고 있으며 대화를 나눌 때 이를 고려합니다. 그렇지 않으면 우리가 하는 말이 전혀 이해되지 않을 테니까요.

사실 세계들을 갈라놓는 실제적인 장애물은 존재하지 않습니다. 다만 인식하고 조종하는 퍼스낼리티 능력의 분리를 가져올 뿐이죠. 이를테면 여러분은 수많은 현실 세계 속에 존재하면서도 인식하지 못합니다. 설령 다른 세계에서 여러분의 3차원적 삶 속으로 침입한다 하더라도 그런 상황 자체가 왜곡되기 때문에 여러분은 이를 알아보거나 해석할 수 없습니다.

우리는 여러분의 시간을 경험하지 않습니다. 의식의 다양한 강도를 통해 여행할 뿐이죠. 우리의 작업, 발전, 경험은 모두 순간 속에서 벌어지며 그 속에서 미세한 생각을 현실화하고 가능성을 탐구하며 감정을 즐깁니다. 명확하게 설명하기 어려운 문제지만 여하튼 순간이야말로 우리의 심리 체험이 이루어지는 현실 구조입니다. 그 안에서 동시적인 행동들이 나름대로의 패턴을 통해 자유롭게 뒤따릅니다.

내가 조셉을 생각한다고 가정해봅시다. 여러분의 표현대로라면 나는 그 순간 조셉의 과거, 현재, 미래와 온갖 중요한 감정이나 동기를 경험하고, 원하기만 한다면 조셉과 함께 그러한 체험 속을 여행할 수 있죠. 우리는 그야말로 눈 깜짝할 사이에 의식의 모든 형태를 파악할 수 있습니다. 그런 줄기찬 자극 속에서 자신의 정체성을 유지하는 법을 익히기 위해서는 연구와 개발과 경험이 필요합니다. 그래서 우리 가운데에는 도중에 길을 잃거나 심지어 자신이 누구인지를 잊어버렸다가 다시금 자신이 누구인지를 깨달은 존재도 많이 있습니다.

이런 일은 거의 필연적으로 일어나는 현상입니다. 의식의 무한한 종류를 고려해볼 때, 우리는 퍼스낼리티의 전체 범주 내에서 극히 작은 부분만 인식한다는 것을 알 수 있습니다. 그리고 자신이 누구인지도 모르는 채 망각의 휴가를 떠나다 보면 때로는 지극히 단순한 생명체 집단을 방문하여 그들 속에 융화되기도 합니다. 경우에 따라서는 너무나 다른 현실의 단순한 생명체로서 한 세기를 보내기도 하므로 우리는 이완과 잠을 탐닉한다고 할 수 있죠. 이처럼 단순한 존재의 즐거움으로 우리의 의식을 기쁘게 하며 힘차게 자라나는 숲을 만들 수도 있습니다. 하지만 대개 우리는 자신의 일과 새로운 도전에 에너지를 집중하면서 활동적인 상태를 유지합니다.

우리는 언제든지 원할 때 자기 자신 속에 다른 퍼스낼리티를 만들 수 있습니다(다중인격). 다만 그 인격체는 고유하고 창조적인 능력을 이용하여 자신의 가치에 따라 발전해야 합니다. 말하자면 스스로 자신의 길을 걸어갈 자유를 누리게 되죠. 그래서 이런 일은 쉽사리 결정하지 못합니다.

여러분의 퍼스낼리티는 어린 시절이나 꿈을 통해 어느 정도 자신의 내면 의식에 속한 참된 자유를 인식해왔습니다. 그러므로 내가 말하는 능력이란 사실상 의식의 고유한 특성입니다.

앞에서 말했듯이 나의 환경은 끊임없이 변화하지만 알고 보면 여러분의 환경 역시 그러합니다. 다만 그 경우 자신의 직관적인 인식에서 고정관념에 맞지 않는 내용을 빼버리는 것이 문제죠. 이를테면 방 안이 갑자기 작고 갑갑하게 보인다면 으레 그것을 착각이나 상상의 산물로 치부하고 자신이 어떻게 느끼든 간에 방의 크기는 전혀 변하지 않았다고 생각할 것입니다. 그러나 심리 상태에서 방은 실제로 변하게 되어 있습니다. 비록 육체적 차원에서는 똑같은 크기여도 말이에요. 방의 심리적 영향력은 분명히 변할 수 있습니다. 그 결과는 다른 사람도 느낄 수 있죠.

특정한 사건을 불러일으킴으로써 여러분의 심리 구조와 호르몬 분비 체계를 바꾸기도 합니다. 그러면 여러분은 육체적인 방식으로 방 안의 달라진 상태에 반응할 것입니다. 비록 너비나 높이가 조금도 변하지 않은 것처럼 보인다 해도 말입니다.

내가 '보인다'라는 표현을 쓴 까닭은 물리적인 측정 도구로는 아무런 변화의 징조를 발견하지 못할 것이기 때문입니다. 그런 방에서는 도구도 스스로 알아서 방 안에 맞추어 자신을 변화시킵니다.

여러분은 육체적인 환경의 형상, 상태, 윤곽, 의미 따위를 끊임없이 변화시키고 있습니다. 비록 다른 한편으로는 끊임없는 변화를 무시하기 위해 최선을 다하고 있지만요. 반면에 우리는 그런 과정을 의식적으로 완벽하게 통제합니다. 자발적인 행동과 창조의 토대가 되는 내면의 안정성은 삶의 동기를 부여하고, 영적·심리적 정체성은 창조적 변화에 의존한다는 사실을 알기 때문이죠.

우리의 환경은 변화가 완벽하게 허용되는 절묘한 불균형적 요소들로 이루어져 있습니다. 그에 비해 여러분은 시간 구조로 인해 물질은 상대적으로 변화하지 않는다는 착각을 하고 그 안의 끊임없는 변화를 일부러 무시하고 있죠. 육체의 감각은 여러분을 지극히 정형화된 현실 속에 묶어 두고 있습니다. 오로지 직관과 수면, 꿈을 통해서만 의식의 변화무쌍한 본질을 즐길 수 있습니다.

여러분이 이런 측면을 이해하도록 일깨우는 것은 나의 임무 가운데 하나입니다. 여러분에게 친숙한 개념을 사용해야 하므로 우리의 퍼스낼리티 중에서 여러분과 어느 정도 통할 수 있는 부분을 골라서 이용하는 것입니다.

우리의 환경에 한계는 없습니다. 여러분의 표현을 빌자면 시간이나 공간은 결코 부족하지 않습니다. 그러나 이런 환경은 적절한 배경을 갖고 있지 않거나 그에 맞게 발전하지 못한 의식에게는 엄청난 압력을 줍니다. 그렇다고 우리가 단순하고 아늑한 하나의 우주 속에 숨어 있다는 말은 아닙니다. 우리는 의식의 지평선에 떠오르는 다른 이질적인 현실 세계에 대해서도 여전히 주의를 기울이고 있죠. 의식의 종류는 육체적 형상의 종류보다 훨씬 다양합니다. 의식은 각각의 인식 패턴과 위장시스템 내에 존재하면서 보다 심오한 현실 지식을 갖고 있으며 이 현실 지식은 어떤 형태로든 현실을 구성합니다. 여러분은 꿈속에서 자유롭게 자신의 환경을 만들어 잠재력을 발휘할 수 있습니다. 꿈속에서의 그런 작용을 알아보고 이를 육체적 삶과 비교하는 방법에 대해서는 나중에 설명하겠습니다.

여러분은 꿈속 환경을 바꾸고 조작하는 방법을 배워 육체의 환경을 변화시킬 수 있습니다. 또한 자기 암시를 통해 바람직한 변화를 특정한 꿈속으로 유도한다면 그것이 육체의 현실 속에 그대로 나타날 수 있죠. 사실 여러분은 자신이 미처 의식하지 못하는 사이에 종종 그렇게 하기도 합니다.

의식은 다양한 형상을 취하지만 언제나 형상 안에 있을 필요는 없습니다. 그리고 모든 형상이 육체적인 것도 아닙니다. 어떤 퍼스낼리티는 한 번도 육체를 입은 적이 없습니다. 그들은 인간과 다른 경로를 통해 진화해왔으며 심리 구조 자체가 여러분과는 다릅니다. 나는 그런 환경 속으로도 여행을 합니다.

의식은 스스로를 나타내야 합니다. 그것은 반드시 존재하죠. 그리고 비육체적인 것이기에 비육체적인 방식으로 자신의 활동을 보여주어야 합니다. 이를테면 어떤 세계에서 의식 형태는 수학적이며 음악적인 패턴을 지니는데 이것 자체가 다른 세계에 자극제가 되죠. 다만 나는 그런 일에 대해서는 잘 알지 못하기 때문에 자세히 설명할 수 없습니다.

만약 내 생활 환경이 영구적인 것이 아니라면 여러분의 세계 역시 마찬가지입니다. 내가 지금 루버트를 통해 이야기하듯이 여러분도 각기 저마다의 방식으로 다른 퍼스낼리티와 정신 감응을 이용해 의사소통하고 있지만 거의 자각하지 못하고 있을 뿐입니다.

| 515번째 대화 |

여러분이 사용하는 감각은 그것이 인지할 환경을 창조합니다. 육체의 감각은 3차원 현실의 인지를 필요로 하죠. 의식에는 내적인 감지기가 내포되어 있습니다. 이러한 감지기는 의식의 발전 정도와는 상관없이 모든 의식의 고유한 기관입니다. 이러한 기관은 의식이 특정한 세계 속에서 생활하기 위해 육체와 같은 특정한 형체를 취할 때 갖추게 되는 감각기관과는 별개로 작용합니다.

사실 여러분도 이러한 내면의 감각을 항상 사용하고 있죠. 비록 에고의 수준에서는 그러한 활동을 의식하지 못하지만 말이에요. 실제로 우리는 훨씬 자유롭고 의도적으로 그런 감각을 사용합니다. 만일 여러분도 우리처럼 내면의 감각을 사용한다면 지금 내가 생활하는 환경을 인지하게 될 것입니다. 그러면 사건과 형상이 시간이라는 틀 속에 고정되지 않고 자유롭게 펼쳐지는, 위장되지 않은 상황을 보게 되겠죠. 즉, 현재 여러분이 사는 방 안이 단순한 가구들의 집합체가 아닌 분자와 같은 입자들의 거대한 춤임을 이해하게 될 것입니다. 또한 분자를 구성하는 전자기적 구조의 오라aura를 볼 수 있습니다. 원한다면 의식을 분자 속으로 여행할 만큼 작아질 때까지 응축할 수 있으며, 그 작디작은 세계 속에서 밖으로 눈을 돌려 별과 같은 무수한 형체들이 서로 밀접한 관계를 갖고 쉼 없이 움직이는 거대한 은하계를 감상할 수도 있죠. 이 모든 가능성이야말로 진정한 현실입니다.

내면의 감각을 사용해 우리는 공동 창조자가 될 수 있습니다. 여러분은 스스로 자각하든 자각하지 못하든 공동 창조자입니다. 만일 우리의 환경이 무질서해 보인다면 여러분이 질서의 참된 본질을 이해하지 못하기 때문입니다. 우주의 질서는 형상과는 무관합니다. 그러므로 단지 여러분의 시각에서만 무질서해 보일 뿐이죠.

나의 환경에서는 오후 4시라든가 저녁 9시라는 개념이 없습니다. 시간에 구속되지 않죠. 물론 내가 원한다면 시간을 체험할 수는 있습니다. 우리는 체험의 강도에 따라 시간을 느끼죠. 나름대로 고조기와 저하기를 지닌 심리적 시간 말입니다. 이는 시간이 빠르게 혹은 느리게 흐르는 것처럼 느끼는 감정 상태와 비슷하지만 여러분과 우리 사이에는 엄청난 차이점이 있습니다. 우리의 심리적 시간을 벽에 빗대어 말한다면 벽의 색상, 크기, 높이, 너비, 깊이가 끊임없이 변화한다는 것입니다.

우리의 심리 구조가 여러분과 다른 이유는 낯설기는 하지만 여러분도 선천적으로 갖추고 있는, 다차원적이며 심리적인 현실을 의식적으로 활용한다는 데 있습니다. 우리의 환경에는 결코 육체 감각으로 인지할 수 없는 다차원적 속성이 내포되어 있습니다.

현재 나는 비교적 이해하기 쉬운 위장 상태로 현실의 일부를 투사시켜 이 책을 구술하고 있습니다. 물론 차원을 분별하지 않고 있죠. 그곳은 비활성화된 영역으로, 육체적 현실의 관점에서 본다면 지구의 대기권 바로 위 기층에 비유할 수 있습니다. 나는 심리적이며 심령적인 환경을 언급하고 있습니다. 이곳은 현재의 대화 내용이 제대로 이해될 수 있도록 루버트의 육체적인 자아와는 충분히 떨어져 있습니다. 또한 나의 환경에서는 육체적인 표현으로 정보를 전달하기 어렵기 때문에 나의 환경과도 어느 정도 떨어져 있는 차원입니다. 다만 '떨어져 있다'는 표현이 공간적인 표현이 아니라는 점을 주의하십시오.

창조와 인지는 과학자들이 생각하는 것보다 더욱 긴밀하게 연결되어 있습니다. 육체의 감각이 그 자체가 인지하는 현실을 창조한다는 것은 분명한 사실입니다. 나무는 박테리아, 곤충, 새 혹은 그 밑에 서 있는 사람과 전혀 다른 존재입니다. 다르게 보일 뿐만 아니라 실제로도 다르죠.

인간은 지극히 특화된 감각기관을 통해 실체를 감지합니다. 그렇다고 해서 인간이 인지하는 나무의 형태가 박테리아, 곤충, 새 등이 인지하는 나무의 형태보다 더 근본적인 형태라는 뜻은 결코 아닙니다. 결국 여러분은 자기 자신의 실체를 통해 나무의 실체를 감지할 수밖에 없습니다. 나무뿐만 아니라 여러분이 알고 있는 육체적 시스템 내의 다른 모든 사물 역시 마찬가지입니다.

또한 육체의 현실이 거짓은 아닙니다. 의식의 수많은 자기표현을 감지하는 무수한 방식 중 하나일 뿐이죠. 육체의 감각은 체험을 육체적인 지각으로 바꾸도록 강요합니다. 반면에 내면의 감각은 지각의 영역을 개방함으로써 체험에 대한 보다 자유로운 해석을 가능하게 하며, 새로운 존재 형태와 대화할 수 있는 채널을 창조함으로써 의식체가 자신을 알 수 있게 해줍니다.

의식이란 자연적인 창조 운동입니다. 여러분은 지금 감정적이며 심령적인 생활로 다양한 육체의 형태를 창조할 수 있는 방법을 3차원적으로 터득하는 중입니다. 여러분의 환경에서 심령적 환경을 조작하면 자동적으로 육체의 틀에 인상을 남깁니다. 하지만 우리의 환경에서는 여러분의 환경과는 다른 방식의 창조성을 발견할 수 있죠.

여러분의 환경은 나무가 열매를 맺는 것, 즉 땅이 그 자신을 기르는 자급자족의 원리가 작용한다는 측면에서 창조성을 발휘하고 있습니다. 그런 자연스러운 창조성의 측면은 여러분의 표현대로 말하자면 아주 오래전에 성립된 인종의 심령적·영적·육체적 경향의 물체화이자 그 인종이 축적해온 심령적 지식의 일부입니다.

우리는 말로 설명하기 어려운, 보다 위대한 창조성을 부여하고 있습니다. 예를 들어 우리의 환경에서는 꽃을 보기 위해 오랜 시간 동안 식물을 가꾸지 않아도 됩니다. 반면에 우리는 응축된 심령의 힘으로 새로운 활동 차원을 만들죠. 여러분이 3차원 세계에서 그리는 그림은 3차원적 체험의 속성을 완벽하게 표현할 수 없습니다. 하지만 우리는 어떤 차원의 속성이든 원하는 대로 만들 수 있죠.

이 모든 능력은 우리만의 소유물이 아니라 여러분 자신의 유산이기도 합니다. 사실 여러분은 정상적인 표면 의식 상태보다는 트랜스 상태에서 자주 내면의 감각을 활용하여 다차원적 능력을 발휘하고 있습니다.

우리의 생활 환경은 육체적인 요소로는 쉽사리 정의 내릴 수 없는 것이므로 여러분은 추론을 통해 그 본질을 이해해야 합니다. 여러분의 육체적 생활 환경은 바로 심리 구조 때문에 현재와 같이 보이는 것입니다. 여러분이 시간의 적용을 받는 친숙한 자아상보다는, 연상聯想, association(of ideas)(하나의 관념이 다른 관념을 불러일으키는 현상) 과정을 통해, 개인적인 존재의 연속성을 이해한다면 육체 현실을 지금까지와는 전혀 다르게 체험할 수 있을 것입니다. 과거와 현재의 사물을 동시에 지각할 수 있는데 이는 연상적인 연결 과정을 통해 성립될 수 있죠.

여러분의 아버지가 평생 여덟 개의 의자를 좋아했다고 가정해봅시다. 여러분의 인식 메커니즘이 시간의 논리보다는 직관적인 연상 작용의 결과로 성립되었다면 아마도 모든 의자를 동시에 인식하거나 하나를 보는 즉시 다른 모든 의자를 의식할 것입니다. 이처럼 환경은 독립적인 것이 아니라 인식 패턴의 결과이며 심리 구조에 의해 결정됩니다.

그러므로 나의 환경이 어떠한지를 알고 싶다면 먼저 내가 누구인지부터 이해하십시오. 이를 위해 나는 의식의 본질을 설명해야 하는데, 이는 곧 여러분 자신에 대해 설명하는 것이나 마찬가지입니다. 여러분의 내면은 이미 내가 하려는 말의 많은 부분을 이해하고 있습니다. 나의 목적은 여러분 의식의 커다란 부분에 알려져 왔으면서도 오랫동안 무시되어온 지식을 여러분의 에고적 자아에게 알리는 데 있습니다.

여러분은 물질적인 우주를 관찰하고 자신의 외적 감각이 전해준 정보에 따라 현실을 해석합니다. 나는 육체의 현실 속에서 내면을 관찰하여 여러분이 육체 현실에 빠져 제대로 보지 못하는 의식과 체험의 실상을 설명하고 있는 셈입니다.

여러분의 모든 관심은 현실이라고 불리는 한 가지 밝은 측면에만 집중되어 있습니다. 그 외에 많은 현실이 있는데도 여러분은 그 존재를 무시하고 그것에서 비롯되는 모든 자극을 없애버리고 있는 것입니다. 그렇게 최면에 걸려 있는 데에는 나름대로 이유가 있지만 이제는 조금씩 깨어나야 합니다. 여러분이 내면의 눈을 뜰 수 있게 하는 것이 바로 나의 목적입니다.

| 518번째 대화 |

나의 환경 속에는 나와 접촉하는 다른 퍼스낼리티들이 존재하고 있습니다. 대화, 인식, 환경은 서로 떼어놓고 보기 힘듭니다. 그러므로 나와 내 동료들이 실행하는 대화의 종류는 우리의 환경을 이야기하는 데 있어서 매우 중요한 주제입니다.

다음 장에서는 우리의 존재와 실행하는 일, 머물고 있는 차원, 소중히 여기는 목적, 그리고 무엇보다도 우리의 체험을 구성하는 관심사에 대해 간단하게 설명하겠습니다.

3

세상은 내적 현실의 반영이다

여러분은 우리가 현실을 체험하는 방식이 여러분과는 크게 다르다는 사실을 이해해야 합니다. 우리는 과거의 자아들, 즉 갖가지 삶 속에서 취해온 퍼스낼리티들을 깊이 의식하고 있습니다. 또한 우리는 텔레파시를 이용하기 때문에 서로에게 자신의 속마음을 감추기 힘듭니다. 어쩌면 사생활 침해처럼 보이겠지만 여러분은 지금 이 순간마저 어떤 생각도 감출 수 없습니다. 여러분 자신은 그런 사실을 의식하지 못하고 있으나 여러분의 가족과 친구, 심지어 적에게까지 분명히 알려지게 마련입니다. 그렇다고 해서 우리가 마음만 먹으면 상대방을 속속들이 꿰뚫어 볼 수 있다는 말은 아닙니다. 오히려 정반대입니다. 정신세계에도 예의범절 같은 것이 있으니까요. 우리는 자신의 생각을 예리하게 인식하며 자유로우면서도 분별력 있게 선택합니다.

우리는 다른 존재 상태에서 수많은 시행착오를 거친 끝에 생각의 힘을 확실하게 깨달았습니다. 그 누구도 심상心象이나 감정의 막대한 창조력을 피해 갈 수는 없습니다. 물론 우리가 부자연스러운 존재라거나 이런저런 사항을 골똘히 생각해야 하고, 걱정 때문에 부정적이나 파괴적으로 변한다는 뜻은 아닙니다. 그런 문제라면 우리는 벌써 졸업했으니까요.

우리는 여러분보다 훨씬 다양한 형태로 의사소통할 수 있는 심리 구조를 갖고 있습니다. 예를 들어 오랫동안 잊고 있던 어린 시절의 친구를 만났다고 합시다. 현재 여러분과 친구는 별다른 공통점을 갖고 있지 않습니다. 하지만 여러분은 오후 한나절을 옛 친구와 함께 카페에 앉아 예전의 스승이나 동창들에 대해 재미있는 이야기를 나누며 유대감을 확인할 수 있죠.

마찬가지로 내가 누군가를 만나면 특정한 전생의 체험을 토대로 좋은 관계를 맺을 수 있습니다. 비록 나의 현재 상태로는 상대방과 공통점이 그다지 없을지 몰라도 말입니다. 이를테면 14세기경 우리는 지금과는 전혀 다른 사람으로 만났을 수도 있습니다. 그러면 우리는 전생의 체험에 대해 아주 기분 좋게 대화를 나누며, 자신들이 존재의 특정한 차원에서는 공통된 환경을 갖고 있는, 다차원적인 퍼스낼리티라는 사실을 보다 깊이 인식할 수 있죠. 그러나 과거, 현재, 미래는 실제로 존재하는 것이 아니기 때문에 이 간단한 비유도 지금 당장에만 쓸모 있을 뿐입니다.

우리의 체험 속에는 시간개념이 없습니다. 여러분의 방식으로 표현하자면 우리는 전생 속에서 맺은 다양한 관계를 확실하게 인식하기 때문에 여러분보다 훨씬 많은 친구와 동료를 갖고 있습니다. 또한 여러분보다 방대한 지식을 갖고 있습니다. 흔히 시대라고 일컫는 것은 존재하지 않지만 우리 중 어떤 이는 그런 환경을 거치면서 얻은 체험들을 결코 잊지 않고 있습니다.

우리는 모든 의식과 현실의 공조적 기능, 그리고 그 안에서의 자기 역할을 잘 인식하고 있기 때문에 다른 존재에게 자신의 감정이나 생각을 숨길 필요를 느끼지 않습니다. 우리는 커뮤니케이션을 하는데 아주 적극적입니다. 또 우리는 자신의 에너지를 완벽하게 통제하므로 갈등을 일으키거나 헛되이 낭비하는 일 없이 심리 체험의 근간이 되는 독특하면서도 개인적인 목적을 위해 적절히 활용합니다.

개개의 전체적 자아, 즉 다차원적인 퍼스낼리티는 각자의 목적과 사명, 창조적 일거리를 갖고 있으며 이에 따라 퍼스낼리티를 영원히 정당하게 탐구적으로 만들어줄 자질이 결정됩니다. 우리 모두는 이런 방향으로 자유롭게 에너지를 활용하고 있습니다. 순간순간 수많은 도전에 부딪히면서 자신의 목적이 그 자체로서뿐만 아니라 그것을 추구하며 노력하는 과정 중에 얻어지는 의외의 부산물 때문에라도 중요하다는 사실을 깨닫게 되죠. 다시 말해 목적을 위해 일하는 와중에 자신의 존재가 다른 이들도 따라올 만한 길이 된다는 사실을 이해하게 됩니다.

목적 자체는 우리 자신이 결코 예상치 못한 놀라운 결과를 낳을 것이며 결국 새로운 세계로 이어질 수 있습니다. 이러한 사실을 깨닫는다면 유머 감각을 유지하는 데 도움이 될 것입니다.

탄생과 죽음을 수없이 반복하며 매번 존재의 소멸을 예상했다가 죽음 이후에도 삶이 지속된다는 사실을 알게 될 때 신성한 코미디에 대한 감각이 싹트게 됩니다. 그런 과정을 통해 우리는 놀이의 창조적 기쁨을 배웁니다. 나는 모든 창조성과 의식이, 일이 아닌 놀이의 속성에서 탄생된다는 사실을 믿고 있습니다. 놀이의 속성이란 나 자신의 모든 존재 양식과 그 외에 내가 아는 이들의 경험 속에서 일관되게 발견해온 직관적인 자연스러움이죠.

이를테면 나는 자신을 여러분의 현실 수준에 맞추기보다는 그곳에 가 있는 상태를 상상함으로써 여러분과 교류하고 있습니다. 내가 지금 알고 있는 것을 여러분도 깨닫는다면 모든 죽음을 모험으로 받아들일 것입니다. 현재 여러분은 삶을 너무 심각하게 받아들이면서 존재의 유희성을 무시하고 있습니다. 우리는 지극히 자연스러운 놀이 감각을 즐기고 있는데 여러분은 그것을 책임이 따르는 놀이라고 부를 것입니다.

여하튼 삶은 창조적인 놀이입니다. 가령 우리는 의식을 얼마나 멀리 보낼 수 있는지 시험하기도 합니다. 그러다 우리가 뛰어놀 수 있는 현실 차원, 즉 자기 의식의 산물에 깜짝깜짝 놀라기도 합니다. 어찌 보면 우리는 의식을 이용하는 일을 너무 게을리했을 수도 있습니다. 하지만 우리가 만들어내는 의식의 통로는 지속적으로 존재하여 다른 이들이 사용할 수 있습니다. 우리는 뒤따라오는 존재에게 메시지를, 말하자면 일종의 정신적 표지판을 남겨 놓는 셈입니다. 이처럼 자신의 목적을 이룰 수 있는 수단이자 놀라운 창조적 시도인 놀이의 쓰임새를 이해하고 알맞게 사용한다면 높은 성취동기를 유지할 수 있습니다.

나는 스승으로서의 역할을 다하기 위해, 수많은 존재의 차원을 여행하고 있지만 가르치기 이전에 항상 학생에 대해 알아야 하며 그에 맞는 적절한 심리 구조를 준비해두어야 합니다. 학생이 살고 있는 현실 시스템, 그 또는 그녀의 사고 체계, 의미 있는 상징에 대한 철저한 지식이 필요하죠. 학생의 퍼스낼리티가 얼마나 안정되어 있는지 정확히 알아보고 그 퍼스낼리티의 욕구도 고려해야 합니다.

나의 메시지는 학생이 현실을 이해하는 맥락에서 제시합니다. 이 작업은 퍼스낼리티의 모든 수준이 어느 정도 일정한 비율로 계발될 수 있도록 아주 조심스럽게 진행합니다. 대개 메시지는 처음에는 나의 존재를 드러내지 않으면서 깜짝 놀랄 만한 계시의 형태로 주어집니다. 이때 내가 아무리 신중을 기하더라도 학생의 퍼스낼리티의 중요한 부분이 되어온 기존의 개념을 뒤바꾸는 경향이 있습니다. 그럼으로써 학생은 자신의 표면 의식 수준에서는 낯설게 보이는 심리 행위나 체험 속으로 내던져집니다.

문제는 학생이 존재하는 세계의 시스템에 따라 다르다는 것입니다. 이를테면 여러분의 세계에서 나와 루버트와의 최초의 접촉은 이러한 대화를 나누기 한참 전에 이루어졌습니다. 하지만 루버트의 퍼스낼리티는 최초의 만남을 의식하지 못하고 있습니다. 사실 그의 입장에서는 갑작스레 새로운 사상을 체험한 것에 불과했으니까요. 시인인 그에게는 새로운 시적 영감이기도 했죠.

여러 해 전 작가들의 모임에서 루버트는 미처 준비가 되기도 전에 심령적 계발로 이어질 성장 환경에 노출되었습니다. 당시 참석했던 사람들의 심리 상태가 트랜스 상태로 들어갈 수 있는 심리 조건을 발동시켰죠(1957년 제인은 단편 소설을 발표한 후 공상 과학 소설가들의 모임에 참석한 적이 있다).

루버트는 어린 시절부터 심령적 소질을 갖고 있었지만 적절한 성장 배경과 연결되기 전까지는 시적 영감을 통해 통찰력을 얻었습니다. 이 모든 것은 우연한 사건이 아닙니다. 루버트의 퍼스낼리티는 스스로 의식하지 못하면서도 자신의 날개를 펼쳐보기로 작정한 셈이죠. 또한 나도 그를 어린 시절부터 가르치며 이러한 본격적인 대화를 준비해왔습니다.

이는 내가 수많은 존재 차원에서 벌이는 활동의 일환이며, 퍼스낼리티의 구조가 각각 천차만별이기 때문에 매우 다양한 활동이 될 수밖에 없습니다. 내가 일하는 세계들은 기본적으로 일정한 유사점을 갖고 있지만 어떤 차원에서는 나 역시 스승으로서의 준비를 갖출 수가 없습니다. 그 차원에서는 체험에 대한 기본 개념 자체가 나의 본성과 맞지 않고 배움의 과정 역시 내가 체험하지 못한 수준에서 진행되기 때문이죠.

| 519번째 대화 |

여러분의 공간 개념에는 오류가 많습니다. 현재 여러분과 접촉하는 것도 마찬가지인데, 나는 슈퍼맨처럼 황금빛 창공을 가로질러 여러분의 심령 속으로 들어오는 것이 아닙니다. 단도직입적으로 말해서 여러분이 인식하는 것과 같은 공간은 존재하지 않습니다. 공간이라는 환상은 여러분의 육체적 인지 메커니즘과 의식이 일정한 진화 단계에 이르렀을 때 받아들이는 정신적 패턴에 의해 만들어집니다.

여러분이 육체적 삶 속에 들어갈 때, 마음은 체험이 기록되기를 기다리는 백지 상태가 결코 아닙니다. 오히려 그 안에는 아무리 성능이 뛰어난 컴퓨터라도 따라잡지 못할 엄청난 기능과 용량을 가진 기억 장치가 갖추어져 있죠. 여러분은 제대로 사용하든 안 하든 지상에서의 첫날부터 탁월한 기술과 능력을 부여받습니다. 이는 여러분의 생각과는 달리 유전적 결과가 아닙니다.

어찌 보면 영혼이란 스스로 자신의 존재와 삶을 프로그래밍하는 신성한 의식 컴퓨터라고 할 수 있습니다. 다만 이 컴퓨터는 너무나 뛰어난 창조력을 갖고 있어서 매번 다양한 퍼스낼리티로 나타나 독특한 의식과 노래를 꽃피우며 자신도 상상하지 못했을 놀라운 현실을 만들어내는 것입니다.

개개의 퍼스낼리티는 각자의 독특한 현실관을 가지며 정신적 장비는 특정한 환경에 맞게 재단되어 있습니다. 각각의 퍼스낼리티는 완벽한 자유를 누리는 한편 자신이 프로그래밍 되어 있는 존재의 범주 안에서만 활동합니다. 퍼스낼리티 안의 가장 은밀한 곳에는 전체 컴퓨터로써 처리하는 응축된 지식이 들어 있습니다. 그렇다고 이 자리에서 영혼이 컴퓨터라고 주장하는 것은 아닙니다. 단지 여러 쟁점을 밝히기 위해 새로운 각도에서 문제를 바라보라는 것뿐입니다.

퍼스낼리티는 환경 속에서 새로운 유형의 존재 양식을 형성하고 자신의 의식에 창조성을 더하며 특정한 시스템 안에서 길을 개척해 나가는 동안 부딪히는 현실의 장애물을 무너뜨릴 수 있는 능력을 지니고 있습니다.

내가 이런 일에 대해 언급하는 까닭은 지구의 환경이 여러분이 생각하는대로 존재하지 않는다는 사실을 알려주기 위해서입니다. 여러분은 세상에 태어나면서부터 이미 특정한 방식으로 현실을 인지하며 매우 제한적이면서도 집중적인 범주에서 체험을 해석하도록 길들여집니다. 환경이나 다른 현실 세계에 관해 이야기하기 전에 이 점을 분명히 설명해야겠습니다. 나와 여러분의 세계를 나누는 어떤 물리적 경계선이나 공간은 존재하지 않습니다. 여러분이 육체 감각, 과학적 측정 수단, 그 밖의 추론을 통해 정립한 현실관은 진정한 사실과는 아무런 공통점도 없습니다. 사실이란 설명하기 어려운 법입니다.

여러분의 태양계는 시간과 공간 속에 동시에 존재합니다. 그 시스템에서 볼 때 시각적 과학적 수단으로 인지할 수 있는 우주는 머나먼 거리에 은하, 항성, 행성들로 이루어진 것처럼 보이죠. 하지만 이는 환상입니다. 여러분의 감각과 육체의 존재 자체가 우주를 그런 식으로 인식하도록 프로그래밍한 것뿐이죠.

여러분이 아는 우주는 그것이 3차원 현실로 들어왔을 때 사건들에 대한 여러분의 해석에 불과합니다. 여기서 사건들이란 정신적인 것입니다. 물론 여러분이 물질적인 우주 내에서 다른 행성으로 여행할 수 없다는 뜻은 아닙니다. 여러분은 다른 행성으로 갈 수 있습니다. 비록 탁자 자체가 고체의 특성을 갖고 있지 않더라도 그 위에 책, 유리, 오렌지 따위를 올려놓을 수 있는 것처럼 말입니다.

나는 여러분의 세계에 들어가면 일련의 정신적이며 심령적인 사건들을 겪습니다. 여러분은 그런 사건들을 시공간으로 해석할 것이며 나 역시 여러분을 위해 그런 표현을 사용해야만 하죠. 그러한 현실관은 소위 근원적 가정으로서 3차원 존재의 토대가 되는 일종의 협약입니다. 말하자면 시간과 공간은 근원적 가정입니다. 현실 세계는 나름대로 그런 협약을 갖고 있습니다. 여러분의 세계와 교신할 때 그곳의 토대를 이루는 근원적인 가정을 이해하고 이용하는 것이 바로 스승으로서 내가 할 일입니다.

본체 혹은 영혼의 본질은 종교가 정의하는 것보다 더욱 창조적이며 복잡한 구조를 지니고 있습니다. 그것은 무수한 지각 방법을 활용하며 수많은 유형의 의식을 다스립니다. 하지만 영혼에 대한 여러분의 시각은 3차원 개념으로 제한되어 있습니다. 반면에 영혼은 눈을 자유자재로 움직이듯 의식의 초점을 마음대로 바꾸고 이용할 수 있죠.

이상하게 들리겠지만 나는 의식이 아닙니다. 내 의식은 내가 사용하는 한 가지 특성에 불과하며 이러한 이치는 여러분에게도 동일하게 적용됩니다. 다만 그러한 앎이 여러분에게는 감추어져 있겠지만요. 본체 혹은 영혼은 의식 이상의 것입니다. 내가 여러분의 환경 속에 들어가면 여러분 쪽으로 의식의 방향을 돌립니다. 여러분이 어느 정도 이해할 수 있는 내용으로 나의 실체를 번역하는 셈이죠. 매우 제한된 방식이기는 하지만 화가가 자신의 일부분을 그림으로 표현해내듯이 말입니다.

내가 여러분의 세계에 들어가면 여러분은 그 사건을 자신의 세계에 속한 근원적 가정의 관점에서 해석합니다. 여러분 자신도 스스로 의식하든 의식하지 못하든 꿈속에서 다른 현실 세계로 들어갑니다. 비록 표면 의식적으로는 그 활동에 참여하지 못하지만 말이에요. 여하튼 여러분은 주관적 체험을 통해 물리적 존재 양식을 벗어나 보다 확고한 목적과 창조성을 갖고 활동합니다.

여러분은 존재의 목적을 생각할 때 일상적인 삶의 시각으로 해석하겠지만 다른 꿈의 차원에서는 그런 시각을 버리고 자기 실체의 여타 부분과 교류하면서 자신의 목적을 이루기 위해 활동하게 됩니다.

내가 여러분의 현실과 접촉하는 것은 여러분의 꿈속에 들어가는 것이나 마찬가지입니다. 나는 제인 로버츠를 통해 책을 구술하는 자신과 본래의 환경 속에 있는 자신을 동시에 의식할 수 있습니다. 여러분의 현실에 나 자신의 일부를 보내는 것은 여러분이 방 안을 의식하는 한편 편지를 쓰는 순간 사랑하는 친구에게 마음의 일부를 보내는 것과 같습니다. 다만 나는 여러분이 편지로 마음을 전하는 것보다 많은 의식을 보냅니다.

나의 환경은 사후 세계 같은 것은 아닙니다. 그런 상태에 대해서는 나중에 설명하겠습니다. 여러분과 내가 머무는 환경 사이에 커다란 차이점이 있다면 여러분이 정신적 행위를 물질화시켜야 한다는 것입니다. 우리는 정신적 행위의 실재성을 이해하고 그 효력을 인정합니다. 정신적 행위를 있는 그대로 받아들이기 때문에 굳이 물질화시켜 경직된 시각으로 해석할 필요는 없습니다.

나는 의식의 초점을 지구에 맞출 수 있습니다. 또한 여러분처럼 체험할 수 있으며, 여러분이 시간 속에서 체험하기 불가능한 아주 다양한 방식으로 그것을 인지할 수도 있습니다.

이 책을 읽는 여러분 가운데 진작부터 자신이 왜곡된 관념의 렌즈로 체험을 바라보고 있는 것은 아닐까, 하고 의심해온 이가 있다면 그 사람은 내가 하는 말을 직관적으로 이해할 것입니다. 그리고 그런 사람은 물질적 현실이 일종의 환상이라면 이는 그보다 더 거대한 현실에서 비롯된 것임을 잊지 마십시오. 환상은 나름대로 목적과 의미를 갖는 법이니까요.

물질적 현실은 현실의 한 형태라고 할 수 있습니다. 하지만 여러분 세계의 사람들은 체험의 작은 부분에만 집중하고 있습니다. 우리는 다양한 현실 세계를 자유로이 여행할 수 있습니다. 그렇다고 해서 내가 여러분의 현재 퍼스낼리티나 육체적 존재 양식을 하찮게 본다는 뜻은 아닙니다. 오히려 그 반대입니다.

3차원적 체험은 값을 매길 수 없을 만큼 귀중한 훈련장입니다. 여러분의 퍼스낼리티는 자신의 기억을 갖고 존재하는데 이는 전체적인 주체의 일부분에 불과합니다. 마치 어린 시절이 현재 퍼스낼리티에게 있어서는 매우 중요한 부분을 차지하지만 퍼스낼리티 자체는 어린아이 이상의 존재인 것과 마찬가지로 말이에요.

여러분은 성장과 계발을 지속하면서 다른 존재의 환경을 의식할 것입니다. 환경은 여러분과 별개로 존재하는 물체들의 집합체가 아닙니다. 여러분은 스스로 환경을 만듭니다. 다시 말해 환경이란 여러분의 의식 속에서 이루어진 정신적 행위가 밖으로 표출되어 물질화된 것입니다. 나 또한 똑같은 원리로 환경을 만듭니다. 다만 여러분은 물질적인 사물에 그치는 데 반해 나는 그렇지 않습니다

| 520번째 대화 |

지구의 과학자들도 마침내 철학자들이 오래전에 깨달은 진실을 깨닫기 시작했습니다. 마음이 물질에 영향을 미친다는 것 말입니다. 하지만 그들은 아직 마음이 물질을 창조한다는 사실까지는 알아내지 못했습니다.

여러분에게 가장 가까운 환경은 다름 아닌 몸입니다. 여러분의 몸은 여러분과 별개로 존재하는 것이 아닙니다. 여러분 자신의 생각, 감정, 해석이 육체적으로 물질화된 것입니다. 말 그대로 내면의 자아가 생각과 감정을 마술처럼 변화시켜 물질적인 등가물을 만들

어낸 것이죠. 따라서 육체는 주관적인 상태를 완벽하게 반영합니다.

여러분은 스스로 육체적인 이미지를 만들었지만 자신은 그와는 별개로 존재한다는 사실을 직감적으로 알고 있습니다. 여러분은 생각과 감정을 물질 속에 불어넣어 환경과 물질세계를 스스로 창조하고 있습니다. 내면의 자아는 개인적으로나 집단적으로 심령 에너지를 외부로 표출시켜 물질 형체를 이루는 도구를 만들어냅니다.

개개의 감정과 사념은 독특한 전자기적 실체를 지니고 있으며 다양한 강도로 다른 실체와 조합할 수 있습니다. 3차원적 물체는 텔레비전 영상과 엄청난 차이점을 갖고 있는가 하면 어떤 면에서는 똑같은 방식으로 만들어집니다. 다시 말해 3차원적 물체의 특정한 주파수에 동조하지 않는 한 그것을 인식한다는 것은 불가능합니다.

여러분 개개인은 지극히 복잡한 전자기적 개체를 물체로 전환시키는 변화의 마술사입니다. 말하자면 여러분은 가상 물질이 잔존하는 지대에 둘러싸인 물질 응축 세계의 한가운데 있는 셈이죠. 그 속에서 개개의 사념과 감정은 단순하거나 복잡한 전자기적 개체로서 존재하나 과학자들은 아직 그런 상태를 감지하지 못하고 있습니다.

사념이나 감정이 물질화되었을 때 그것의 응축 강도는 육체적 이미지의 내구력과 지속성을 결정합니다. 아무튼 여러분이 아는 세상은 단지 내적 현실의 반영에 불과한 것이죠.

여러분은 근본적으로 의자나 돌멩이, 양상추, 새 따위와 동일한 요소로 구성되어 있습니다. 모든 의식은 엄청난 공조를 통해 여러분이 인지하는 형상을 만들어냅니다. 우리는 이러한 근원적 현실을 이해하고 있기에 원하는 대로 자신의 형상과 환경을 바꿀 수 있습니다. 또한 우리는 형상의 영구성이 환상에 불과하며 모든 의식은 항상 변화하는 상태에 놓여 있다는 것도 알고 있습니다. 우리는 의식의 참된 기동성을 알기에 한 번에 여러 장소에 나타날 수 있습니다.

감정적으로 누군가를 생각할 때마다 여러분은 자신과 똑같은 것을 보내게 됩니다. 물질의 강도는 약하지만 나름대로 분명한 형상을 지니고 있습니다. 이러한 정신적 형상은 의식 밖으로 투사되면서 여러분의 주의력을 완전히 벗어나게 됩니다. 나 역시 누군가를 감정적으로 생각할 때 그와 동일한 작용을 벌이죠. 다만 그 이미지에는 내 의식의 일부분이 들어가며 상대방과 의사소통도 할 수 있습니다.

환경은 의식의 정신적 창조물이 수많은 형상으로 나누어진 결과입니다. 내가 좋아하는 환경 중에 14세기식 서재가 있습니다. 여러분의 시각에서는 존재하지 않으며 나 역시 그것이 정신적인 산물임을 잘 알고 있죠. 하지만 나는 가끔 그런 환경을 창조해놓고 책상 앞에 앉아 창밖의 전원 풍경을 바라보기도 합니다.

의식하지는 못하겠지만 여러분 역시 자신의 거실에 앉아 있을 때 그와 같은 활동을 합니다. 나는 동료와 만날 때 순전히 즐기기 위해 서로의 생각을 다양한 형상과 색깔로 전환시키곤 합니다. 우리는 일종의 전문성이 필요한 게임을 하는 것이죠. 누가 사념을 가장 많은 형태로 변환시킬 수 있느냐 하는 게임 말입니다.

사념은 감정의 단계 변화와 같은 미묘한 속성의 영향을 받습니다. 그래서 그 누구도 어떤 물체도 완벽하게 똑같을 수 없습니다. 사물을 구성하는 원자와 분자는 각각 정체성을 갖고 사물에 색깔과 질을 부여합니다. 하지만 여러분은 사물을 인지할 때 지속성과 유사성만 인지하고 받아들이며 차이점은 무시해버립니다. 특정한 속성만 받아들이고 다른 속성은 무시하는 지극히 차별적인 시각을 갖고 있죠. 7년을 주기로 변하는 것은 육체가 지닌 변화의 주기 가운데 하나일 뿐입니다. 사실 육체는 호흡할 때마다 변하고 있습니다.

육체 안에서 원자와 분자는 항상 죽고 대체됩니다. 호르몬은 언제나 운동과 변화를 지속합니다. 피부와 세포 조직의 전자기적 속성은 언제나 변화하며 심지어는 역전되기도 합니다. 1초 전 육체를 구성했던 물질과 1초 후 구성하는 물질은 매우 중대한 차이를 지닙니다.

여러분이 이와 같은 인체의 변화를 실제로 감지한다면 자신이 이제껏 몸을 하나의 응집력 있는 실체로 여겨 왔다는 사실에 깜짝 놀랄 것입니다. 사실 여러분은 비교적 안정되어 있고 영구적인 의식체라는 관념에 초점을 맞추고 있습니다. 과거의 체험에서 생각해낸 관념, 생각, 마음가짐 등을 자신의 것으로 주장하면서 스스로 사념을 간직해둘 수 없다는 점을 무시하고 있죠. 여러분에게 있어서 사념은 한순간에 사라져버리는 것인데도 말입니다.

여러분은 비교적 영구적인 주변 환경을 가꾸기 위해 육체적이며 주관적인 자아를 유지하려고 노력하고 있습니다. 그렇기에 항상 변화하는 사물의 본질을 무시합니다. 하지만 변화의 진실이야말로 여러분에게 리얼리티의 참된 본질, 개인적인 주관성, 주변 환경에 대한 더욱 깊은 이해를 제공해줄 것입니다.

여러분의 표면 의식을 떠난 사념은 어떻게 되는 것일까요? 사념은 사라지지 않습니다. 여러분은 사념이 어디로 가는지 추적할 수 있지만 3차원적 존재 양식으로부터 초점을 돌리기를 두려워하고 있습니다. 그래서 생각과 기억이 자신의 정신세계 속 끝 모를 밑바닥으로 추락해버리는 듯한 주관성의 낭떠러지가 존재하는 것처럼 보이죠. 여러분은 자신을 보호하고 주관성이 사라지는 것을 막기 위해 위험해 보이는 영역에는 갖가지 심리적 장애물을 설치해놓았습니다. 하지만 자신의 현실이 현재의 정체성을 유지하는 방향 이외의 방향으로도 전개되고 있다는 사실을 깨달으면 사념과 감정을 따라잡을 수 있습니다. 그런 사념과 감정을 따라가다 보면 다른 존재 환경으로 인도될 것입니다

생각이 사라져버리는 듯 보이는 주관성의 구멍들은 사실상 체험의 또 다른 우주, 즉 상징이 살아 움직이고 사념의 잠재력이 밝혀지는 현실로 통할 수 있는 심령적 워프와 같습니다. 여러분은 꿈속에서 그런 현실과 교류하게 됩니다. 사실 표면 의식의 세계와 꿈속 세계는 항상 서로 작용을 주고받고 있죠. 의식이 여러분의 손길을 벗어나거나 피하는 것처럼 보이는 부분 혹은 의식이 끝나는 것처럼 보이는 지점이 있다면 바로 심리적이며 심령적인 장애물이 설치된 곳으로서 반드시 탐구해야 할 영역입니다. 그렇지 않으면 여러분의 의식이 머릿속에 갇혀 꼼짝달싹하지 못하고, 잃어버린 사념이나 기억이 모두 죽어버린 것처럼 느껴질 것입니다.

모든 삶은 동시에 일어난다

| 521번째 대화 |

여러분은 여러분이 속한 광범위한 환경을 제대로 인식하지 못하고 있습니다. 자신을 연극 중인 배우로 생각해보십시오. 무대는 21세기이고 스스로 각본, 무대 장치, 주제들을 준비합니다. 사실 여러분은 전반적인 제작 과정에 관여해온 셈이죠. 자신과 다른 사람들이 참여하는 집단 극에 말이에요. 하지만 여러분은 현재 자신의 배역에만 초점을 맞추고 있습니다. 연극의 현실에 매혹되어, 즉 드라마상의 문제, 도전, 희망, 슬픔 등에 너무 깊이 몰입해 있는 탓에 모든 것이 자신의 창조물이라는 사실을 잊고 말았습니다. 모든 기쁨과 비극이 어우러진 지극히 감동적인 드라마가 여러분의 삶이자 환경입니다.

다른 차원에서는 여러분의 역할이 정해져 있는 또 다른 연극들이 동시에 진행되고 있습니다. 그 드라마들 역시 나름대로 배경과 극본을 갖고 있으며 각기 다른 시간대에서 진행됩니다. 그중 어떤 것은 '21세기의 삶'으로, 또 어떤 것은 '18세기의 삶'으로, 또 어떤 것은 '기원전 5세기경의 삶', '기원후 3000년경의 삶' 등으로 불릴 수 있습니다. 이러한 무대 배경은 여러분의 전체 퍼스낼리티를 둘러싼 환경을 상징합니다. 단, 퍼스낼리티의 일부분은 현재 참여하고 있는 특정한 시간대의 드라마에 너무 확고하게 초점을 맞추고 있어서 자신이 배역을 맡고 있는 다른 드라마들을 미처 의식하지 못합니다. 여러분은 자신의 다차원적 현실을 이해하지 못하기 때문에 동시에 수많은 삶을 살고 있다는 말을 이상하게 여기거나 믿지 못하는 것입니다. 여러분으로서는 동시에 둘 이상의 장소에 있는 자신의 모습을 상상하기 어려운데 하물며 둘 이상의 시간대나 시대에 살고 있는 것은 어떻겠습니까.

간단히 말해 시간은 순간의 연속이 아닙니다. 물론 여러분이 하는 말이나 행동은 시간 속에서 행해지는 것처럼 보일 것입니다. 마치 의자나 탁자가 공간을 차지하고 있는 것처럼요. 하지만 이러한 겉모양은 여러분이 사전에 설정해둔 복잡한 각본의 일부분이며, 여러분은 드라마상 주변 무대 배경을 실재하는 것으로 받아들여야 할 뿐입니다. 예를 들어 여러분이 친구에게 '오늘 오후 4시 레스토랑에서 차나 한잔하자'라고 말한다면 친구는 언제, 어디서 여러분을 발견할 수 있을지 정확히 알게 되겠죠. 둘의 만남에 오후 4시는 근본적으로 아무런 의미가 없으며 단지 합의된 기호임에도 불구하고 현실로 일어날 것입니다. 만일 저녁 9시에 연극을 보러 갔는데 배우들이 아침 식사를 하는 연기를 하고 있다면 여러분은 당연히 연극 속 시간을 기정사실로 받아들이고 관람할 것입니다.

이처럼 여러분 개개인은 연극의 뼈대 구실을 하는 기본적인 가정에 합의한 상태에서 거대한 드라마 제작에 참여하고 있습니다. 여기에서 말하는 가정이란 '시간은 일련의 순간이고 자신의 창조성이나 인지 능력과는 상관없이 객관적인 세계가 존재하며 인간은 육체 안에 구속되어 시공간의 제약을 받는다'는 전제입니다. 인식 작용은 육체의 감각기관을 통해 이루어지며 모든 정보는 안이 아닌 밖에서 나온다는 것 또한 여러분이 받아들인 가정 가운데 하나입니다.

그러므로 여러분은 연기 활동에 의식을 집중하지 않을 수 없습니다. 이런 다양한 연극, 즉 창조적인 활동들이 윤회적 삶이 되는 것입니다. 드라마들은 근본적으로 동시에 전개되고 있습니다. 윤회전생이라고 불리는 복잡한 수난극에 참여한 사람들은 그 이상의 리얼리티를 통찰하기가 힘듭니다. 드라마 중간에 쉬고 있는 어떤 존재는 연기 중인 사람과 교신하고자 노력하지만 그 자신도 무대 장치 양쪽에 숨어 있을 뿐이어서 보는 데에는 당연히 한계가 있습니다.

드라마들은 차례차례 전개되는 것처럼 보여서 무대 뒷전에 숨어 있는 이들이 시도하는 교신은 오히려 관념의 오류를 심화시킬 수 있습니다. 시간은 순간의 연속으로서 상상할 수 없는 시작에서 역시 상상할 수 없는 끝으로 이어진 단일한 시간선을 따라 흘러간다는 오류 말입니다. 이러한 오류 때문에 여러분은 개인적으로나 전체적으로 진보를 매우 제한된 관점에서 바라보게 된 것입니다. 심지어 윤회를 인정하는 사람들도 인간의 정신이 아직 중세 시대의 수준에서 벗어나지 못했을 것을 걱정하며 그나마 기술 수준에서만 어느 정도 발전했다고 자족할 뿐입니다.

이 모든 것은 잘못된 생각입니다. 진보란 시간과 마찬가지로 여러분이 생각하는 식으로 이루어지지 않습니다. 개인적이든 집단적이든 드라마마다 각각의 문제가 설정됩니다. 진보는 그런 문제를 해결했느냐 그렇지 못했느냐의 관점에서 측정될 수 있습니다. 어떤 시기에는 위대한 진보가 이루어졌습니다. 이를테면 여러분의 관점에서는 아무런 진보도 이루어졌을 것 같지 않은 시기에도 실제로는 위대한 성과가 이루어질 수 있죠.

어떤 드라마에서 배우들은 참여자가 풀어야 할 커다란 문제의 극히 일부분만 다룹니다. 여기에서 드라마라는 말을 사용하기는 하지만 그런 연극은 배우들이 각본의 주요 줄거리 내에서 완벽한 자유를 누리는 지극히 자연스러운 상황입니다. 여기에 리허설은 존재하지 않습니다. 그러나 관객이나 드라마상의 테마는 존재합니다. 그리고 배우들이 특정한 시기에 등장하지 않는 이유는 그때의 상황이 바람직하지 않기 때문일 수 있습니다.

연극은 직관적인 진리를 예술 형태 속에 구현하며 방대하고 광범위한 결과로부터 창조성을 발휘시킵니다. 또한 배우는 이를 통해 잠재된 능력을 일깨우고 행동 모델을 얻는 거죠. 영적·예술적·심령적 르네상스는 배우 내면의 초점이 이런 목적에 집중되기 때문에 발생하는 것입니다. 드라마마다 구체적인 도전과 문제는 다르나 그것의 위대한 주제는 모든 의식에 영감의 원천이 됩니다. 일종의 모델 구실을 하죠.

진보는 시간과 아무런 상관이 없으며 오히려 심령적이며 영적인 초점과 관련되어 있습니다. 하나의 드라마는 다른 드라마와 전혀 다른 것입니다. 현생의 행동이 이전 삶에서 비롯되었다거나 과거 생에서 저지른 범죄 때문에 지금 벌을 받는다는 것은 잘못된 생각입니다. 삶은 동시에 이루어지기 때문입니다. 여러분의 다차원적 퍼스낼리티는 그런 체험을 하면서도 여전히 자신의 정체성을 유지하고 있습니다. 물론 다차원적 퍼스낼리티는 자신이 참여하는 다양한 연극의 영향을 받으며 각 차원의 사이에는 순간적인 교류가 이루어지는 일종의 피드백 시스템이 존재합니다.

목적이 없는 연극은 없습니다. 다차원적 퍼스낼리티는 자신의 행동을 통해 배움을 얻습니다. 이는 다양한 마음가짐, 행동 패턴, 태도 등을 시도하며 그 결과, 다른 퍼스낼리티를 변화시킵니다. 결과란 말 자체는 원인이 발생한 후에 결과가 이루어진다는 것을 암시하죠. 이는 언어적 사고에 수반되는 고유한 장애나 왜곡의 자그마한 사례에 불과합니다. 왜냐하면 언어적 사고는 본질적으로 일방적인 묘사의 수준을 벗어나지 못하기 때문이죠.

여러분은 우주의 수난극을 제작하고 직접 참여하는 다차원적 자아입니다. 단지 여러분은 현재의 특정한 배역에 의식의 초점을 맞추다 보니 그 퍼스낼리티를 자신의 전 존재로 받아들이고 있습니다. 그런 규칙이 세워진 것에도 나름대로 이유가 있습니다. 그리고 의식은 끊임없이 형성되는 과정에 놓여 있기에 다차원적 자아도 완성된 심리 체계를 가졌다고 볼 수는 없습니다. 그 역시 형성되는 과정 중에 있습니다.

여러분은 현실화의 예술을 배우고 있습니다. 다차원적 자아 안에는 무한한 창조성의 근원과 발전의 가능성이 숨 쉬고 있죠. 다만 현실화의 방법을 터득하고 자기 안에 있는 미지의 창조물을 이끌어내는 길을 찾아야 합니다. 그래서 갖가지 조건과 상태를 창조하고 도전 과제들을 설정하면서 그중 일부는 처음에는 실패하게끔 예정해 놓기도 합니다. 왜냐하면 새로운 창조를 이루기 위해서는 그에 맞는 조건을 갖추어 두어야 하기 때문입니다. 그리고 이 모든 일은 자연스러움과 끝없는 기쁨으로 수행되죠.

여러분은 스스로 생각하는 것보다 훨씬 많은 환경을 창조하고 있습니다. 배우들은 저마다 자신의 역할에 충실하며 드라마의 줄거리에 초점을 맞춘 채 내면의 가이드라인을 따라갑니다. 스스로 제작한 드라마 속에서 버림받는 일은 결코 없습니다. 배우들은 내면의 감각을 통해 충분한 지식과 정보를 제공받습니다. 그들은 드라마상의 한정된 정보원 외에도 다른 정보원을 갖고 있습니다. 또한 이를 본능적으로 알기 때문에 드라마 속에서도 심신을 재충전하도록 쉴 수 있는 상황이 설정되어 있습니다. 이 기간에 그들은 내면의 감각을 통해 자신의 역할에 대한 정보를 얻으며, 자신이 드라마에 나타난 자아보다 훨씬 복잡한 존재임을 깨닫게 됩니다.

스스로 드라마를 만들었음을 이해함으로써 연기를 하면서 자신을 구속해온 갖가지 가정으로부터 자유로워질 수 있습니다. 물론 이런 기간은 보통 숙면이나 꿈 상태와 겹치지만 정상적인 의식 상태 속에서도 스스로 각본대로 움직이고 있음을 분명히 깨닫고 갑자기 드라마의 리얼리티를 꿰뚫어 보는 경우가 있습니다.

그렇다고 해서 드라마가 실재하는 것이 아니라거나 여러분의 현실을 진지하게 대하지 말라는 뜻은 절대 아닙니다. 자기 역할에 충실하는 것은 매우 중요합니다. 하지만 배우들은 드라마 제작과 그 안에서 자신이 맡은 역할을 직감적으로 알고 있습니다.

배우들은 3차원 무대의 한계로부터 자신을 빼낼 줄 알아야 합니다. 배우들은 자신의 역할에 따라 3차원 현실 안에서 자신을 현실화시킵니다. 다차원적 자아는 자신의 일부를 그 안에 물질화하기 전까지는 3차원 현실 안에서 활동할 수 없습니다. 그러나 일단 현실 속에 자리 잡으면 다른 방식으로는 나타낼 수 없는 온갖 종류의 창조력을 발휘합니다. 이는 다른 행위, 즉 3차원적인 자신의 일부에 대한 또 다른 현실화를 통해서 그 시스템으로부터 추진력을 얻어야 합니다. 3차원적 존재 기간 동안 퍼스낼리티는 달리 도움을 얻을 수 없었을 다른 퍼스낼리티에게 도움을 주며, 역시 불가능했을 방식으로 자신의 유익과 발전을 도모합니다

여러분의 내면세계는 이미 드라마의 의미를 알고 있습니다. 여러분의 의식적인 자아가 연기에 지나치게 열중해 있는 탓에 그 의미를 미처 의식하지 못하는 것뿐입니다.

삶의 목적은 여러분의 손이 닿는 곳에 있습니다. 필요한 지식은

의식적인 자아의 밑바닥에 갈무리되어 있습니다. 원한다면 온갖 힌트와 단서를 얻을 수도 있습니다. 다차원적 퍼스낼리티의 모든 지식이 여러분 곁에 있는 거죠. 그런 사실을 깨닫기만 하면 그 지식을 통해 스스로 설정해둔 문제나 도전 과제를 손쉽게 해결할 수 있습니다. 그리고 드라마 내용이 풍요로워지면서 더 많은 창조성의 문이 열립니다. 다차원적 자아의 직관과 지식을 표면 의식으로 불러들임으로써 자신의 역할을 더욱 효과적으로 이행할 수 있을 뿐만 아니라 삶의 모든 차원에 새로운 에너지, 통찰력, 창조성을 덧붙일 수 있습니다.

물론 현재 여러분은 드라마상의 배역과 자신을 동일시하는 퍼스낼리티의 의식적인 일부분입니다. 다만 다차원적 퍼스낼리티의 다른 부분들은 윤회 드라마 속의 배역을 의식하고 있습니다. 여러분은 다차원적 의식체이기 때문에 자신의 현실 외의 다른 현실도 충분히 의식하고 있습니다. 여러분의 다차원적 퍼스낼리티, 참다운 정체성, 진정한 나는 어떤 역할 속에서도 자신을 잃지 않습니다.

| 522번째 대화 |

의식은 본질적으로 가능한 한 많은 차원 속에 자신을 물질화하고자 합니다. 자신으로부터 새로운 차원의 의식, 새로운 곁가지를 창조하려는 것이죠. 그런 과정 중에 온갖 현실을 창조하게 됩니다. 그러므로 현실은 언제나 형성 과정 중에 있다고 할 수 있습니다. 이를테면 여러분이 어떤 배역을 맡고 있을 때 품게 되는 독특한 생각은 새로운 창조성으로 이어집니다. 의식의 특정한 측면은 다른 방식으로는 충족될 수 없는 것입니다.

윤회를 생각할 때 여러분은 일련의 진보 과정을 떠올립니다. 하지만 실상 윤회는 다양한 삶이 여러분 내면의 자아로부터 펼쳐지는 것이며, 외부의 어떤 존재가 여러분에게 억지로 떠맡긴 것이 아니라 의식이 다양한 방식으로 자신을 드러내고 표현하면서 이루어지는 물질적 발전입니다. 그러한 발전은 3차원의 시간에 제약되지 않으며 3차원적 존재에만 국한되는 것도 아니죠.

의식은 여러 형태를 취하고 그런 형태들은 애벌레가 나비와 닮지 않았듯이 서로 비슷할 필요가 없습니다. 영혼 혹은 본체는 완벽한 표현의 자유를 누립니다. 자신을 적절히 표현할 수 있도록 모습을 바꾸면서 주변 환경을 자신에게 어울리는 무대 배경으로, 세계를 자신의 목적에 맞는 곳으로 만듭니다. 그럼으로써 각각의 무대는 새로운 발전을 태동시킵니다.

영혼은 지극히 개인화된 영적 에너지입니다. 영혼은 여러분의 현재 몸을 만들었고 생존의 원동력이 되기도 합니다. 의식은 결코 멈추는 일 없이 더 많은 창조성을 추구합니다. 영혼, 즉 본체는 3차원 현실과 자아에게 자신의 속성을 제공합니다. 다시 말해 3차원적 자아 속에는 존재의 모든 능력이 깃들어 있죠. 3차원적 자아인 배우는 그러한 잠재력과 정보에 접근할 수 있습니다. 자신의 잠재력을 사용하는 법을 배우고 영혼과의 관계를 재발견하는 과정 중에 성취와 통찰, 창조성의 수준으로 고양되죠. 즉, 3차원적 자아는 영혼이 알고 있는 것 이상의 존재가 되는 것입니다. 그럼으로써 영혼은 강해지고 3차원적 삶 속에 현실화된 퍼스낼리티의 일부분 역시 삶의 질과 활력을 높일 수 있습니다. 이러한 창조가 없었다면 행성의 삶은 아무런 생명도 잉태하지 못했을 것입니다. 하지만 다행히 창조성이 발휘됨으로써 영혼은 육체와 3차원적 자아에 생명을 불어넣고, 3차원적 자아는 새로운 창조의 영역을 개척하게 된 것입니다.

영혼 혹은 본체는 이처럼 자신들의 일부분을 내보내 달리 존재하지 않았을 현실의 대로를 닦아놓습니다. 현실 속에 존재하는 3차원적 자아는 그 차원에 전적으로 의식을 집중해야 합니다. 하지만 그들 또한 배우로서 맡고 있는 역할을 이해해야 할 뿐만 아니라 마침내는 연극을 그만두고 또 다른 통찰을 통해 본질로 돌아가야만 합니다. 물론 드라마 속에도 그런 진실을 충분히 의식하는 존재들은 있습니다. 그 퍼스낼리티들은 다른 이를 깨달음과 발전의 길로 이끌기 위해 자신이 맡은 역할을 이해하고 기꺼이 실행합니다. 그들은 다른 배우들이 3차원적 자아와 무대 너머를 바라보도록 도와주죠. 존재의 다른 차원에서 온 그 퍼스낼리티들은 드라마를 전체적으로 통찰하면서 배우들과 어울립니다. 그들의 목적은 3차원적 자아가 또 다른 현실 세계에서 발전을 도모할 수 있는 심리적인 길을 열어주는 것입니다.

여러분은 공동 창조자가 되는 법을 배우고 있습니다. 여러분이 이해하는 방식대로라면 신이 되는 법을 배우고 있는 것이며, 달리 말하자면 책임지는 법을 배우고 있는 것입니다. 개인화된 의식에는 책임이 뒤따르기 때문이죠. 이는 곧 창조적인 목적을 위해 자신의 에너지를 처리하는 법을 터득하는 것을 말합니다.

증오를 해소하고 버리는 법을 익히기 전까지는 자신이 사랑하거나 증오하는 사람들에게 구속되게 마련입니다. 증오를 창조적으로 이용하다 보면 결국 사랑으로 승화시키는 법을 알게 됩니다.

육체의 환경은 때로는 아름답고 정겹게 느껴지지만 결국 모든 것은 위장에 불과합니다. 위장은 우주의 생명으로 이루어져 있습니다. 돌멩이, 암석, 산, 대지는 여러분이 감지할 수 없는 미세한 의식으로 상호 연결된 심령망, 즉 살아 있는 위장입니다. 그 안의 원자와 분자는 나름대로 의식을 갖고 있죠. 마치 여러분 몸 안의 원자와 분자처럼 말입니다. 여러분은 그런 육체적 무대 장치를 만드는 데 관여하고 있으며 육체 안에 자신을 숨기고 있기 때문에 육체의 감각을 사용할 때는 환상적인 무대만 인지합니다. 그 안이나 너머의 다른 현실은 여러분의 손끝을 벗어날 것입니다.

하지만 배우가 완전히 3차원적인 존재라고 할 수는 없습니다. 그는 다차원적 자아의 일부입니다. 그는 위장을 꿰뚫어 보고 무대 너머를 바라볼 수 있는 지각 수단을 갖고 있습니다. 언제나 내면의 감각을 활용하고 있지만 배우의 성격을 지닌 자아의 한 부분이 드라마에 너무 몰입하는 탓에 그 정보를 의식하지 못할 뿐입니다.

육체 감각은 오직 그것이 인지할 수 있는 현실을 만들어냅니다.

감각기관은 위장의 일부분이며 일종의 렌즈처럼 특정한 활동 영역을 물질 대상으로 삼습니다. 그래서 감각기관을 통해서는 피상적인 현상에 대해서밖에 알 수 없죠. 예를 들어 다른 배우가 어디에 있고 지금이 몇 시인지는 알 수 있지만 그런 감각적인 정보는 시간 자체가 하나의 위장이며 의식이 자신을 포함한 다른 배우들을 만들고 눈에 보이지 않는 다른 현실이 물질 너머에 존재한다는 사실을 알려주지는 않습니다.

하지만 여러분은 내면의 감각을 이용하여 드라마와 자신의 역할과는 별도로 존재하는 다른 현실을 감지할 수 있습니다. 물론 이를 위해서는 최소한 순간이나마 육체 감각을 끊고 이전에는 지각할 수 없었던 사건으로 주의력을 돌려야 하지요. 이는 즐겨 쓰던 안경을 다른 안경으로 바꾸는 일과 같을 것입니다. 육체의 감각기관은 내면의 자아에게는 안경이나 보청기처럼 인공적인 것이기 때문입니다. 보통 내면의 감각을 완벽하게 의식적으로 사용하는 일은 거의 없습니다. 만일 한순간에 지금까지 알고 있던 환경이 사라지고 아직 이해되지 않은 다른 정보로 대체된다면 혼란을 느낄 겨를도 없이 겁에 질리고 말 것입니다. 그러므로 내면의 감각이 전해주는 정보는 여러분이 이해할 수 있는 표현 양식으로 해석되어야 하고 3차원적 자아에게 충분히 이해될 수 있어야 하죠.

여러분의 특정한 위장 세트는 그것 하나만 있는 것이 아닙니다. 다른 현실에는 별개의 시스템이 존재하며, 모든 퍼스낼리티는 내면의 감각을 의식의 속성으로 갖추고 있습니다. 그런 내면의 커뮤니케이션은 정상적인 자아가 거의 의식하지 못하는 가운데 진행되지만 나의 목적의 일부는 그런 커뮤니케이션을 이해시키는 데 있습니다.

영혼은 이 책을 읽는 자아가 아닙니다. 여러분의 환경은 여러분이 알고 있는 세상이 아니며, 거기에는 현재 초점이 맞추어지지 않는 과거 삶의 환경도 포함되어 있죠. 다시 말해 여러분의 진정한 환경은 여러분 자신의 사념과 감정으로 이루어져 있습니다. 바로 그것으로부터 육체의 현실뿐만 아니라 여러분이 참가하고 있는 다른 모든 현실이 만들어지기 때문입니다.

여러분의 진정한 환경에는 시간과 공간이 전혀 없으며 그곳에서는 커뮤니케이션이 즉각적으로 이루어지기 때문에 말을 할 필요도 없습니다. 여러분은 그 환경 속에서 현재의 물질세계를 만들고 있습니다.

내면의 감각은 육체적인 형태가 없는 현실을 지각하게 해줄 것입니다. 이제 잠시나마 자신의 배역을 잊고 간단한 운동을 하나 해봅시다. 자신이 불빛이 환한 무대 위에 있다고 상상하십시오. 현재 앉아 있는 방 안이 바로 그 무대가 되는 것입니다. 눈을 감고 불빛이 꺼지고 무대 배경이 사라지고 홀로 남았습니다. 모든 것이 캄캄합니다. 조용히 내면 감각의 존재를 가능한 한 생생하게 그려보십시오. 이제 그것이 당신의 육체적인 감각기관을 대신한다고 상상하십시오. 마음에서 모든 걱정과 근심을 털어버리십시오. 수용적인 마음가짐을 가지십시오. 마음을 편안하게 하고 육체의 소리가 아닌 내면의 감각기관에서 들려오는 소리에 귀 기울여보십시오.

어떤 이미지가 나타나면 그것을 실체적인 것으로 받아들이십시오. 내면의 감각으로 지각하는 법을 익힐수록 내면세계가 밝혀지리라고 상상하십시오. 평생 맹인으로 지내다가 이제 서서히 눈을 뜨고 있다고 생각하십시오. 그리고 여러분은 아직 내면의 감각을 완전히 사용하고 있는 것이 아니므로 처음의 혼란스런 이미지나 소리로 내면세계 전체를 판단하지 마십시오. 이 운동은 잠들기 전이나 일을 하다가 짬을 내 해볼 수 있습니다.

여러분은 인식의 새로운 차원에 초점을 맞추고 낯선 존재 환경을 감지하는 법을 알게 될 것입니다. 하지만 이를 체험했다 하더라도 이제 겨우 다른 현실의 단편들만 감지하기 시작했다는 사실을 유념해야 합니다. 또한 이를 받아들이되 섣불리 전체적인 판단을 내려서는 안 됩니다. 처음에는 하루에 10분씩 해보는 것으로 충분합니다. 이 책의 정보 역시 트랜스 상태에 빠져 있는 루버트의 내면 감각을 통해 전달되고 있습니다. 그런 노력은 정확하게 조율된 내면 감각과 훈련의 결과입니다.

루버트는 내게서 직접 그 정보를 받을 수 없습니다. 그가 육체의 환경에 초점을 맞추고 있는 동안에는 어떤 정보도 번역하거나 해석할 수 없습니다. 이때 그의 내면 감각이 다른 차원들 사이의 커뮤니케이션을 중계해주는 것입니다. 물론 메시지가 육체 용어로 번역되는 동안 어느 정도는 정보가 왜곡되게 마련이죠. 그렇지만 이를 감수하지 않으면 메시지는 여러분에게 전혀 전달될 수 없을 것입니다.

| 523번째 대화 |

나는 여러분이 삶과 환경에 대한 자신의 책임을 깨닫기를 바라는 마음에서 여러분 각자가 자신의 환경을 만든다는 사실을 거듭 강조해왔습니다.

여러분의 환경은 과거 모든 지식과 경험의 총합입니다. 그런데도 환경을 자신과는 별개의 객관적인 것으로 받아들인다면 스스로 환경을 변화시키고 그 너머를 통찰하거나 다른 대안을 상상하는 일은 불가능할 것입니다.

내가 환경의 관점에서 윤회를 이야기한 까닭은 다른 수많은 학파에서 윤회전생의 결과를 지나치게 강조한 나머지 현재의 환경이 과거 생에 결정된 불변의 패턴에서 비롯된 것이라고 설명하고 있기 때문입니다. 자신이 어찌해볼 수 없는 조건에 의해 좌우되고 있다고 믿는다면 현재의 환경을 완벽하게 가꾸고 세상을 능동적으로 변화시키기 어려울 수밖에 없습니다.

퍼스낼리티가 과거 생에 종속되는 까닭도 긴 안목에서 보면 별 의미가 없습니다. 그러한 원인 자체가 시대와 문화에 따라 변하기 때문이죠. 원죄나 어린 시절의 사건, 과거의 경험으로 인해 유죄 선고를 받는 일은 없습니다. 그 결과 삶이 불만족스럽게 펼쳐질 뿐입니다. 어느 수준 이상의 존재가 될 수 있는 상황에서 수준 이하의 존재로 전락할 수는 있지만 그렇다고 해서 원죄나 프로이트의 유아 신드롬, 전생의 영향 등으로 인해 저주에 걸리는 것은 아닙니다.

전생의 경험은 다른 모든 체험과 마찬가지로 여러분에게 영향을 미칩니다. 하지만 시간은 개방되어 있는 경험입니다. 다시 말해 하나의 삶이 과거 속에 파묻히는 일은 없으며 과거, 현재, 미래의 자아들은 모두 연결되어 있습니다.

삶, 즉 드라마들은 동시에 일어납니다. 창조와 의식은 결코 선형적으로 전개되지 않습니다. 여러분은 삶 속에서 자신의 환경을 스스로 선택하고 창조합니다. 부모나 어린 시절의 사건도 모두 여러분 자신이 선택한 것입니다. 각본을 쓴 사람도 여러분 자신입니다. 하지만 3차원적 자아는 그 사실을 잊어버리고 각본상 비극이 벌어지거나 문제가 일어나면 탓할 사람이나 대상을 찾아 나섭니다. 나는 여러분이 의식 수준에서 창조적 책임을 다하는 사람이 될 수 있도록 체험을 스스로 창조해가는 과정을 정확하게 설명하고자 합니다.

지금 이 책을 읽는 동안 자신이 앉아 있는 방 안을 한번 둘러보십시오. 의자와 탁자, 천장과 문 따위가 아주 실재적이며 영구적인 물건으로 보이는 반면, 여러분 자신은 탄생과 소멸 사이에 놓인 상처받기 쉬운 존재로 느껴질 것입니다. 자신이 죽은 후에도 물리적인 우주가 계속 존재할 것이라고 상상하면 질투가 부글부글 끓어오를 수도 있겠죠.

나는 여러분이 이 책을 다 읽을 즈음에는 의식이야말로 영원히 존재하며 겉보기에 영구적으로 보이는 우주는 그리 영구적이지 못하다는 사실을 깨닫게 되기를 바랍니다.

5

생각은 어떻게 물질을 만드는가

여러분이 이 책을 읽으면서 받아들이고 있는 정보는 사실 종이 위에 인쇄된 글자와는 전혀 상관없습니다. 인쇄된 글자 자체는 아무런 정보를 갖고 있지 않습니다. 단지 정보를 전달할 뿐입니다. 정보가 종이 위에 없다면 대체 어디에서 나오는 것일까요?

신문을 읽거나 다른 사람과 대화를 나눌 때 역시 같은 질문을 던져볼 수 있습니다. 여러분의 말은 정보, 느낌 혹은 생각을 전달합니다. 생각이나 감정, 말은 분명 서로 다른 것이죠. 종이 위에 인쇄된 글자는 기호이며, 여러분은 이를 다양한 의미와 연결하기로 합의했습니다. 그래서 기호란 실재, 즉 그것이 전달하고자 하는 정보나 사상이 아니라는 사실을 생각해보지도 않고 기호들을 곧이곧대로 받아들이는 것이죠.

마찬가지로 사물 역시 글자처럼 어떤 실재를 상징하는 기호입니다. 글 자체에 사상이 들어 있지 않듯이 사물 속에는 참다운 의미가 들어 있지 않습니다. 말이란 표현의 수단에 불과합니다. 물리적 사물도 또 다른 종류의 매개체입니다. 그런데 여러분은 말을 통해 자신을 표현한다는 관념에 익숙합니다. 물론 자신이 하는 말을 들을 수 있고, 목 근육의 움직임을 느끼며, 심지어 말을 할 때 몸속에서 일어나는 갖가지 반응을 감지할 수 있죠. 그러한 물리적 사물이나 움직임은 또 다른 종류의 표현 결과입니다. 여러분은 말을 창조하듯이 그것들을 창조합니다. 그렇다고 해서 여러분이 직접 눈에 보이는 주변 환경을 만들었다는 뜻은 아닙니다. 주변 사물도 언어와 마찬가지로 인간의 진화로 인해 생겨난 자연적인 부산물이라는 것입니다.

자신의 언어 지식을 잠시 생각해보십시오. 무슨 말을 듣고 그것이 타당하다고 생각하더라도, 또는 그것이 자신의 감정을 적절히 표현하는 것처럼 느껴도 근본적으로 생각이나 느낌, 언어 표현 사이에는 분명한 차이가 있게 마련입니다. 말을 어떻게 끝내야 할지 막막할 때, 무슨 말을 해야 할지 감이 잡히지 않을 때 언어의 친숙성은 사라지게 됩니다.

여러분은 무수한 기호들 속에서 특정 개념을 전달해줄 매개체를 골라내어 기호들의 집합체를 만드는 과정을 제대로 의식하지 못하고 있습니다. 말하자면 여러분은 자신이 어떻게 생각하는지 알지 못하는 것입니다. 종이 위에 인쇄된 기호를 생각으로 번역하고, 이를 저장하거나 자신의 것으로 만드는 과정도 여러분은 의식하지 못하고 있습니다. 이런 일반적인 언어의 메커니즘조차 여러분의 표면 의식으로 인지하지 못한다는 사실을 고려할 때 이보다 더 복잡한 과정, 즉 커뮤니케이션과 표현의 수단으로서 육체적 환경을 끊임없이 창조하고 있는 과정을 의식하지 못하는 것도 어찌 보면 당연한 현상입니다. 하지만 이런 진실을 이해하는 관점을 가져야 물질의 참된 본성을 제대로 이해할 수 있습니다. 생각과 욕망이 말뿐만 아니라 사물로도 구체화되는 과정을 이해했을 때 비로소 자신이 환경이나 시간에 구속받지 않는 자주적인 존재임을 깨달을 수 있습니다.

여러분은 이제 자신의 느낌이 말이나 육체적 표현, 몸짓으로 나타난다는 사실을 알았을 것입니다. 하지만 아직도 자신의 느낌을 말로 표현하는 것만큼이나 쉽고 자연스럽게 스스로 육체를 만들고 있다는 사실까지는 인식하지 못할 겁니다.

집(환경)은 주인의 성격을 나타낸다는 말을 들어본 적이 있을 것입니다. 나는 이것이 은유적인 표현이 아닌 말 그대로 진실이라는 점을 강조하고 싶습니다. 종이 위의 글자는 잉크와 종이로 구현되었을 뿐, 글자가 전달하는 정보는 눈에 보이지 않습니다. 이 책도 마찬가지로 정보 전달에 이용되는 종이와 잉크로 이루어진 사물에 불과합니다.

누군가는 책은 물리적인 절차를 거쳐 만드니까 루버트의 머릿속에서 뚝딱 만들어 나오는 것이 아니라고 항변할지 모르겠습니다. 책은 사거나 빌리는 것이기에 '나는 분명 책을 창조하지 않았어'라고 생각할지도 모릅니다. 하지만 이 책이 끝날 때쯤에는 스스로 이 책을 창조했으며, 주변의 모든 환경이 자신의 마음에서 비롯된다는 사실을 깨닫게 될 것입니다. 다시 한번 말하지만 인간은 숨을 쉬는 것만큼이나 자연스럽게 사물을 만들고 있습니다.

| 524번째 대화 |

여러분이 접하고 있는 물질세계의 특정한 환경은 여러분 자신의 존재와 그것에 대한 여러분의 주의력에 의존하고 있습니다. 똑같은 물리적 우주라도 그 속에 거주하지 않는 이들이 볼 때는 여러분이 감지하는 것 같은 사물의 깊이와 너비, 고체성이 나타나지 않습니다.

어떤 의식들은 여러분이 머무는 우주에 공존하면서도 여러분이 보고 느끼는 사물을 감지하지 않습니다. 그들의 현실은 다른 위장 구조로 이루어져 있기 때문입니다. 여러분은 그 의식들을 인지하지 못하고 그들 역시 여러분을 인지하지 못합니다. 이는 일반적으로 그렇다는 것일 뿐 여러분과 그들의 현실은 여러 가지 맥점에서 일치할 수 있고 실제 일치하고 있기도 합니다

맥점은 잘 알려져 있지 않은 말인데 엄청난 잠재력이 내재된 이중현실, 현실들이 합쳐지는 공조점 따위로 불리기도 합니다. 주요한 공조점, 환상적인 에너지원, 부수적인 공조점들은 무수히 존재합니다. 그런데 이 중에는 모든 현실이 겹치는 절대적인 네 가지 공조점이 있습니다. 이 공조점들은 에너지가 흐르는 통로나 다른 현실 간

의 이동이 가능한 차원 워프와 같은 구실을 하고 있죠. 이것들은 또한 일종의 변압기 같은 구실을 하여 창조를 지탱해주는 원동력을 제공합니다.

여러분의 공간은 이런 부수적인 맥점들로 가득 차 있습니다. 나중에 알게 되겠지만 맥점은 여러분이 생각이나 감정을 물질로 전환시키는 데 있어서 중요한 역할을 담당합니다. 생각이나 감정이 일정한 강도를 얻으면 앞에서 언급한 부수적인 맥점 가운데 하나의 힘을 자동적으로 끌어들여 에너지로 충전됩니다. 예를 들면 빌딩은 비교적 오랫동안 유지되며 형체와 결합된 관념은 상대적으로 영구적인 수명을 누리죠. 피라미드는 이러한 맥점이 관련된 사례 중 하나입니다.

이 공조점들은 절대점이든 주요점이든 부수점이든 순수한 에너지의 축적이나 자취를 의미합니다. 맥점은 굳이 크기를 따진다면 지구의 과학자들이 여태껏 발견해낸 어떤 입자보다도 작지만 지극히 순수한 에너지로 이루어져 있습니다. 그리고 에너지는 반드시 활성화되어야 하며 그전까지는 잠자는 상태로 남아 있게 됩니다.

여기에서 여러분, 특히 수학자들에게 도움이 될 만한 힌트 몇 가지를 드리겠습니다. 모든 맥점, 심지어 부수적 맥점의 근방에서도 중력이 미세하게나마 변화하며 이른바 물리적인 법칙이라는 것 역시 어느 정도는 불안정해지는 경향이 있습니다. 부수적 맥점은 모든 현실과 현상계를 형성하는 눈에는 보이지 않는 에너지망 안의 증압기처럼 보조적인 역할을 담당하고 있죠. 이것들이 모두 순수한 에너지의 자취나 축적이기는 하나 절대적인 맥점이나 주요한 맥점, 그리고 갖가지 부수적인 맥점이 보유한 에너지의 양 사이에는 엄청난 차이가 있습니다.

간단히 말해 이 맥점들은 에너지가 집중되어 있는 곳입니다. 부수적인 맥점은 흔히 존재하는 것으로서 여러분의 일상생활에 영향을 미칩니다. 이를테면 집이나 건물을 짓는다고 할 때 다른 곳보다 나은 터가 있게 마련입니다. 건강과 생명력이 좋아지거나 식물이 잘 자라고 다른 온갖 유익한 조건들이 이루어지는 곳은 바로 부수적인 맥점과 관련되어 있습니다.

어떤 이들은 이런 지점을 본능적으로 감지해냅니다. 그런 맥점은 공조점으로 인해 특정한 각도에서 형성되기도 합니다. 맥점은 물리적인 것이 아니라서 눈에 보이지 않지만 수학적으로 추론해볼 수는 있습니다. 에너지가 밀집된 곳이기에 충분히 감지해낼 수 있죠.

두 장소에 똑같은 생장 조건을 갖춰놓아도 맥점이 관련되어 있는 곳의 식물이 그렇지 못한 곳의 식물보다 잘 자랍니다. 여러분의 공간에는 이런 공조점과 그에 따른 눈에 보이지 않는 에너지 구역이 자리 잡고 있죠. 이 구역들 중 어떤 것은 맥점으로부터 멀리 떨어져 있으며, 그에 따라 성장이나 활동과 관련 있는 온갖 조건이 미치지 못하는 경우가 있습니다.

이런 영역은 본질적으로 다차원적이지만 나는 편의상 3차원적인 것으로 설명하고자 합니다. 구역의 본질은 이 책에서 그다지 비중 있는 주제가 아니기 때문에 여기에서 길게 다루지는 않겠습니다.

그 영역의 힘은 어떤 시기에는 더욱 강력해질 수도 있는데 이런 차이는 공조점이나 시간의 본질과는 무관한 현상입니다. 여기에는 다른 요소들이 관련되어 있으나 지금은 그것들에 신경 쓸 필요가 없습니다.

에너지 맥점은 감정적인 강도에 의해 활성화됩니다. 여러분이 알든 모르든 자신의 감정이나 느낌이 그런 공조점을 발동시킵니다. 이런 식으로 원래의 생각이나 느낌에 거대한 에너지가 더해지면서 사념의 물질화는 한층 가속화됩니다. 여기에서 원래의 느낌이 어떠했느냐는 상관없습니다. 중요한 것은 감정의 강도일 뿐입니다.

이들 맥점은 충분한 강도를 가진 감정이나 생각과 접촉했을 때 가동되는 눈에 보이지 않는 발전소와 같습니다. 자연스런 방식으로 맥점들을 발동시킨 감정이나 사념은 어떤 종류든 간에 맥점을 통해 강화됩니다.

의식의 주관적인 경험은 전자기적 에너지 개체로 구체화되는데, 평상시에는 물리적으로 감지될 수 없는 영역에 머물러 있습니다. 바꾸어 말해 아직 물질화되지 않은 초기 입자라고 할 수 있죠.

이 개체는 의식의 자연스런 방사물입니다. 그것은 자극에 대한 의식의 반응에서 비롯된 눈에 보이지 않는 산물로서 대개 독립적으로 존재하지 않으며 늘상 일정한 법칙에 따라 합쳐집니다. 또 자신의 형상과 파동을 변화시키며 그것이 지속되는 기간은 자신을 탄생시킨 본래의 감정이나 사념, 자극, 반작용의 강도에 달려 있습니다.

충분한 강도의 감정을 가진 이 전자기적 개체는 특정한 조건 속에서 물질로 응집됩니다. 저절로 부수적인 공조점을 활성화시키죠. 그것은 강도가 떨어지는 다른 전자기적 개체에 비해 훨씬 빨리 물질화됩니다. 개체의 시각에서는 분자들이 마치 행성만큼이나 크게 보입니다. 원자와 분자, 그리고 행성과 전자적 에너지 개체는 그것들을 생성시킨 동일한 원리의 각기 다른 표현체로서 저마다 다르게 보이는 까닭은 여러분의 상대적인 입장, 즉 시공간에 대한 여러분의 집중 때문입니다.

개개의 사념이나 감정은 전자기적 에너지의 개체나 조합으로 존재하다가 특정한 조건에서 공조점들의 도움을 받아 물질의 기초 단위로 나타납니다. 이러한 물질화는 사념이나 감정의 속성과는 관계없이 이루어지는 중성적인 결과입니다. 그러므로 강력한 감정이 수반되는 정신적 이미지는 그에 상응하는 물리적 사물이나 조건, 사건을 만들어내는 청사진과 같습니다.

| 525번째 대화 |

사념이나 정신적 이미지, 감정의 강도는 그에 따른 물질화를 결정하는데 매우 중요한 요소이자 전자기적 에너지 개체가 이루는 형체의 핵심이 됩니다. 그리고 핵심이 강한 응집력을 지닐수록 물질화는 더욱 빨라집니다. 이러한 원리는 원래의 정신적 이미지가 두려운 것이든 즐거운 것이든 그에 상관없이 적용되죠. 그런데 이 점으로 인해 매우 중요한 문제가 발생합니다. 여러분이 마음을 굳게 먹고 생생한 감정적 이미지를 생각해낸다면 그것은 곧바로 현실이 될 것입니다. 이 과정 중에 비관적인 사념이 스며들어 생각이나 감정이 재난의 잠재성을 띤다 하더라도 여지없이 현실화될 것입니다.

그러므로 상상력과 내적 체험이 강렬할수록 스스로 현실화시키는 과정을 깨닫는 것이 중요해집니다. 생각과 감정은 마음속에 잉태되는 순간부터 물질적으로 현실화되기 시작합니다. 만일 공조 작용이 강력한 환경에, 즉 비정상적으로 전도성이 강한 지역에 산다면 자신의 생각에 따라 질병이나 재난에 시달릴 수 있습니다. 왜냐하면 여러분의 모든 생각이 비옥한 환경 속에서 손쉽게 물질화되기 때문이죠. 반면에 느낌이나 주관적인 체험이 균형 있게 긍정적이면서도 건설적으로 이루어지면 마치 하늘의 축복을 받은 것처럼 모든 유쾌한 상상이 쉽게 현실화될 것입니다.

이렇듯 물질화가 빠르게 이루어지면 건설적이거나 파괴적인 잠재력도 더불어 강해집니다. 공조점들은 태양이 식물의 생장을 돕듯 원자와 분자를 활성화시킴으로써 그것들의 공조 기능, 즉 조직화되고 구조적으로 뭉쳐지는 경향을 크게 강화시키죠.

공조점들은 물질의 속성 속에 내재된 자연 발생성을 극대화시키거나 강화시킵니다. 그것들은 심령적 발동기가 되어 비물질적인 요소를 물질적인 형태로 전환시킵니다.

이 책은 기술 서적이 아니기에 공조점이나 전자기적 에너지 개체의 활동이나 효과를 구체적으로 설명할 수 없습니다. 그러나 나는 최소한 감정이나 생각이 나름대로 분명한 수단과 법칙에 따라 물질화된다는 사실을 밝혀두고자 합니다. 지금 내가 이 문제를 거론하는 까닭은 퍼스낼리티의 다차원적 측면과 관련되어 있기 때문입니다.

여러분은 바로 그런 과정을 통해 자신의 주관적인 체험을 3차원 현실로 물질화시킵니다. 이 문제를 매듭짓기 전에 한 가지 상기시키고 싶은 사실은 그런 전자기적 에너지 개체, 즉 의식의 방사물이 여러분의 의식뿐만 아니라 다른 모든 의식에서 다양한 강도로 발생한다는 점입니다. 거기에는 세포의 의식까지 포함되어 있어서 눈으로는 볼 수 없는 전자기적 개체의 연결망이 가히 여러분의 환경 전체에 두루 뻗어 있다고 할 수 있죠. 바로 이러한 에너지망을 토대로 모든 물질입자들이 만들어집니다.

이러한 주제만 가지고도 책 한 권은 족히 쓸 수 있을 것입니다. 이를테면 중요하거나 절대적인 공조점의 위치 정보는 여러분에게 엄청난 이득을 안겨줍니다. 여러분은 자신의 기술 문명에 대해, 건물이나 도로, 물건의 건설과 제작 능력에 대해 대단한 자부심을 갖고 있죠. 하지만 관념이 물질화되는 과정을 제대로 이해한다면 현대 기술 문명을 완전히 뜯어고치고 이전보다 훨씬 더 영구적인 건물, 도로, 그 외의 구조물을 세울 수 있습니다. 그렇지만 물질의 배후에 버티고 있는 심령적 현실을 무시한다면 과학의 원리와 방법을 보다 효과적으로 이용하기는 불가능합니다. 자신의 심령적 현실과 물리적 법칙으로부터 자유로운 존재성을 먼저 깨닫지 못한다면 심령적 환경을 제대로 이해한다는 것은 그림의 떡에 불과합니다.

그러므로 나의 목적은 여러분의 일부인 내면의 정체성을 밝히고 잠재력과 자유에 이르는 길을 가로막고 있는 온갖 지적이며 미신적인 껍데기를 말끔히 쓸어버리는 데 있습니다. 그때 여러분은 비로소 타고난 자유를 마음껏 누릴 수 있는 갖가지 방법들을 배울 수 있을 것입니다.

6

영혼은 결코 길을 잃지 않는다

| 526번째 대화 |

이제 이 책의 주제인 영혼의 본질에 대해 논할 수 있겠군요. 나는 다른 주제를 탐구하는 동안에도 내적 자아의 다차원적 측면을 설명하려고 노력할 것입니다. 그래서 영혼과 관련하여 사람들이 품어온 많은 오해를 해소할 생각입니다. 영혼은 인간의 소유물이 아니라 인간 그 자체입니다. 내가 영혼보다 '본체'라는 말을 자주 사용하는 까닭은 본체라는 단어가 여러 면에서 오해의 소지가 없으며 종교적 의미도 덜하기 때문입니다.

문제는 여러분이 영혼을 자기 자신이 아닌 자신에게 속한 무엇인가로 생각한다는 점입니다. 영혼 내지 본체, 즉 여러분 내면의 주체는 쉼 없이 변화하고 있습니다. 다시 말해 가보 같은 것이 아니라 호기심을 갖고 반응하는 살아 있는 존재입니다. 이는 여러분이 아는 세상과 육체를 만들었고 항상 생성되고 있는 상태에 놓여 있습니다.

여러분의 에고가 초점을 맞추고 있는 3차원 현실 속에서 생성된다는 것은 생성의 결과, 즉 어떤 목적의 달성을 가정합니다. 하지만 영혼은 근본적으로 다른 차원에 존재의 토대를 두고 있고, 그 차원에서 성취와 실현은 어떤 목적의 달성에 달려 있지 않습니다.

영혼은 언제나 변화하고 배우면서 시공간보다는 주관적 체험을 통해 발전합니다. 이는 그렇게 신비한 일도 아니죠. 여러분이 현재 벌이고 있는 게임에서 전체 자아가 알고 있는 사항을 에고적인 의식은 알지 못하게 되어 있습니다. 에고 역시 전체 자아의 일부이기에 근본적으로는 그러한 지식을 의식하고 있죠. 다만 이를 물질적으로 활용할 수 있다고 느낄 때까지 모르는 척하는 것뿐입니다. 그러므로 여러분도 내면의 자아에 얼마든지 접근할 수 있습니다. 자신의 영혼과 단절되기는 아주 어렵습니다. 하지만 물질적 현실의 거칠고 험난한 바다를 몸소 헤쳐나가야 하는 에고로서는 그 임무에 의식을 집중하기 위해서라도 자신을 배의 선장으로 여기고 싶어 합니다.

에고는 심리적이며 심령적인 통로를 통해 자아의 여러 수준과 소통하면서 필요한 정보와 데이터를 의심 없이 받아들입니다. 사실 에고의 입장은 내면의 데이터를 얼마나 의심 없이 받아들이느냐에 따라 달라집니다. 에고, 즉 외적인 자아는 존재의 안전과 통솔권을 유지하는 역할을 맡는 반면, 퍼스낼리티의 내적인 부분은 생존을 유지하고 육체를 움직이며 안팎의 조건들로부터 쏟아지는 다차원적인 신호와 소통하는 일을 합니다. 영혼은 윤회, 존재, 그리고 나중에 설명하겠지만 가능한 현실들 속의 체험을 통해 끊임없이 자신을 확장합니다.

여러분은 자기 존재에 대해 지극히 편협한 관념을 갖고 있기 때문에 혼자서는 생식을 할 수 없다고 주장합니다. 몸에는 수백만 개의 세포가 있는데도 여러분은 몸을 그저 하나의 개체로만 인식하며 자기 것이라고 생각합니다. 하지만 몸을 구성하는 무수한 입자 하나하나는 살아 있는 의식을 갖고 있습니다. 물질 집단이 있다면 거기에는 분명 의식 집단이 있으며, 개개의 의식체는 각각 운명, 능력, 잠재력을 갖게 마련이죠. 다시 말해 여러분의 존재에 한계란 있을 수 없습니다. 왜냐하면 한계란 존재를 구속하고 자유를 부인하는 관념의 오류에 불과하기 때문입니다.

어떤 사람은 마치 여자가 순결을 소중히 여기듯 영혼을 생각하는 경향이 있습니다. 매우 귀중하지만 결국에는 잃어버려야 할 신의 선물이며, 그렇게 잃어버리는 것이 본인에게는 좋은 선물이라는 식으로 말입니다. 아직도 지상의 여러 학파는 이러한 사상을 유지하고 있습니다. 그들 학파에서는 영혼이 최초의 존재에게로, 즉 존재와 비존재 사이의 불분명한 상태 속으로 돌아간다고 생각하죠. 하지만 영혼은 그 무엇보다도 창조적인 존재입니다. 물론 이는 수많은 관점에서 이야기될 수 있습니다. 여러분도 이 문제를 진지하게 생각해 본다면 영혼의 특성이 무엇인지 알아낼 수 있죠. 단적으로 말해 영혼은 우주에서 가장 높은 성취동기와 활기를 유지하는 가장 유력한 의식체입니다.

그 속에는 여러분이 믿지 못할 정도의 엄청난 에너지가 집약되어 있습니다. 영혼은 무한한 잠재력을 보유하고 있지만 그 자신의 정체성을 정립하며 자신의 세계를 만들어야 합니다. 또한 모든 존재의 부담을 지고 있습니다. 그 안에 있는 퍼스낼리티의 잠재력은 상상을 초월합니다. 기억하십시오. 나는 지금 여러분의 영혼을 이야기하고 있습니다. 지금 여러분의 모습은 영혼이 표현된 결과죠. 그런데도 지금의 자아가 퍼스낼리티의 모든 것이라고 상상하거나 현재의 정체성이 영원히 변치 않을 거라고 주장할 때, 자신의 전체 현실을 현재의 경험으로 제한하는 꼴이 됩니다. 그러한 영혼은 죽은 것이나 다름없습니다.

여러 면에서 영혼은 신이라고 할 수 있습니다. 나는 여러분이 이 책을 통해 영혼의 무한한 잠재력을 확신하고 자기 안의 활기찬 리얼리티를 감지하기를 바랍니다. 이를 위해서는 무엇보다 자기 자신의 심리적·심령적 구조를 이해해야만 합니다. 여러분 자신이 누구이고 무엇인지를 이해할 때 비로소 내가 누구이고 무엇인지를 보다 명쾌하게 설명할 수 있습니다. 자신의 창조적인 측면에 대한 지식은 체험을 확장하고 심화시키는 데 이용될 수 있습니다.

| 527번째 대화 |

수많은 사람이 에고란 단지 자아의 작은 부분에 불과하다는 사실을 잊은 채 영혼을 불멸의 에고로 착각하고 있습니다. 현실 차원에 대한 이해가 너무나 부족하기 때문에 자아관 역시 극히 한정되어 있는 것이죠. 불멸을 생각할 때 인간은 에고의 발전을 기대하면서도 그 발전에 변화가 수반되는 것에는 반대하는 것 같습니다. 인간은 기존의 종교를 통해 영혼을 갖고 있다고 외치면서도 도대체 영혼이 무엇인지는 물어보지 않습니다.

퍼스낼리티는 끝없이 변화하는데 그 변화는 예상과는 달리 의외의 방식으로 전개됩니다. 여러분은 자신의 행위를 통해 이루어진 유사성에만 주의력을 집중시키고, 이를 토대로 자아가 일정한 패턴을 따라간다는 시각을 고수하죠. 하지만 바로 그런 패턴은 자아의 실상을 보지 못하게 하며 영혼의 실상에 대한 왜곡된 관점을 현실에 투사합니다. 결과적으로 잘못된 관점으로 영혼과 인간적 자아를 바라보게 됩니다.

인간적 자아도 기적적이고 경이로운 실체로서 여러분이 생각하는 것보다 훨씬 많은 능력을 지니고 있습니다. 여러분은 영혼의 지각 작용은 물론이요, 인간적 자아의 지각 작용조차 제대로 이해하지 못하고 있습니다. 영혼의 본질은 인지하고 창조하는 것입니다. 지금도 여러분은 영혼이라는 사실을 기억하십시오. 다시 말해 여러분의 영혼은 현재도 완벽하게 인지하고 있습니다. 지각 방법은 여러분이 세상에 태어나기 전의 방법과 똑같으며 죽음 이후에도 변함이 없죠. 여러분의 내면세계, 즉 영혼은 자신의 지각 방법이나 특질을 갑자기 바꾸지 않습니다.

이제 여러분은 영혼이 무엇인지 감이 잡힐 것입니다. 영혼은 사후에 만나게 될 것도, 구원해야 할 것도, 잃어버릴 수 있는 것도 아닙니다. '영혼을 잃어버리거나 구원한다'는 표현 자체가 영혼을 왜곡하거나 잘못 해석하는 시각을 담고 있습니다. 영혼은 결코 파괴될 수 없는 여러분의 한 부분입니다.

여러분의 퍼스낼리티 역시 파괴되거나 잃어버릴 수 있는 것이 아닙니다. 그 또한 영혼의 일부입니다. 영혼은 퍼스낼리티를 집어삼키거나 지우거나 지배하지 않습니다. 그 둘은 서로 분리될 수 없죠. 그럼에도 퍼스낼리티는 영혼의 한 측면에 불과합니다. 여러분의 인격은 지속적으로 존재하며 성장할 것입니다. 그리고 그러한 발전은 자신이 독립적인 개인이면서도 영혼의 표현체 가운데 하나임을 깨닫는 일에 달려 있죠. 인격은 이 사실을 깨달을수록 창조성을 배우고 자신의 타고난 잠재력을 활용하게 되어 있습니다.

'인격이 지속적으로 존재한다'라는 표현은 상당히 논리적인 우화이기는 하지만 그 이야기의 단순성 면에서 여러분을 오류에 빠뜨릴 위험이 있습니다. 여러분의 표현대로라면 진실은 현재와 과거와 미래의 모든 퍼스낼리티가 영혼의 표현체라는 것이죠.

영혼은 여러분이 이제껏 생각해온 것보다 더욱 창조적이고 기적적이며 불가사의합니다. 그런데도 논리의 단순성에만 치중하다 보면 영혼의 강렬한 생명력을 결코 이해할 수 없습니다. 영혼이 갖고 있는 모든 지혜, 정보, 지식은 수많은 퍼스낼리티로서 겪는 체험의 성과입니다. 여러분도 내면에서 그러한 정보에 접근할 수 있는데,

이는 오로지 현실의 본질을 제대로 깨달았을 때에만 가능한 일이죠. 다시 말하지만 여러분 내면에는 수많은 퍼스낼리티가 영혼의 일부로서 각기 독립적으로 창조와 발전의 자유를 누리며 존재하고 있습니다.

그 퍼스낼리티들은 내면세계에서 서로 소통하고 있으며 한 퍼스낼리티의 지식을 다른 퍼스낼리티도 이용할 수 있습니다. 이는 사후의 일이 아니라 지금 당장이라도 얼마든지 가능한 일입니다. 앞에서 언급한 대로 영혼은 결코 정적인 상태에 머물지 않습니다. 영혼은 자신을 이루는 수많은 퍼스낼리티들의 체험을 통해 성장하고 발전합니다. 그래서 모든 퍼스낼리티의 총합 이상으로 불가사의합니다.

어떤 현실 세계도 폐쇄되어 있지 않습니다. 다만 의도적으로 무대에 의식을 집중하고 있기 때문에 육체 세계에서 여러분의 지각작용이 현실관을 제한하는 것입니다. 하지만 근본적으로 의식은 일정한 영역 안에 갇혀 있을 수 없으며 그렇게 보이는 장애물은 모두 환상에 불과합니다.

여러분은 영혼을 생각할 때 불변의 심령적 성채 같은 것을 떠올립니다. 그러나 성채는 침입자를 방어할 뿐만 아니라 확장과 발전을 억제하게 마련입니다. 이와 관련하여 말로 설명하기 힘든 문제가 아주 많습니다. 왜냐하면 여러분은 자신의 정체성을 두려워하여 영혼이 창조성을 발휘하는 발전 요소, 개방적인 영적 시스템이라는 사상을 배격하고 있기 때문입니다.

여러분은 자신의 현재 퍼스낼리티를 결코 잃어버리지 않습니다.

영혼의 개념을 논리적으로 살펴보기 위해서는 여러분 자신이 그것의 영적·심령적·전자기적 표현을 이해하면서 의식과 활동의 본질을 꿰뚫고 있어야 하므로 영혼의 개념을 이해한다는 것은 쉬운 일이 아닙니다. 하지만 다른 한편으로 여러분은 영혼의 본질을 직관적으로 발견할 수도 있습니다. 직관적인 지식은 여러 면에서 어떤 지식보다 우수합니다.

그런 직관적인 이해를 얻기 위해서는 그것을 이루기 위한 욕망이 있어야 합니다. 욕망이 충분히 강렬하면 또렷하면서도 확실하고 주관적인 깨달음으로 이어질 체험을 자동으로 얻을 수 있습니다. 이를 위해 효과적이면서도 간단한 훈련 방법 한 가지를 알려드리죠.

눈을 감고 호흡과 생명력의 근원을 느껴보십시오. 어떤 사람은 첫 시도에서 곧바로 느낄 수 있지만 어떤 사람은 시간이 조금 더 걸리기도 합니다. 어쨌든 내면에서 근원을 발견했다면 그 힘이 육체 전체에서 손끝과 발끝으로, 온몸의 모공을 통해 사방으로 흘러나오는 것을 느껴보십시오. 그 생명력의 광선이 위로는 구름을 뚫고 올라가며, 아래로는 숲과 대지를 뚫고 내려가 지구 중심을 관통하면서 우주 끝까지 이르는 것을 상상하십시오.

처음에는 상상력으로 시작되겠지만 어디까지나 사실에 근거한 훈련법입니다. 왜냐하면 의식의 방사물, 즉 영혼의 창조성은 진정 그런 식으로 영향을 미칠 수 있기 때문입니다. 이 훈련을 실천하면 영혼의 참된 본질, 창조성, 생명력을 적게나마 이해할 수 있을 것입니다.

내가 하는 이야기는 여러분의 일상생활에서 별 쓸모가 없는 비의적인 메시지가 아닙니다. 현실에 대해 편협한 개념을 유지하는 한 자신이 지닌 수많은 잠재력을 제대로 활용할 수 없습니다. 게다가 영혼에 대해 제한된 개념을 갖고 있으면 존재와 창조성의 근원으로부터 부분적으로 단절되는 법입니다.

인간은 자신이 알든 모르든 잠재력을 사용하도록 되어 있는데, 스스로 그런 힘을 사용한다는 것을 깨달으면 겁에 질리거나 혼란스러워합니다. 여기에서 여러분이 한 가지 분명하게 이해해야 할 점은 근본적으로 인간의 지각 작용은 육체적인 것이 아니라는 사실입니다. 여러분은 자신의 고정관념에 맞지 않는 체험을 하면 겁을 집어먹을 만큼 편협한 현실관을 갖고 있습니다. 초상 감각 체험이 비정상적으로 보이는 까닭은 여러분이 육체 감각을 벗어난 지각 작용의 존재를 너무 오랫동안 부인해왔기 때문입니다. 초상 감각 개념은 내면의 자아가 정보를 받아들이는 기본적인 방법을 조잡하고 왜곡되게 전달해주지만 최소한 모든 감각이 육체적으로 이루어진다는 개념보다는 한결 진리에 가까운 진보적인 시각이죠.

영혼이 무엇이냐를 따지기 위해서는 지각 작용의 본질을 이야기할 수밖에 없습니다. 여기에서 몇 가지 사항을 간단하게 생각해보죠.

여러분은 자신이 아는 물질 세상을 스스로 만들었습니다. 육체 감각은 현실의 에너지장을 육체적으로 해석하고 감지하게 하며 그것에 특정한 패턴을 덧씌웁니다. 그런 점에서 육체 감각이 육체적 세상을 만들었다고 말할 수 있겠죠. 육체 감각을 사용하는 한 육체적 세상을 감지할 수 있을 뿐입니다. 그러나 육체적 지각이 내적 자아의 특징인 자유로운 지각 작용의 본질을 변질시킬 수는 없습니다. 영혼의 일부인 내적 자아는 자신과 영혼의 관계를 깊이 인식하고 있습니다. 내적 자아란 자아의 일부분으로서 영혼과 현재 퍼스낼리티 간의 메신저라고 할 수 있습니다. 나는 단지 편의상 영혼, 본체, 내적 자아, 현재 퍼스낼리티 등과 같은 용어를 사용할 뿐이지 그렇게 구분할 수 있는 것이 아닙니다.

심리학자들이 에고, 잠재의식, 무의식 등과 같은 용어를 사용하는 방식을 생각해보면 쉽게 이해할 수 있을 것입니다. 어떤 때는 잠재의식으로 보이는 것이 다음 순간 의식이 될 수 있고, 무의식적 동기도 어떤 면에서는 의식적 동기가 될 수 있습니다. 다시 말해 그런 표현들은 체험적으로는 존재하지 않는 구분을 만들어내죠.

육체 감각을 통해서만 사물이 감지되는 것 같아도 현실관을 확장하기만 하면 에고적인 자아가 쉽사리 비육체적인 정보의 존재를 받아들인다는 사실을 발견할 수 있습니다. 이렇게 하면 자아의 성장을 방해하는 제약을 제거한 셈이 되어 자아의 본질 역시 자동적으로 변화하고 확장됩니다.

지각 행위가 지각자를 변화시키듯 지각자인 영혼 역시 스스로 변화해야만 합니다. 사실 지각자와 지각의 대상은 하나입니다. 지각의 대상은 바로 지각자가 확장된 것입니다. 이상하게 들릴지 모르겠지만 모든 행위는 정신적인, 즉 심령적인 행위입니다. 간단히 말해서 생각이 현실을 창조한다는 것입니다. 그런데 여러분은 생각의 창조자로서 사물을 지각하면서도 자신과 사물 간의 연관성을 이해하지 못합니다.

생각과 감정의 물질화는 영혼의 특징 중 하나입니다. 생각은 여러분의 현실에서는 물리적 사물이 되는 데 반해 다른 현실에서는 전혀 다른 형식으로 만들어집니다. 영혼은 생각과 기대로부터 나날의 현실을 만들어냅니다. 그러므로 이제 여러분은 주관적인 느낌이 얼마나 중요한지 이해할 것입니다. 우주가 모두 생각으로 이루어졌음을 알게 될 때, 여러분은 자신의 환경을 유익한 방향으로 변화시킬 수 있는 단서를 얻은 셈이죠. 반면에 이러한 영혼의 본질을 이해하지 못하고 생각과 감정이 현실화된다는 사실을 깨닫지 못하면 현실을 변화시킬 수 없습니다.

| 528번째 대화 |

영혼은 모든 체험을 직접적으로 지각하는 반면 여러분은 대부분의 체험을 육체적 포장 상태에서 인식합니다. 그리고 포장 상태를 체험 자체로 받아들이고 그 안을 들여다볼 생각을 하지 않죠. 하지만 여러분이 아는 세상은 의식이 이루어낸 무한한 물질화 가운데 하나일 뿐입니다. 영혼은 육체 현실의 일부인 물리적 법칙을 따를 필요가 없으며 육체적 지각에 의존하지도 않습니다. 영혼은 육체적인 사건의 배후에서 이루어지는 정신적인 행위와 사건을 지각합니다. 시간은 육체적 위장으로서 비육체적 현실에는 적용되지 않기 때문에 영혼의 지각은 시간에 의존하지 않습니다.

여러분에게 직접적인 체험이 어떻게 이루어지는지 설명한다는 것은 쉽지 않은 일입니다. 이는 육체적인 지각의 껍데기를 이루는 색깔, 크기, 무게, 감각이 배제된 순수한 인식 활동이기 때문입니다. 여러분이 어떤 체험을 설명할 때는 언어를 사용합니다. 하지만 그런 언어적 설명이 실제 체험 자체는 아니죠. 그런데도 여러분의 육체적이며 주관적인 체험은 언어적 사고에 너무나 깊이 물들어 있어서 언어를 떠난 체험을 생각하기는 거의 불가능합니다.

여러분이 육체적으로 인지하는 사건은 영혼이 직접적으로 인지하는 정신적 사건이 자아의 육체적인 부분을 통해 언어로 번역된 것입니다. 두말할 나위 없이 영혼이 대상을 인지하는 일에는 육체가 필요하지 않습니다. 여러분이 육체적 삶을 살든 살지 않던 체험은 계속되며 영혼의 기본적인 인지 수단은 내면에서 언제나 변함없이 작동하고 있습니다. 지금 여러분이 책을 읽고 있는 이 순간에도 말이죠. 반면에 육체 시스템 안에서의 체험이 육체적 형상과 감각에 의존하는 까닭은 그것들이 현실을 해석하고 육체적인 데이터로 나타나기 때문입니다. 그러므로 영혼의 직접적인 체험은 순간이나마 육체 감각을 끊고 다른 인지 수단을 찾아야 알아볼 수 있습니다.

여러분은 꿈속에서 어느 정도 이런 일을 실행하고 있는데, 꿈속에서조차 대개는 체험이 육체적 표현으로 해석합니다. 여러분이 기억해내는 꿈의 내용은 대개 이런 것입니다. 하지만 꿈의 일정 깊이에 도달하면 영혼의 인지 작용이 비교적 자유롭게 이루어집니다. 그런 경우에는 순수한 인식의 샘물을 길어 먹는 셈입니다. 자기 존재의 깊은 부분, 창조성의 근원과 커뮤니케이션하는 것이죠. 이처럼 육체적으로 표현되지 않은 체험은 아침에는 남아 있지 않습니다. 여러분은 이를 기억하지 못하지만 나중에 그런 깊은 체험으로부터 얻은 정보를 토대로 다시 꿈을 만들 수 있습니다. 그러한 꿈은 체험을 육체적으로 표현하기보다는 우화와 같은 성격을 띠게 됩니다.

과학자들은 이렇게 꿈속에 나타나는 특정 수준의 의식을 아직 발견하지 못했습니다. 육체적인 자아가 꿈을 통해 체험을 소화하는 것은 사실이나 체험 자체는 분해되어 원래의 요소로 돌아갑니다. 그중 일부는 과거의 감각 정보로 간직하지만 전체적인 체험은 초기의 직접적인 인지 상태로 돌아가는 것이죠. 그 후 그것은 여러분이 이해하는 데 필요한 육체적인 지각의 껍데기와 영원히 분리되어버립니다. 육체적인 존재는 영혼이 그 자신의 실재를 체험하기 위해 선택한 방식입니다. 바꾸어 말해 영혼은 여러분이 거주하고 변화할 수 있는 세상을, 즉 의식의 새로운 발전과 형태가 이루어질 수 있는 완벽한 활동 영역을 창조한 것입니다.

영혼이 여러분을 끊임없이 창조하듯 여러분은 끊임없이 자신의 영혼을 창조합니다. 영혼은 결코 줄어들지 않으며 근본적으로 자아의 일부분이 아닙니다. 영혼은 여러분이 속해 있는 전자기적 에너지장이요, 활동들이 집약된 역장이기도 합니다. 표현되기를 기다리는 가능성, 즉 가능한 행동들의 발전소, 자신의 정체성을 알고 있는 비육체적 의식들의 그룹이 바로 영혼입니다. 내가 언젠가 대화를 나누었던 젊은 여성은 이를 이렇게 표현한 적이 있습니다.

"이 원자들이 자신들을 가리켜 내 이름을 부르네."

육체는 특정한 형태의 에너지장이죠. 누군가 여러분의 이름을 물으면 여러분의 입술은 그것을 말할 것입니다. 하지만 이름 자체는 입술의 원자와 분자에게 속한 것이 아닙니다. 이름은 오로지 여러분 자신을 가리키는 말입니다. 여러분은 몸속 어딘가를 가리키며 자기 자신이라고 말할 수 없습니다. 몸속을 여행하더라도 그 속 어디에서도 자신의 진정한 주체를 발견할 수는 없으니까요. 그런데도 여러분은 '이것은 내 몸이다'라든가 '이것은 내 이름이다'라고 말합니다.

몸속에서 자기 자신을 발견할 수 없다면 대체 몸의 세포와 기관 따위를 자신의 것으로 주장하는 정체성은 어디에 있는 것일까요? 다른 사람의 몸과 자신의 몸을, 아니면 자신의 몸과 자신이 앉아 있는 의자를 쉽게 분간할 수 있으니 여러분의 정체성은 분명 몸과 관련되어 있습니다.

영혼의 정체성 역시 같은 관점에서 바라볼 수 있습니다. 영혼은 자신을 알고 있습니다. 육체적 자아보다 훨씬 더 확실하게 자신의 정체성을 알고 있죠. 그렇지만 전자기적 에너지장 속 어디에서 영혼의 정체성을 발견할 수 있을까요? 영혼은 자신의 모든 부분에 생명을 불어넣고 여러분에게 정체성을 부여합니다. 그런데 '당신은 누구인가?'라고 물으면 이렇게 대답할 것입니다.

'나는 나다.'

여러분이 이해하는 심리학 표현으로 말하자면 영혼은 개별적 의식들의 게슈탈트인 최고의 정체성, 즉 수많은 방식과 형태로 자신을 표현할 수 있으며 자신의 주체성을 유지하면서 현재의 '나'가 또 다른 '나'의 일부분일 수 있음을 알고 있는 무제약적인 자아입니다. 이는 현재의 여러분으로서는 상상할 수도 없는 개념이겠지만 '나'는 그와 같은 다른 에너지장과 합쳐지고 그 속을 통과하더라도 정체성을 계속 유지할 수 있습니다. 다시 말해 영혼들 사이에는 끊임없이 주고받음의 흐름이 이어지며 발전과 확장의 무한한 가능성이 펼쳐지죠. 영혼은 폐쇄된 시스템이 아닙니다.

여러분이 편협한 자아관을 유지하고 그것을 영혼에까지 투사하는 까닭은 현재의 존재 상태가 영혼의 한 가지 측면에만 집중하기 때문입니다. 여러분은 육체적 자아를 잃어버릴까 봐 두려워하는 마음에서 지각의 범위를 한정짓고 있습니다. 그러나 영혼은 정체성을 잃어버릴 것을 두려워하지 않죠. 오히려 자신의 존재를 확신하며 언제나 탐구하는 자세를 버리지 않습니다. 영혼은 체험이나 지각에 압도되는 것을 겁내지 않습니다. 여러분도 정체성의 본질을 좀 더 이해한다면 텔레파시를 겁내지 않을 것입니다. 왜냐하면 그런 두려움 뒤에는 다른 사람의 암시나 생각으로 인해 자신의 정체성을 잃어버릴까 염려하는 마음이 자리 잡고 있기 때문입니다.

어떤 심리 시스템도, 어떤 의식도 폐쇄된 상태로 남아 있을 수 없습니다. 영혼은 여행자이며 모든 경험과 목적지의 창조자죠. 말하자면 영혼은 발길 닿는 대로 세상을 창조합니다. 이것이 바로 여러분이 속해 있는 심리적 존재의 참된 본질입니다. 의식은 근본적으로 선악관을 잣대로 삼지 않습니다. 영혼 역시 마찬가지죠. 그렇다고 해서 여러분의 세계에 선악의 문제가 존재하지 않으며 선보다 악을 택해야 한다는 뜻은 아닙니다. 내 말은 단지 영혼은 선악이 보다 거대한 실상의 각기 다른 현상에 불과하다는 사실을 알고 있다는 뜻입니다.

일단 여러분의 실상을 체험해보면 내 말을 직관적으로 이해할 수 있을 것입니다. 자신의 정체성을 찾아 육체 속을 헤집고 돌아다니는 것은 불가능하다 하더라도 심리적 자아 속을 여행하는 것은 가능하니까요. 우선 내면으로 들어가보십시오. 이제껏 상상해온 것보다 훨씬 많은 불가사의들이 여러분을 기다리고 있을 것입니다. 내면의 체험을 말로 설명하기 어려워도 체험의 가치까지 부정할 수는 없습니다. 이를 영적 탐구, 심리 요법, 심령 여행 등 무엇이라 불러도 좋습니다. 그 속에서 영혼을 찾아보라는 뜻이 아닙니다. 사실 그 속에서는 아무것도 찾아낼 것이 없습니다. 영혼은 결코 길을 잃어버리지 않습니다. 여러분도 마찬가지죠.

7

육체와 동일한 사념체의 존재

| 530번째 대화 |

여러분은 자신이 한 가지 형태, 즉 육체만 가졌다고 생각합니다. 또한 한 번에 한 곳에만 머물 수 있다고 여깁니다. 하지만 사실 여러분은 다른 형체를 더 갖고 있습니다. 비록 육체적으로 지각하지 못하더라도 여러분은 여러 가지 목적을 위해 다양한 형체를 창조합니다.

현재 여러분의 주요한 정체성은 육체와 결부되어 있기에 그로부터 단절된 자신을 상상하기는 무척 힘든 일일 것입니다. 형체는 감정적이거나 정신적인 이미지에서 비롯된 패턴에 따라 에너지가 집중된 결과입니다. 여기에는 집중의 강도가 무척 중요하죠. 이를테면 어딘가에 가고 싶다는 강렬한 욕망을 품고 있다면 여러분도 의식하지 못하는 사이에 자신의 육체와 동일한 사념체가 그 장소에 나타날 수 있습니다. 욕망이 워낙 강렬하다 보니 본인의 퍼스낼리티를 띤 정신체가 생겨난 것이죠. 설령 본인은 다른 장소에 자신의 영상이 나타난 사실을 전혀 모른다고 해도 말입니다.

다른 사람들은 이런 사념체를 보지 못하지만 미래에는 이런 형상을 감지할 수 있는 과학 장치가 개발될 수 있겠죠. 내면의 감각을 계발한 사람들은 이런 것을 볼 수 있습니다. 사념이나 감정을 포함한 강렬한 정신적 행위는 이처럼 육체적인 수준으로 물질화될 뿐만 아니라 어느 정도는 원래 퍼스낼리티의 인상을 띠게 마련입니다.

세상에는 눈에 보이지 않는 형체들이 수없이 존재합니다. 그것들은 아직 완전히 육체화되지는 않았지만 분명히 느낄 수 있을 정도로 실재하는 유령과 같은 형체라고 할 수 있죠.

모든 인격은 물질화의 수준에 있어서 차이가 있겠지만 한결같이 자신과 동일한 형체를 띤 사념체를 외부에 내보냅니다. 이런 사념체는 단순한 투사물이 아니죠. 사념체는 때로는 설명하기 힘든 미묘한 방식으로 자신의 공간을 만들지만 또 어떤 경우에는 사물과 공존하거나 심지어 그 내부에 들어가기도 합니다. 이런 때에는 육체적인 지각 작용의 배후에서 그 사념체와 분명한 교류가 이루어지죠.

예를 들어 여러분의 마음속에 해변에 가고 싶은 욕망이 불현듯 강하게 솟구친다고 가정해봅시다. 그 욕망은 여러분의 형상을 띤 어떤 핵심적인 에너지를 투사합니다. 그러면 여러분이 마음속에 그린 해안가에 이끌려 순식간에 그곳에 가 있게 됩니다. 이런 일은 여러분의 일상 속에서 비일비재하게 일어나고 있습니다. 그리고 만일 욕망이 매우 강렬하다면 에너지 역시 더욱 커져 의식의 일부분이 그 형체 속에 주입되어 방 안에 있으면서도 멀리 떨어진 해안가의 바다 냄새를 맡거나 그 외 어떤 방식으로든 원하는 환경을 느낄 수 있습니다.

이때 지각의 정도나 범위는 경우에 따라 많은 편차를 보입니다. 육체는 감정이 집중된 결과입니다. 그리고 정신의 에너지는 육체를 창조할 뿐만 아니라 이를 유지시킵니다. 육체는 절대 지속적인 사물이 아닙니다. 여러분의 눈에는 지속적인 것으로 보이겠지만 말입니다. 어쨌든 그것은 끊임없이 맥동하는 상태에 놓여 있습니다. 육체는 실제로는 에너지의 본질과 구조로 인해 깜박거리고 있죠. 이는 설명하기 어려운 현상일뿐만 아니라 굳이 여기에서 그 이유를 설명할 필요도 없습니다. 아무튼 여러분은 육체적으로 현재의 위치에 있는 횟수만큼이나 그 자리에 있지 않습니다. 그리고 감정의 강도와 주의력 집중이 육체 외에 다른 형체를 창조하나, 그것의 지속성과 수준은 원래 감정이나 사념의 강도에 달려 있죠.

여러분의 공간은 육체 감각에 감지되지 않는 사념체들로 가득 차 있습니다. 그런 투사물은 쉴 새 없이 쏟아져 나오고 있습니다. 앞으로 등장할 정교한 과학 장비는 그런 형체의 존재뿐만 아니라 사물의 주변에서 뿜어나오는 에너지의 다양한 파동을 감지해낼 것입니다.

눈앞의 테이블을 한번 바라보십시오. 테이블은 고체라서 쉽사리 눈으로 보고 만질 수 있습니다. 그런데 그 테이블 뒤에 똑같은 또 다른 테이블이 있고, 또 그 뒤에 똑같이 생긴 테이블이 차례차례 늘어서 있다고 가정해봅시다. 테이블은 뒤로 갈수록 물질성이 엷어지면서 눈에 보이지 않습니다. 그리고 원래 테이블의 앞과 좌우에도 그런 테이블이 줄지어 놓여 있습니다.

육체적으로 존재하는 모든 것은 여러분이 감지하지 못하는 방식으로도 존재합니다. 여러분은 단지 그중에서 일정한 진동수에 도달하여 물질화된 것처럼 보이는 현실만 감지할 뿐이죠. 하지만 그 외의 현실도 다른 차원의 현실과 마찬가지로 분명히 실재합니다.

여러분의 현실보다 좀 더 실체적인 현실도 존재합니다. 그런 차원의 현실과 비교해보면 오히려 여러분의 테이블이 아까의 다른 허깨비 테이블처럼 보일 것입니다. 여러분의 것은 그런 관점에서는 슈퍼테이블이 되는 셈입니다. 다시 말해 여러분의 세계는 에너지의 응축도가 가장 높은 현실 세계가 아니라는 뜻입니다. 현재 세계는 여러분이 주파수를 맞추고 일부분이 된 현실에 불과하죠. 여러분이 현재의 세계를 감지하는 이유는 단지 그뿐입니다.

여러분이 의식하지 못하는 자아의 다른 부분들은 보다 강렬하게 집중된 에너지를 감지하고 처리하며, 다른 성질의 형체를 만들어내는 법을 공부하는 다른 현실 속에 거주하고 있습니다. 여러분은 대단히 왜곡된 공간 관념, 즉 공간 그 자체로는 아무것도 감지되지 않는다는 관념을 갖고 있죠. 하지만 공간은 온갖 종류의 현상으로 가득 차 있습니다. 문제는 그것이 여러분의 지각 메커니즘에 아무런 인상도 남기지 않는다는 데 있습니다. 물론 여러분은 경우에 따라서는 여러 가지 방식으로 다른 현실에 주파수를 맞출 수 있습니다.

하지만 그런 체험은 육체적으로 감지되지 않기 때문에 기억에 남지 않습니다.

여러분이 해변으로 보낸 사념체를 다시 한 번 생각해보십시오. 육체적인 감각을 갖고 있지 않지만 주변 사물을 어느 정도는 스스로 감지할 수 있죠. 여러분은 부지불식간에 그것을 자연법칙에 따라 만들어낸 것입니다. 그 형체는 강렬한 감정적 욕망을 토대로 창조된 것이죠. 따라서 그 이미지는 자신의 현실 법칙을 따르며 물론 여러분보다는 뒤지지만 나름대로의 의식을 갖고 있습니다.

똑같은 이치에서 여러분 역시 자신의 육체적 존재를 강하게 열망한 초자아로부터 투사된 존재입니다. 물론 여러분은 초자아의 꼭두각시는 아니며 나름대로 발전하는 길을 걷고 있죠. 그리고 여러분은 초자아의 경험에도 보탬이 되며 그것의 실재를 확장시켜줍니다. 또한 초자아의 능력을 이용할 수도 있습니다. 그렇다고 해서 여러분이 초자아에게 흡수되는 일은 없습니다. 앞에서 말한 대로 독립적인 존재인 여러분 역시 자신의 투사물을 쏟아내고 있습니다. 의식의 현실이나 그것이 물질화되는 수단은 무한합니다. 그리고 개개의 '나'가 성취하는 발전에는 한계가 없죠.

다시 말하지만 여러분의 현재 퍼스낼리티는 결코 소멸되지 않으며 사후에도 계속해서 성장하고 발전할 것입니다. 그러므로 스스로 길을 잃었다거나 거부당했다거나 무가치하다고 느낄 필요가 없습니다. 우리가 이야기하는 존재 형체의 유형과 종류에는 무한한 단계가 있습니다. 여러분은 개인으로서 지속적으로 존재하며 발전하겠지만 전체적인 자아. 즉, 영혼은 한 가지 퍼스낼리티만으로 표현될 수 없는 엄청난 잠재력을 갖고 있습니다.

여러분은 감정의 집중을 통해 형체를 만들고, 이를 다른 사람에게 부지불식간에 투사할 수 있습니다. 이는 아스트랄체에 대한 이야기가 아닙니다. 전혀 다른 문제죠. 어찌 보면 육체는 아스트랄체가 물질화된 것입니다. 아스트랄체는 한시도 육체를 떠나지 않으며 앞에서 예로든 해안가의 비유처럼 여러분에게서 투사된 형체도 아니죠. 여러분은 현재의 육체뿐만 아니라 시간으로 해석되는 현상의 특정한 진동수에 초점을 맞추고 있습니다. 사실 다른 역사의 시대나 현재 여러분의 시대, 그리고 윤회의 자아들과 현재 여러분의 자아는 모두 동시에 존재하고 있습니다. 여러분은 단지 그것에 주파수를 맞추고 있지 않을 뿐입니다.

여러분이 과거에 벌어진 사건을 알고 역사를 기록할 수 있는 것은 바로 여러분이 받아들인 게임의 법칙이기 때문입니다. 다시 말해 여러분은 과거는 알 수 있어도 미래는 알 수 없다고 믿기로 한 것이죠. 만일 게임의 법칙이 달랐다면 미래를 알 수 있을 것입니다.

현실의 다른 수준에서는 게임의 법칙이 다릅니다. 그리고 사후에는 매우 자유롭게 앎이 이루어질 수 있습니다. 그때는 미래도 과거만큼이나 분명하게 드러나죠. 그런데 과거가 하나만 있는 게 아니기에 이 역시 매우 복잡한 문제입니다. 여러분은 일정한 종류의 현상만 실재로 받아들이고 다른 현상은 무시하고 있습니다. 여러분이 전혀 깨닫지 못하는 가능한 과거들이 존재하는 것입니다. 곧 특정한 부류의 과거만 선택하고 그것만 실재한다고 생각하면서 그것이 무수한 종류의 과거 중에서 선택된 것임을 깨닫지 못하는 것입니다.

가능한 미래와 가능한 현재도 존재합니다. 진정한 체험에 관한 한 과거, 현재, 미래는 에고, 의식, 무의식이라는 단어만큼이나 무의미하죠.

| 531번째 대화 |

여러분은 다른 현실에 집중하고 있는 독립적인 자아의 일부분일 뿐만 아니라 그것과 감응을 주고받는 관계를 맺고 있습니다. 바로 이러한 관계로 인해 육체적인 인식 메커니즘을 뛰어넘을 수 있죠. 말하자면 여러분은 다른 자아들이 가진 지식을 이용할 수 있습니다. 육체의 현실에서 주의력을 돌려 새로운 인식 방법을 배움으로써 자신의 현실관이나 체험의 폭을 넓히는 것이 가능합니다. 그런데도 다른 현실을 발견하지 못하는 까닭은 육체적 존재야말로 유일한 존재 상태라고 믿고 있기 때문입니다. 텔레파시나 투시력도 다른 종류의 인식 방법에 대한 힌트가 되지만 여러분은 꿈속에서나 평상시에도 그것에 관한 분명한 체험을 하고 있습니다.

생각, 이미지, 인상들로 이루어지는 소위 의식의 흐름이란 광대한 존재와 체험을 나타내는 심층적인 의식 강물의 일부분입니다. 여러분은 그중 한 가지 지류만 분석하는 일에 너무 많은 시간을 보내다

보니 그 흐름에 세뇌당하고 매혹되어버렸습니다. 다른 인식과 의식의 흐름이 여러분에게 주목받지 못한 채 흘러가고 있습니다. 그것도 분명 여러분의 일부분으로서 여러분이 참여하고 있는 다른 현실들의 사건, 활동, 감정 따위를 나타내는데 말입니다.

여러분은 현재 초점을 맞추고 있는 현실에서만큼이나 능동적이면서도 활발하게 다른 현실들에 관여하고 있습니다. 그렇지만 현재의 육체와 육체적 자아에만 관여하기로 했기 때문에 그 의식의 흐름에만 주의력을 쏟고 있는 것입니다. 다른 의식의 흐름은 여러분이 인식하지 못하는 또 다른 자아체와 관련되어 있습니다. 바꾸어 말해 몸은 한 가지 현실 속에서 드러나는 여러분 자신의 현시이며 그 외의 현실 속에서는 또 다른 몸이 나타나게 마련이죠.

근본적으로 여러분은 다른 의식의 흐름으로부터 분리되어 있지 않으며 주의력의 초점이 그것을 배제할 뿐입니다. 그러나 의식의 흐름을 투명한 것으로 생각한다면 현실의 다른 층에서 흐르는 흐름을 볼 수 있습니다. 현재 의식의 흐름을 초월하여 그것과 나란히 흐르는 다른 의식의 흐름을 감지할 수 있습니다.

사실 여러분은 스스로 의식하지 못한 채 종종 다른 의식의 흐름에 동조되기도 합니다. 다시 말하지만 이는 여러분의 주체적 흐름의 일부분이죠. 그 모두는 서로 연결되어 있습니다. 창조적인 작업은 다른 의식의 흐름을 탐구하며 평상시의 협소한 의식의 흐름으로 얻어지는 것보다 훨씬 다양한 차원이 관련된 인식에 도달할 수 있는 공조적 과정을 수반합니다. 따라서 위대한 창조성은 다차원적입니다. 한 가지 현실이 아닌 수많은 현실과 교류한 결과죠.

위대한 창조성은 언제나 단일한 차원과 현실보다 위대해 보이게 마련입니다. 평범함과 비교해볼 때 일종의 침입처럼 보여 우리를 깜짝 놀라게 만들며, 그런 창조성은 자연히 자아의 다차원적 현실성을 상기시킵니다. 그러므로 "네 자신을 알라"라는 말은 사람들이 생각하는 것보다 상당히 커다란 의미를 담고 있습니다.

여러분은 혼자 있을 때 문득문득 다른 의식의 흐름을 인식할 수 있습니다. 이를테면 평상시 생각과는 전혀 어울리지 않는 듯한 말이 들리거나 이미지를 보게 되는 거죠. 그러면 여러분은 자신이 이제껏 배운 지식과 신념, 배경에 따라 그 정보를 해석할 것입니다. 그런 의식의 흐름은 다른 시대에 초점을 맞추고 있는 윤회적 자아의 생각과 관련된 것일 수 있죠. 아니면 자신의 성향, 심령적 유연함, 호기심, 지식에 대한 열망에 따라 가능한 자아와 관련된 사건을 골라낸 것일 수도 있습니다. 바꾸어 말해 여러분은 현재 아는 것보다 훨씬 거대한 현실을 인식하고 스스로 깨닫지 못했던 능력을 사용하며 자신의 의식이나 정체성이 현재 초점을 맞추고 있는 세계와 상관없이 존재함을 분명히 알 수 있죠.

다른 존재의 상태는 여러분이 깨어 있든 잠들어 있든 지속되는데 평상시에는 그런 상태를 의식하지 못합니다. 물론 꿈속에서는 보다 생생하게 의식할 수 있습니다. 하지만 그런 심리적이며 정신적인 강렬한 체험은 꿈의 최종 과정을 통해 진상이 은폐되어버리죠. 불운하게도 여러분이 기억하는 꿈의 내용은 최종 판형입니다.

마지막 판형에서 체험은 거의 육체적인 수준으로 표현되죠. 즉 왜곡되는 것입니다. 이 과정은 자아의 심층적인 수준이 아닌 의식적인 수준에서 이루어집니다. 여러분은 특정한 꿈을 기억하고 싶지 않으면 의식적인 수준에서 그 기억을 삭제합니다. 종종 꿈을 의도적으로 잊어버리기까지 하죠.

그 결과 본질적인 체험은 서둘러 육체적인 분장을 합니다. 이는 여러분이 그 체험을 이해하고 싶어 하지 않으며 비육체적인 체험을 거부하기 때문에 빚어지는 결과입니다. 물론 모든 꿈이 그런 것은 아닙니다. 어떤 꿈은 일상생활과 관련된 정신적인 영역에서 벌어지기 때문에 분장 과정이 필요 없습니다. 하지만 그럼에도 불구하고 여러분은 깊은 수준의 꿈 체험을 통해 자기 정체성의 다른 부분이나 다른 현실과 교류하고 있죠.

그런 상태에서 여러분은 현재 자신의 관심사와는 전혀 관계없어 보이는 일을 할 수 있습니다. 무엇인가가 되어 뭔가를 배우고 공부하며 놀지만 여러분의 관점에서는 그저 잠을 자고 있을 뿐이죠. 하지만 이는 지극히 활동적인 상태입니다. 그 활동이 은밀하게 이루어질 뿐입니다.

나는 꿈 의식 상태가 단순한 무의식 상태가 아니라는 점을 강조하고자 합니다. 꿈이 무의식인 것처럼 보이는 까닭은 규칙상 아침에 일어나면 그 내용을 제대로 기억하지 못하기 때문입니다. 그런데 어떤 사람들은 그런 활동을 의식할 수 있고 어느 정도 기억해낼 수 있는 방법도 있습니다.

그렇다고 해서 평상시 의식 상태의 중요성을 깎아내리고 싶은 생각은 추호도 없습니다. 다만 여러분이 추정하는 소위 깨어 있는 상태는 여러모로 꿈속 상태보다 활발하지 못한 상태라는 것이죠. 오히려 꿈속에서는 자신의 현실을 폭넓게 깨닫고 낮 시간에 무시하거나 부인해왔던 능력을 자유자재로 이용할 수 있으니 말입니다.

때로 의식은 꿈 상태에서 몸을 떠납니다. 그때는 현실의 다른 수준 속에서 사람들과 소통하며 자신의 육체적 형상을 창조적으로 활성화시킵니다. 나날의 체험을 처리하고 그 결과를 미래로 투사시키며 가능한 사건들 중에서 물질화시킬 대상을 선정하여 실체화시키는 정신적이며 심령적인 과정을 시작하는 거죠.

동시에 여러분은 다른 현실 속에 거주하는 '나'의 다른 부분과 정보를 교환합니다. 그렇다고 해서 일상적인 자아와 접촉이 끊어지는 것은 아닙니다. 단지 육체적 자아에 초점을 맞추지 않은 상태, 즉 주의력을 다른 곳으로 돌린 상태일 뿐이죠. 깨어 있는 시간에는 이와 정반대 과정을 실행합니다. 그래서 깨어 있는 일상적인 자아를 다른 관점에서 보면 잠자는 자아와 마찬가지로 이상하게 보일 것입니다. 하지만 이러한 비유도 부적절한 측면을 갖고 있습니다. 왜냐하면 잠자는 자아는 사실상 여러분이 그토록 자랑스럽게 여기는 깨어 있는 자아보다 훨씬 더 유식하기 때문입니다.

물론 이러한 구분이 여러분 모두에게 일률적으로 적용되지는 않습니다. 이는 여러분의 현재 발전 단계에 대한 원론적 평가이므로 구체적으로 들어가면 경우에 따라 이야기가 달라지죠. 수많은 사람이 다른 현실로 소풍을 나옵니다. 말하자면 일상적인 깨어 있는 삶의 일부분인 의식의 다른 강물에서 수영을 하고 있는 거죠. 그래서 때때로 정말 이상한 물고기들이 물 위로 뛰어오르기도 합니다.

나 역시 여러분의 관점에서 보면 그런 물고기 중 하나입니다. 다른 현실 차원으로 헤엄쳐 들어와 자신의 현실보다는 그쪽 현실의 존재 상태를 관찰하고 있으니 말입니다. 그러므로 모든 의식의 흐름, 모든 심리적·심령적 체험의 상징적 강물 사이에는 통로가 놓여 있습니다. 그래서 내 차원에서뿐만 아니라 여러분의 차원에서도 여행할 수 있죠.

처음에 루버트와 조셉, 그리고 나는 동일한 본체, 즉 전체적인 정체성의 일부였습니다. 말하자면 우리를 통합시키는 심령적 기류가 있습니다. 궁극적으로 모든 의식은 의식의 대양으로 비유되는 온갖 현실의 근원 속에 합쳐집니다. 그러므로 어떤 의식으로 시작하더라도 이론적으로는 다른 모든 의식을 만날 수 있습니다. 그런데 에고는 종종 댐처럼 다른 인식 작용을 가로막는 역할을 하기도 합니다. 의식의 확장보다는 억제야말로 에고의 목적이라고 배워온 탓입니다. 여러분은 에고가 자아의 가장 취약한 부분이라고, 그래서 강력하고 설득력 있으며 위험한 자아의 다른 영역으로부터 에고를 방어해야 한다고 멋대로 생각하고, 눈가리개를 착용하고 본성에 어긋나게 행동하도록 훈련해왔습니다.

에고는 육체의 현실을 이해하고 해석하여 여러분이 육체적 존재로 살아가는 데 도움을 주고 싶어 합니다. 하지만 여러분은 에고에

눈가리개를 씌움으로써 지각 작용과 선천적인 유순함을 방해하고 있죠. 그 때문에 에고가 완고하게 변하면 여러분은 그런 완고함이야말로 에고의 타고난 기능이자 특징이라고 말합니다.

결국 에고는 여러분의 방해로 인해 현실을 제대로 인식하지 못하고 적응에 실패함으로써 삶을 살아가는 데 도움을 주지 못하죠. 여러분은 에고가 통찰력을 발휘하지 못하게 해놓고는 제대로 보지 못한다고 한탄합니다.

8

다차원적 의식 능력을 향상시키는 수면 습관

532번째 대화

적정한 수면 시간은 사람마다 다릅니다. 인간은 수면 상태에서도 해야 할 일이 아주 많으므로 어떤 각성제도 수면 상태를 완전히 막을 수 없죠. 이런 일은 한 번의 긴 수면보다 두 번의 짧은 수면을 하는 게 훨씬 효율적일 수 있습니다. 세 시간씩 두 차례 잠을 자도 충분한 수면 효과를 볼 수 있죠. 또한 잠들기 전에 육체의 완전한 회복에 초점을 맞춘 자기 암시를 건다면 더욱 좋아질 것입니다. 그러나 10시간 이상 잔다면 몸과 마음의 기능을 둔화시켜 사실상 별 유익이 없습니다. 영혼이 몸을 지나치게 오랫동안 떠나 있어 근육의 탄력이 사라지죠.

하루 세 끼를 항상 푸짐하게 차려 먹는 것보다 더러는 소식을 하는 것이 건강에 좋듯이 긴 시간 잠을 자는 것보다는 짧지만 깊은 잠을 나누어 자는 것이 유익합니다. 짧게 자면 의식적인 자아가 꿈의 내용을 잘 기억해낼 수 있어 전체적인 경험에 도움이 됩니다. 짧고 빈번한 수면은 의식의 집중 수준을 더욱 높이 끌어올리고 육체적·정신적 활동력을 꾸준하게 회복시켜줍니다. 자아의 다양한 영역들은 딱 부러지게 구분되는 것이 아니어서 에너지를 경제적으로 사용하도록 심신의 각종 영양소를 한결 효과적으로 쓸 수 있고, 이때 의식은 유연하고 탄력 있게 변화합니다.

잠을 짧게 잔다고 해서 의식이 흐려지거나 집중력이 떨어지지 않습니다. 오히려 풍부한 유연성은 의식을 완벽하게 집중하도록 도와줍니다. 잠자는 자아와 깨어 있는 자아가 겉보기에 구별되는 까닭은 대체로 한쪽에 일정한 시간을 할당하고 다른 한쪽에 더 많은 시간을 할당하여 크게 둘로 나눈 결과입니다. 다시 말해 여러분이 시간을 쓰는 방법으로 인해 분리된 것이죠.

예전에 깨어 있는 삶은 해가 뜨면 시작되었습니다. 이제는 인공적인 빛이 일반화되면서 꼭 그렇지만은 않죠. 아직 여러분은 현대의 테크놀로지로부터 얻을 수 있는 기회를 이용하지 않고 있습니다. 낮에 자고 밤에 일하는 것이 해답이라는 뜻은 아닙니다. 이는 현재의 습관이 뒤바뀐 것에 불과합니다. 24시간을 다른 방식으로 나누는 것은 훨씬 효과적이고 능률적일 수 있습니다.

이상적으로 말하자면 한 번에 5시간씩 자면 최대 효과를 거둘 수 있으며 그 이상 자는 것은 별로 유익하지 않죠. 잠이 더 필요한 사람은 2시간 정도 낮잠을 자면 좋습니다. 그렇지 않다면 4시간과 2시간으로 나누어 자는 것도 매우 유익합니다. 적절한 암시를 준다면 몸은 기존 수면 시간의 절반 정도만 가지고도 충분히 회복될 수 있습니다. 어쨌든 한 번에 8~10시간 정도 몸을 무기력한 상태로 만드는 것보다는 자주 활발하게 활동하는 것이 훨씬 효율적입니다.

여러분이 의식에 세뇌시킨 부자연스런 활동 패턴은 잠자는 자아와 깨어 있는 자아 간의 이질감을 증폭시켰습니다. 어찌 보면 스스로 몸에 암시를 걸어 한 번에 일정 시간 이상의 잠을 자두어야 한다고 믿게 만든 것이죠. 그러나 동물은 피곤할 때 자고 자연스런 방식으로 깨어납니다.

수면 패턴을 보다 자연스럽게 변화시킨다면 주관적인 체험을 훨씬 잘 기억하게 되고 몸도 더욱 건강해질 것입니다. 하루 6~8시간의 수면도 약간의 낮잠과 병행하면 충분한 효과를 거둘 수 있습니다. 그 이상의 수면이 필요한 사람은 잠을 나누어 자기만 하면 수면 시간을 쉽게 줄일 수 있죠. 더불어 육체적·정신적·심령적 시스템도 한층 좋아지며 자아의 분리 현상도 약화될 것입니다.

육체적 혹은 정신적 작업은 한결 편해지고 활기찬 상태를 유지할 수 있습니다. 그렇지 않다면 육체는 다시 휴식을 취하기 위해 16시간을 기다려야 하죠. 잠을 나누어 자면 수면 중의 화학 반응과 관련 있는 육체의 건강이 향상됩니다. 또한 정신 분열이나 우울, 불안 등과 같은 정신적 병증을 치료하는 데에도 도움이 되죠. 이 밖에 시간 감각이 유연해지고 창조적 능력을 자극하며 불면증을 극복하는 데에도 도움이 됩니다.

덧붙여 말하자면 잠에서 깨어났을 때 소식을 하거나 간식을 먹으십시오. 이러한 식사법이나 수면법은 갖가지 대사 작용상의 문제 해결과 영적이며 심령적인 능력 계발에 좋습니다. 밤 시간의 육체 활동은 여러 가지 이유에서 낮 시간의 활동과는 다른 영향을 미치는데 둘 다 심신에 필요한 요소입니다. 이를테면 밤의 특정한 시간대에는 공기 중의 음이온이 낮 시간에 비해 많아지고 강력해집니다. 그래서 그 시간대에 산책과 같은 야외 활동을 하면 육체적인 건강면에서도 매우 유익합니다.

새벽 시간은 중병을 앓고 있는 사람에게는 매우 좋지 않은 시점입니다. 그때 의식은 몸을 오랫동안 떠나 있다가 돌아오면서 병든 신체의 메커니즘을 상대하는 데 어려움을 겪습니다. 사실 병원에서 환자에게 약을 먹여 밤새 잠을 재우는 패턴은 바로 이런 이유에서 건강에 해로울 수 있습니다. 대개의 경우, 의식은 병든 메커니즘을 다시 받아들이기 위해 엄청난 부담을 져야 합니다. 이런 상황에서 앞에서 예로 든 투약시스템은 육체를 회복시키는 데 도움이 되는 일정한 수면 주기를 끊어 놓음으로써 의식의 혼란을 초래합니다. 그러므로 자아를 나누는 패턴은 인간에게 근본적으로 필요한 것이 아니라 관습과 편의주의의 산물일 뿐입니다.

전깃불이 없던 시대에도 사람들은 밤에 길게 자지 않았습니다. 예를 들면 혈거인穴居人(동굴 생활을 하던 원시인류—옮긴이)들은 잠을 잘 때조차 육식 동물에 대한 경계심을 늦추지 않았죠. 자연환경의 신비로운 측면이 수면 중에도 부분적으로 깨어 있게 만든 것입니다.

그들은 잠을 자다가도 종종 깨어나 주변 환경과 거처를 살펴봐야 했으니까요.

그들은 여러분처럼 한 번에 오랫동안 잠을 자지 않았습니다. 대신 몇 시간 깨어 있다가 다시 몇 시간 잠자기를 주기적으로 반복했고, 육식 동물이 잠들어 있을 시간에는 살금살금 밖으로 나가 음식을 구했습니다. 그 결과 육체의 생존을 보장하는 의식의 기동성을 얻었고, 꿈에서 얻은 직관적 지식을 기억해두었다가 삶 속에서 유익하게 사용할 수 있었죠.

자아를 분리하고 육체적으로 활발하지 못한 상태를 오랫동안 유지하며 꿈의 현실과 각성의 현실 중 하나에 지나치게 주의력을 쏟는 생활 패턴으로 인해 수많은 질병이 발생한 것입니다. 정상적인 자아는 수면 중에 들어가는 다른 현실 속에서의 휴식을 통해 유익을 얻고, 잠자는 자아는 종종 깨어 있는 상태로 소풍을 나가 유익을 얻을 수 있습니다.

습관적 패턴의 변화는 자아를 확실하고 폭넓게 이해할 수 있게 해주기 때문에 이런 문제를 거론하는 것입니다. 퍼스낼리티 중에서 꿈의 주체가 되는 부분이 각성 의식에게 이상하게 보이는 까닭은 둘의 초점이 근본적으로 다를 뿐만 아니라 그것들에 할당하는 시간까지 명확하게 양분되어 있어서입니다.

여러분은 시간대를 양분함으로써 직관적·창의적·심령적인 능력을 육체적·활동적·객관적 능력으로부터 분리시키고 있습니다. 잠을 얼마나 자야 하느냐는 사실 그다지 중요한 문제가 아닙니다. 단지 잠을 짧게 여러 번 나누어 자는 것이 훨씬 유익하며 시간도 덜 듭니다. 가장 긴 잠은 당연히 밤에 자야겠죠. 그러나 육체적으로 활발하지 못한 상태가 6~8시간 이상 이어지면 수면 효과도 반감됩니다.

반면에 앞에서 언급한 대로 몇 시간 정도의 잠과 각성 상태가 적당히 되풀이되는 패턴은 호르몬 분비와 화학 작용, 특히 아드레날린의 분비 과정을 더욱 효율적으로 만들어줍니다. 그러면 몸이 상하고 피로가 누적되는 현상이 최소화되는 동시에 신체의 재생력은 최고조에 달할 것입니다. 이는 신진대사가 왕성한 사람이나 저조한 사람 모두에게 똑같이 이롭습니다. 또한 신체의 심령적 센터들이 보다 자주 활성화되고, 퍼스낼리티의 전체적인 자아성도 더욱 강화되고 유지될 것입니다. 보다 풍부해진 의식의 기동성과 유연성은 집중력을 향상시키고, 결과적으로 육체와 정신의 균형도 더욱 완벽하게 이루게 됩니다.

나는 6~8시간 이상, 이를테면 10시간 정도 지속적으로 자는 패턴은 매우 좋지 않다는 사실을 다시 한 번 강조하고 싶습니다. 그렇게 하면 일어나도 개운하지 않고 오히려 에너지가 고갈된 느낌이 들 것입니다. 그러나 여러분이 수면 시간에 의식이 몸을 떠난다는 사실을 이해하지 못하면 이제껏 내가 한 말이 모두 무의미하게 들리겠죠. 물론 수면 중 의식도 종종 몸속으로 돌아와 육체의 메커니즘을 체크하고, 원자와 세포의 단순 의식들은 항상 신체에 머물러 있으므로 몸이 완전히 비는 일은 없습니다. 하지만 자아의 창조적인 부분은 수면 중에는 분명 오랫동안 육체를 떠나 있게 됩니다.

신경증적인 행위 가운데 일부는 수면 습관에서 비롯됩니다. 예를 들어 몽유병 증세도 이런 경우에 속합니다. 의식은 몸속으로 돌아가고 싶어 하면서도 몸이 깨어나서는 안 된다는 관념에 세뇌되어 있습니다. 그래서 정상적인 의식이 아닌 과도한 신경 에너지가 근육을 움직이게 됩니다. 왜냐하면 육체는 자신이 지나치게 긴 시간 동안 활동을 멈췄으며 더 이상 그 상태를 방치했다가는 심각한 근육 마비 상태가 빚어질 수 있다는 사실을 알기 때문이죠.

식습관에도 똑같은 이치가 적용됩니다. 여러분은 과식을 했다가 지나치게 굶는 패턴을 반복하고 있습니다. 이러한 패턴은 의식, 창조력, 집중력에 확실히 영향을 미칩니다. 대부분의 사람들이 밤에는 굶주림을 참는데 이런 패턴은 장시간 음식을 거부함으로써 신체 노화를 촉진합니다. 음식은 적당하게 나누어 먹어야 하며 먹는 시간이 꼭 낮에 집중되어서는 안 됩니다. 앞에서 제시한 대로 수면 패턴을 바꾼다면 밤에도 먹는 패턴을 몸에 익혀야 합니다. 대신 기존 식사 시간에는 전보다 덜 먹겠죠. 음식을 조금씩 자주 먹는 것이 현재의 식습관보다는 육체적·정신적·심령적으로 훨씬 이롭습니다.

수면 패턴의 변화는 자동적으로 식습관의 변화를 가져옵니다. 또한 잠자는 자아와 깨어 있는 자아 간의 이질감이 약화되면서 자아의 통일성이 한층 심화되고 투시력이나 텔레파시 같은 다차원적인 의식 능력도 놀랍게 향상될 것입니다.

여러분에게 있어서 밤의 세계는 대체로 생소하므로 자연을 즐기는 경험도 늘어날 것입니다. 수면 중에 유익한 직관을 얻을 수 있고 감정의 기복도 훨씬 줄어들죠. 그리하여 존재의 모든 영역에 걸쳐 한결 안전하고 편안해질 수 있습니다. 심신에 대한 자극을 적당하게 유지함으로써 노인성 질환도 예방됩니다. 유연해진 의식은 더욱 풍부한 기쁨을 맛보게 될 것입니다.

| 533번째 대화 |

꿈속 활동이 각성 상태에서의 활동을 대신하는 경우가 있습니다. 하지만 정상적으로 깨어 있는 의식 상태에서도 동요와 강렬한 활동의 리듬 뒤에는 상당히 침체된 상태가 뒤따르죠. 물론 각성 상태 중에는 수면에 가까운 상태도 있습니다. 이런 상태는 다른 상태와 뒤섞이기 때문에 여러분은 그런 변화를 눈치채지 못합니다. 이러한 의식의 단계적 변화는 육체에도 영향을 미칩니다. 각성 상태의 침체기에는 집중력이 떨어지고 자극에 무감각해지며 사고율이 높아질 뿐만 아니라 전반적으로 신체 상태가 저조해집니다. 그런데 오랜 시간 동안 잠을 자거나 오랜 시간 동안 깨어 있으면 이러한 의식의 리듬을 이용할 수 없죠. 각성 상태의 절정기가 흐지부지되거나 심지어 자각하지 못한 채 무익하게 지나가버립니다. 자연히 의식의 고조기와 저조기 차이나 그에 따른 효율성은 거의 활용할 수 없습니다.

이런 이야기를 하는 까닭은 여러분이 자신의 현재 능력을 깨닫고 이용하는 데 도움을 주기 위해서입니다. 현재 여러분은 의식 리듬의 고조기와 저조기 사이의 차이를 애매하게 만들고 의식이 저조한 상태에 있을 때 오히려 왕성한 활동을 요구하고 있습니다. 자신은 의식의 기동성을 거부하면서 각성 의식에게는 지나치게 많은 것을 요구하는 거죠. 이미 언급한 수면 습관을 몸에 익히면 의식 리듬을 자연스럽게 이용할 수 있습니다. 고조기를 자주 경험하고 집중력이 높아지며 문제점을 보다 명쾌하게 통찰할 뿐만 아니라 학습 능력도 향상될 것입니다.

적절한 휴식 없이 각성 상태가 이어지면 수면 중에 유해한 화학물질이 분비되어 몸이 둔해지고 집중력이 저하됩니다. 결과적으로 더욱 오랫동안 수면을 취하는 악순환이 되풀이됩니다. 이런 상태는 밤에도 과도한 신체 자극을 초래하여 이상적인 상태에서는 잠깐 휴식을 취하는 것으로 충분했을 신체적 정화 과정에 지나치게 많은 시간을 소비하게 합니다. 또한 에고는 의식의 장기간 외출에 위협을 느끼고 수면 상태를 경계하며 꿈 상태를 방해하는 인위적인 장애물을 설치하기 시작하죠.

그 결과 의식의 이원화가 심화되면서 한쪽이 다른 한쪽을 불신하는 상황마저 빚어집니다. 게다가 지극히 실용 가치가 있는 창조적 자료들을 잃어버리게 됩니다. 반면에 앞에서 다룬 이상적인 의식 패턴이 확립되면 그런 정보에 쉽게 접근할 수 있을 뿐만 아니라 깨어 있는 자아 역시 심신의 활력을 훨씬 풍부하게 얻고 꿈속 상징도 더욱 명료하게 나타납니다. 신체 근육도 힘을 얻고, 혈액 순환도 한층 효율적으로 작용하여 노폐물을 제거해주죠. 무엇보다 자아의 주관적인 차원들 간에 커뮤니케이션이 원활하게 이루어지고 의식의 안전성이 높아지며, 특히 어린이의 경우에는 창조적 능력을 일찍부터 계발할 수 있습니다.

총명하고 명석하고 활발하고 강력한 의식으로 의식 리듬의 효율성을 유지하며 현실을 똑바로 해석하기 위해서는 자주 휴식을 해야 합니다. 그렇지 않으면 의식은 지각 대상을 왜곡하고 맙니다. 장시간의 수면도 경우에 따라서는 치유 효과가 있을 수 있습니다. 이는 장시간의 수면 자체가 유익하기 때문이 아니라 체내에 노폐물이 워낙 많이 쌓여 있어서 치유가 불가피하기 때문이죠.

여러분의 현재 습관은 학습 과정도 저해하고 있습니다. 의식이 학습 과정에 주의력을 쏟을 수 있는 시기가 따로 있는데도 여러분은 엉뚱하게 침체기에 학습 노력을 기울이죠. 게다가 자아를 인위적으로 분리하여 창조적이며 심령적인 능력이 뒤로 밀려나게 됩니다. 의식의 이원성이 삶의 전반적인 활동에 영향을 미칩니다. 경우에 따라 새벽 시간처럼 의식이 최고조에 달해 있을 때 오히려 억지로 잠을 청하기도 합니다. 또한 오후의 특정한 시간대에는 의식이 저조해지면서 휴식이 필요한데도 오히려 그런 필요성이 무시됩니다.

현재 수면의식의 단계를 분석하듯이 각성 의식의 단계를 조사해 보면 미심쩍은 의식 활동의 범위들이 생각했던 것보다 폭넓게 발견될 것입니다. 특정한 의식의 전환기는 완전히 무시되고 있죠. 실제로 의식은 깜박거리며 강도에 있어서 많은 변화를 나타냅니다. 이를테면 일관된 광도를 가진 광선이 아닌 셈입니다.

| 534번째 대화 |

여러분도 알다시피 의식은 많은 특성을 갖고 있습니다. 여러분에게도 일부는 알려져 있지만 그 외에 많은 특징은 아직 밝혀지지 않았습니다. 왜냐하면 현재의 여러분은 자신의 의식을 '자연적인 위장'과는 매우 다르게 인식하는 방식으로 의식을 사용하기 때문입니다. 바꾸어 말해 육체의 메커니즘을 거쳐서 의식을 지각하고 있는 것이죠. 그래서 육체를 통해 작용하지 않을 때는 거의 의식을 지각하지 않습니다. 마치 의식이 육체를 떠났거나 정신 분열 상태일 때처럼 말입니다.

그러나 의식의 특징은 여러분이 몸 안에 있든 밖에 있든 변함이 없습니다. 예를 들어 앞에서 언급한 고조기와 저조기는 사후 어떤 형태를 취하든 모든 의식에 어느 정도는 상존합니다. 의식의 본질은 그때나 지금이나 근본적으로 달라지지 않았습니다. 여러분이 그 많은 특징을 인식하지 못한다고 하더라도 말이에요.

무의식 상태로 생각하지만 실상 각성 상태보다 더욱 의식적인 상태입니다. 다만 그때는 각성 상태에서는 실재하지 않는 것으로 여기는 의식의 능력을 사용하게 됩니다. 그래서 여러분은 그런 체험을 각성 상태에서는 거부해버립니다. 여러분이나 나의 의식은 모두 시공간의 제약을 받지 않습니다. 사후에 존재 상태가 달라지는 까닭도 언제나 존재해온 의식의 위대한 힘을 깨닫기 때문입니다.

여러분은 지금 이 순간에도 그런 능력을 발견하고 사용할 수 있습니다. 사실 미리 공부를 해두면 사후 체험에 직접적인 도움이 됩니다. 의식이 육체에 갇혀 있지 않고 자유롭게 자신의 일부분을 창조할 수 있음을 이해한다면 자기 의식의 반응으로 나타나는 현상에 대해 별로 놀라지 않을 것입니다. 반면에 의식과 육체를 지나치게 동일시하는 사람들은 (죽은) 육체 안에 오래 머물며 별다른 이유 없이 자신을 괴롭힙니다. 그 비참한 존재들은 달리 갈 곳이 없다고 여기는 거죠.

앞서 말한 대로 여러분은 정신spirit이며, 정신은 의식이 있습니다. 의식은 정신에 속하지만 둘은 다릅니다. 정신은 의식을 켤 수도 있고 끌 수도 있습니다. 본질적으로 의식은 깜박거리며 맥동하지만 정신은 그렇지 않죠. 나는 정신이라는 말이 함축하는 여러 의미 때문에 그다지 좋아하지 않습니다. 하지만 육체로부터의 독립성을 의미한다는 면에서 여기에 딱 어울리는 말입니다.

의식은 수면 중에 단지 다른 방향으로 주의력을 돌릴 뿐 기운을 되찾지 못합니다. 의식 자체는 잠을 자지 않으며 '꺼진다'고 표현할 수 있지만 빛과 같은 것은 아닙니다. '끈다'는 표현은 스위치를 눌러서 빛이 사라지게 하는 것과 같은 소멸을 의미하지 않습니다. 의식이 여러분에게 속한 빛이라면 설령 의식을 끈다 하더라도 완전히 어두워지지 않으며 어슴푸레한 빛이 남죠.

정신은 의식이 꺼지더라도 결코 사라지지 않습니다. 의식은 결코 소멸되지 않는다는 사실을 이해하는 것이 매우 중요하죠. 이미 말한 대로 여러분은 육체를 거쳐서 사용되는 의식의 특징에 대해서만 알고 있으며 의식의 표현을 육체와 동일하게 생각하는 경향이 있습니다.

(조셉의 의식은 스스로 명상 상태로 들어가 육체적 표현을 차단하기 시작했다. 여러 가지 빛과 암흑의 효과를 수반한 시각 현상과 감각에 문제가 생겼고, 세스의 말을 제대로 기록할 수 없었다.)

조셉은 자신이 허락했더라도 각성 의식 상태에서는 지각할 수 없습니다. 왜냐하면 각성 의식에 미리 알렸다면 그런 종류의 시범이 제대로 이루어질 수 없었기 때문입니다. 그런 시범은 시범자를 겁에 질리게 합니다. 이는 의식을 조작하는 훈련 중 하나입니다. 정도의 차이는 있겠지만 죽음이 임박하면 비슷한 일들이 발생하면서 의식은 더 이상 육체를 통해 자신을 표현할 수 없다는 사실을 깨닫습니다. 만일 죽은 사람이 평소 육체와 자신을 지나치게 동일시했다면 공황 상태에 빠져 모든 표현 능력을 상실하고 의식이 소멸할 것이라고 생각하기 쉽습니다.

의식의 소멸, 즉 정체성을 상실하리라는 확신은 그 자체로 불행한 반작용을 일으킬 만한 가혹한 심리적 체험입니다. 그러나 자연스럽게 죽음을 맞이하면 의식이 온전하게 남아 있으며 오히려 훨씬 자유롭게 자신을 표현할 수 있습니다.

PART 2

연속적인 삶을 통해 우리의 영혼이 얻는 것

인간은 자신의 죽음 한가운데 살아 있다

| 535번째 대화 |

임종 순간에는 어떤 일이 일어날까요? 묻기는 쉬워도 대답하기는 어려운 문제입니다. 사실 '임종 순간'은 존재하지 않습니다. 갑작스러운 사고사의 경우도 마찬가지입니다.

죽음과 관련하여 사람들은 이런 의문들을 떠올립니다.

'죽으면 어떻게 될까? 무엇을 느낄까? 여전히 나일까? 살아 있을 때 느꼈던 감정이 지속될까? 천국 또는 지옥이 있을까? 신이나 악마, 부처, 원수 혹은 연인이 나를 마중 나올까? 사랑했던 사람들을 기억할 수 있을까?'

이제부터 이런 관점에서 문제를 풀어갈 것입니다. 다만 그에 앞서 우리가 반드시 짚고 넘어가야 할 삶과 죽음의 본질에 관한 여러 가지 비현실적인 개념이 있습니다.

우선 앞서 언급한 사실을 생각해봅시다. 임종 순간이라는 특정한 시점은 존재하지 않습니다. 삶은 일종의 생성 상태이며, 죽음은 생성 과정의 일부분입니다. 여러분은 몸속 원자와 분자들이 죽거나 다시 태어나는 동안, 죽었거나 죽어가는 세포들 한가운데에서 자신을 인지하는 의식의 지각력을 번득이며 생생하게 살아 있습니다. 여러분은 순간순간 스러지고 대체되는 무수한 죽음 가운데 살아가면서도 그런 사실을 거의 생각하지 않습니다. 단적으로 말해 여러분은 자신 안에서 일어나는 죽음 속에서 살아 있는 것입니다. 물리적인 관점에서 보면 몸속에서 수많은 죽음과 탄생이 발생하기 때문에 여러분은 살아 있는 것입니다. 만약 세포가 죽지 않거나 재생되지 않는다면 여러분의 육체는 유지되지 못합니다. 그러므로 현재 여러분의 의식은 켜졌다 꺼졌다 하면서 끊임없이 변화하는 육체적 이미지를 비추고 있는 셈이죠.

항상 빛을 발하는 것 같지만 실상은 그렇지 않다는 점에서 의식은 반딧불이에 비유할 수 있습니다. 명멸을 거듭하면서도 결코 완전히 소멸되지 않으나, 여러분이 생각하는 것처럼 빛이 일정하지는 않죠. 여러분은 자신의 무수한 작은 죽음 가운데 살아 있으며, 이를 인식하지 못하지만 여러분의 반짝이는 삶 한가운데서도 종종 '죽어 있음'을 경험하고 있습니다.

여기에서 '죽어 있다'는 표현은 그 초점이 물리적 현실에서 완전히 벗어나 있음을 뜻합니다. 여러분의 의식은 물리적으로 살아 있지만 육체에 치중하지 않는 까닭은 그만큼 육체적으로 살아 있고 이에 더 큰 비중을 두고 있기 때문입니다. 이 말은 언뜻 혼란스럽게 들릴지도 모릅니다. 지금 이해하지 못한다고 하더라도 의식의 맥박을 생각해보십시오. 여러분의 의식은 한순간에는 살아 있으면서 육체의 현실에 초점을 맞춥니다. 그러나 다음 순간 어딘가 다른 현실에 초점을 맞추죠. 여러분의 사고방식대로라면 그 순간 의식은 죽어 있는 게 됩니다. 그러다 다음 순간 다시 살아나 육체의 현실로 주의를 돌리지만 여러분은 순간적으로 '죽어 있음'이 끼어드는 것을 의식하지 못합니다. 여러분이 느끼는 의식의 지속성은 매번 새로운 의식의 맥동을 토대로 만들어진 것입니다.

원자와 분자는 죽어 있는 비활동성과 살아 있는 활동성 사이를 오가지만 여러분은 그것이 언제 존재하지 않는지 감지할 수 없습니다. 여러분의 몸이나 물질 우주 전체는 원자와 분자로 이루어져 있기에 사실 그 모든 것이 앞서와 같은 방식으로 존재한다고 말씀드릴 수 있습니다. 말하자면 호흡을 하듯이 일정한 리듬에 따라 켜졌다 꺼졌다 하는 것이죠.

우주에는 전체적인 리듬이 존재하는 동시에 무한한 개인적인 편차가 존재합니다. 그런 무수한 리듬은 일종의 우주적 신진대사와 같죠. 이른바 죽음은 여러분이 인지하지 못하는 의식적 맥박이 조금 더 길게 이어지는 현상, 육체의 차원에서 보면 조금 더 길게 끊어져 있는 현상입니다. 육체 조직의 죽음은 생명 과정, 즉 생성 과정의 일부이며 죽은 조직으로부터 새로운 생명이 움틉니다. 의식은 그런 조직에 의존하지 않지만 모든 물질은 나름대로 의식이 있기에 생겨난 것입니다. 이를테면 여러분의 개인적인 의식이 몸을 떠나더라도 원자와 분자의 단순한 의식들은 결코 소멸되지 않습니다.

현재 상태에서 여러분은 일부러 육체의 이미지에 의존한다고 생각합니다. 육체와 자신을 동일하게 생각하는 거죠. 그러나 앞에서 언급한 대로 육체는 평생에 걸쳐 부분적으로 죽어가고 있습니다. 여러분이 현재 가진 육체는 10년 전 육체의 입자들을 단 하나도 갖고 있지 않죠. 다시 말해 10년 전 육체는 죽은 것입니다. 그런데도 여러분은 자신이 죽었다는 것을 인식하지 못합니다. 그 과정이 너무나 유연하게 진행되기 때문입니다.

이미 말했듯이 의식의 일반적인 맥박은 너무나 짧아서 놓치기 쉽습니다. 하지만 맥박이 조금 더 길어지면 육체적으로도 감지하게 되는데 그것이 바로 죽음입니다. 물론 여러분은 의식이 육체의 현실에서 벗어났을 때, 그래서 더 이상 걸칠 이미지가 없는 것처럼 보일 때 어떻게 되는지 알고 싶을 것입니다.

그 문제에 대해서는 정답이 하나만 있는 것이 아니어서 개인마다 답이 다르게 마련이죠. 죽음은 의식의 주관적인 체험과 깊은 관련이 있습니다. 또한 여기에는 의식 자체의 발전 수준이나 체험을 처리하는 특유의 방식에도 영향을 미칩니다.

여러분의 현실관은 사후 체험에도 관여합니다. 왜냐하면 여러분은 그때도 자신이 믿는 바에 따라 체험을 해석하기 때문이죠. 마치 지금 가능한 것과 불가능한 것에 대한 여러분 개인의 관점으로 일상생활을 해석하듯이 말입니다. 이렇듯 수많은 변수에 따라 여러분의 의식은 조금 빠르거나 조금 늦게 몸을 떠납니다.

노인성 치매를 앓고 있는 사람들은 이미 퍼스낼리티의 조직적인 부분이 몸을 떠나 새로운 환경을 맞이하고 있는 것입니다. 그런데도 죽음에 대한 공포가 심리적 공황 상태를 불러일으켜 자기 보존과 방어 기제를 이용해 스스로 의식을 일종의 혼수상태로 빠뜨리죠. 이를 회복하기 위해서는 일정한 시간이 필요합니다. 또한 지옥의 불길에 대한 믿음은 지옥에 대한 환각을 불러일으킵니다. 천국에 대한 믿음 역시 달콤한 환각을 빚어냅니다. 여러분은 언제나 자신의 관념과 기대에 따라 현실을 만듭니다. 이는 어떠한 현실에 있든 변함없는 의식의 본질입니다.

단언하건대 앞서와 같은 환각은 일시적 현상일 뿐입니다. 의식은 반드시 자신의 능력을 사용해야 합니다. 전형적인 천국의 권태로움과 정체는 치열한 의식을 오랫동안 만족시킬 수 없죠. 또한 그곳에는 의식 상태와 환경에 대해 설명해줄 스승이 존재합니다. 그 누구도 환각의 미로 속에 홀로 남겨지지 않습니다.

사후에도 여러분은 육체적으로 보이는 또 다른 몸, 즉 이미지를 걸치게 되어 있습니다. 단, 그것과 육체의 차이가 분명하기 때문에 육체의 세계에서 그 몸을 실험해보면 대번에 육체가 아니라는 것을 알 수 있죠.

의식이 육체의 산물이라고 믿는다면 사후에 여러분은 육체에 남아 있고자 할 것입니다. 하지만 그때도 여러분을 기꺼이 도와줄 준비가 되어 있는 일종의 명예 경비원 같은 퍼스낼리티 집단이 존재합니다. 이 집단은 살아 있거나 죽은 사람으로 구성되어 있는데 살아 있는 이들은 육체가 잠든 사이에 유체 이탈을 통해 그런 활동을 합니다. 그들은 육체의 현실 속에 있으면서 죽음과 관련한 감정이나 느낌을 좀 더 빨리 이해할 수 있습니다. 의식의 투사와 그에 따른 감각 현상에 친숙하기 때문에 다시 육체로 돌아가지 않는 사람들을 지도할 수 있는 것이죠. 그들은 수면 중 활동을 기억할 수 있지만 그렇지 않을 수도 있습니다. 어쨌든 의식의 투사와 기동성에 대한 지식과 경험은 죽음에 대비하는 데 대단히 유익합니다. 여러분은 미리 사후 환경을 체험하고 그때 마주칠 상황에 대해 공부해둘 수 있습니다.

이를 위해 장례식을 치르듯이 우울해할 필요는 없습니다. 사후 환경은 우울함과는 전혀 거리가 먼 세계입니다. 그곳은 여러분이 아는 그 어떤 곳보다도 훨씬 더 활발하고 기쁨이 넘치는 차원이죠. 단지 지금까지와는 다른 법칙이 적용되는 새로운 환경에서 생활하는 법을 배우게 됩니다. 그 법칙은 현재 여러분이 알고 있는 물리적인 법칙보다는 한결 자유롭습니다. 바꾸어 말해 새로운 자유를 이해하고 이용하는 법을 터득해야 합니다.

이런 체험은 사람마다 다르며 많은 이는 또 다른 육체적 삶을 지속할 것이므로 생성 과정에서 벗어날 수 없죠. 일부는 새로운 현실 세계에서 자신의 능력을 계발하며 당분간 그런 중간적 상태에 남습니다.

나는 게으른 사람들에게는 아무런 희망을 전해줄 수 없습니다.

죽음은 그런 사람들에게 영원한 안식처가 될 수 없기 때문이죠. 원한다면 얼마 동안 쉴 수는 있습니다. 그러나 결국에는 사후에도 자신의 능력을 사용해야 하며 이전의 존재 상태에서 사용하지 않았던 능력을 찾아내어 직시해야만 합니다.

사후의 삶을 믿었던 사람들은 훨씬 쉽게 새로운 환경에 적응합니다. 그런 믿음이 없었던 사람도 특정한 훈련법을 실행해 믿음을 얻습니다. 꾸준하고 결연하게, 그리고 간절히 원하여 실천한다면 현실의 다른 층으로 인식력을 확대할 수 있습니다.

이미 설명했듯이 현재 여러분의 의식은 아주 짧은 육체적 비존재의 간격에 익숙해져 있어서 그다지 신경 쓰지 않습니다. 그보다 긴 간격은 어느 정도 의식의 혼란을 초래하지만 흔한 현상은 아니죠. 육체가 잠을 잘 때도 의식은 상당 기간 육체를 떠납니다. 그러나 그때 의식은 육체적인 각성 상태가 아니기에 그런 간격을 의식하지 못하고 관심을 두지 않죠. 만일 의식이 육체적인 각성 상태에서 똑같은 시간만큼 육체를 떠나 있다면 여러분은 그런 차원과 체험의 간격을 논리적으로 이해하지 못하기 때문에 분명 자신을 죽었다고 간주할 것입니다. 다시 말해 여러분은 자면서 임종 상태와 똑같이 유체 이탈을 체험하는 셈입니다.

이때 많은 경계를 거쳐 다른 존재 상태로 들어가기 때문에 사후 세계가 여러분에게 그렇게 낯선 환경이라고 할 수는 없죠. 사후 세계로 들어가는 즉시 여러분은 친구나 친지의 환영을 받기도 하지만 그렇지 않을 수도 있습니다. 그 역시 개인마다 다릅니다. 그러나 전체적으로 볼 때, 현생에 가깝게 지냈던 이들보다는 전생부터 알아왔던 사람들에게 훨씬 많은 관심을 나타내도록 되어 있습니다. 또한 이미 세상을 떠난 이들에 대한 자신의 참된 느낌이 자신이나 그들에게 알려지게 됩니다. 그 차원에서는 위선을 부릴 수 없습니다. 평소 존경하거나 사랑할 만한 사람이 아닌데 사랑하는 척할 수는 없죠. 텔레파시가 전혀 왜곡되지 않고 작용하기 때문에 자기 자신과 그곳에서 여러분을 기다리던 가족이나 친구와의 사이에 형성된 참된 관계를 피할 수 없습니다.

그곳에서는 지상에서 적으로 간주했던 사람이 여러분의 사랑과 존경을 받을 가치가 있음을 발견하고 그에 어울리게 대할 수 있죠. 또한 자신의 동기가 명확하게 드러납니다. 사람들은 그런 투명함에 각자의 방식으로 반응할 것입니다. 이전에 그다지 지혜롭지 못했는데 사후에 갑자기 지혜로워지는 것은 아니며 자신의 감정, 느낌, 동기를 숨길 수 없습니다. 그때도 자신의 선택에 따라 저급한 동기를 받아들이거나 그것으로부터 교훈을 얻을 수 있습니다. 하지만 성장과 발전의 기회는 매우 풍부하며 학습 수단 역시 효과적입니다.

그 시기에는 자신이 떠나온 삶의 구조를 점검하여 자신의 생각과 감정이 어떻게 경험을 빚어냈으며, 나아가 다른 이들에게 어떻게 영향을 미쳤는지를 배웁니다. 이런 점검이 끝나기 전까지는 자기 정체성의 커다란 부분을 의식하지 못하죠. 그러다 지상에서의 삶의 중요성과 의미를 깨달으면 다른 존재 상태를 의식할 준비를 갖춘 셈이 됩니다. 그 단계에 이르면 의식이 확장되면서 다른 삶의 체험을 포용하는 동시에 스스로 다음 육체적 삶을 계획하기 시작합니다. 원한다면 다른 현실 차원으로 들어갔다가 필요할 때 육체적 삶으로 돌아갈 수도 있죠.

| 536번째 대화 |

여러분의 의식은 육체적 죽음 이전에도 육체를 완전히 떠날 수 있습니다. 의식은 그때그때의 상태에 따라 다양한 방법으로 육체를 떠납니다. 경우에 따라 육체는 의식의 지휘 없이 어느 정도는 제 기능을 유지할 수 있습니다. 주요한 의식이 일정 기간 자리를 비워도 원자, 세포, 기관의 단순 의식들이 지속적으로 존재하기 때문입니다.

사후에는 평소의 믿음과 발전에 따라 의식의 혼란을 겪을 수도 있고 그렇지 않을 수도 있습니다. 발전이란 꼭 지적인 발전만을 의미하지는 않습니다. 지성은 반드시 감정이나 직관과 균형을 이루어야 하죠. 하지만 어느 한쪽에 지나치게 무게가 실린다면 자유로워진 의식이 사후 세계를 제대로 이해해야 할 특정한 현실을 직시하기보다는 갖가지 어려움에 부딪힐 수 있습니다. 이는 자신이 지각하는 사실을 부인하거나 심지어 의식이 육체와 별개로 존재할 수 없다는 논리를 펼 수도 있죠. 그러다 죽음이 모든 것의 종말임을 너무나 확신한 나머지 일시적이나마 스스로 망각 상태에 빠지는 경우가 있습니다. 물론 수많은 퍼스낼리티들은 육체를 떠난 즉시 새로운 상황을 깨닫고 놀라게 됩니다. 이를테면 장례식장의 조문객으로 참석해 호기심과 경이로움이 충만한 시각으로 시신의 얼굴을 바라보기도 합니다.

이 시점에서 개개인의 배경, 지식, 습관에 따라 태도와 행동에 수많은 변화가 일어납니다. 동시에 주변 환경도 대개는 변화하게 마련이죠. 이때 생생한 환각 현상은 육체적 삶처럼 실감나는 체험을 만들어냅니다. 그리고 생각과 감정은 육체의 현실뿐만 아니라 사후 체험까지 만들어냅니다.

그렇다고 해서 그런 체험이 비실제적인 것은 아닙니다. 마치 육체적인 삶이 실재하지 않는 것이 아니듯 말이죠. 특정한 이미지들이 그런 과도기를 상징하는 데 사용했고, 그중 많은 것이 이해의 틀을 제공한다는 점에서 귀중한 가치를 지니고 있습니다. 이를테면 스틱스강(그리스 신화에 나오는 저승의 강이다.—옮긴이)을 건너는 이미지를 그중 하나로 꼽을 수 있죠.

죽음을 앞둔 사람은 다소 일관된 방식으로 특정한 과정이 일어나리라 기대합니다. 사전에 저승 세계의 지도가 알려져 있기 때문입니다. 그에 따라 임종할 때 의식은 저승의 강에 대한 환각을 생생하게 체험합니다. 이미 죽은 친지와 친구 역시 거기에 참여하는데 그들 입장에서는 심오한 의미를 지닌 의식이죠. 저승의 강은 실제 강처럼 실재하며 적절한 지식이 없는 여행자가 함부로 혼자 건널 수 없을 만큼 위험합니다. 그래서 여행자가 강물을 건너는 것을 도와주기 위해 언제나 안내자가 강변에 나와 있습니다.

환각이라는 표현을 썼으나 그 강이 비실제적인 환상이란 뜻은 아닙니다. 상징 자체도 일종의 실재물이죠. 안내도에 나와 있는 길의 일부분으로서 말입니다. 다만 이제는 저승의 강에 대한 지도를 이용하는 사람이 별로 없습니다. 살아 있는 사람 대부분은 그것을 읽는 방법을 모릅니다. 대신 기독교에서는 천국과 지옥, 연옥과 징벌을 믿습니다. 임종하는 사람이 그런 상징을 믿는 경우에는 또 다른 종류의 의식이 거행되는데, 이때 안내자는 기독교의 성인이나 위인으로 가장하여 나타납니다. 그럼으로써 임종자가 쉽게 이해할 수 있는 틀과 방식으로 사후 상황에 대한 교육이 이루어지는 것입니다.

기존의 종교 운동은 오랜 세월 동안 사람들이 좇을 만한 특정한 안내도를 제시함으로써 이러한 목적을 충족시켜왔습니다. 나중에 어느 정도 지식을 갖추었을 때, 그 안내도는 총천연색 그림과 가르침이 담겨 있는 교과서처럼 보이겠지만 이는 별문제가 안 됩니다. 이미 목적을 이루었고 의식의 혼란을 방지하는 효과를 거두었기 때문입니다.

이런 집단적인 관념의 틀이 형성되어 있지 않던 시대에는 의식 혼란의 현상이 빈번했죠. 특히 임종자가 사후의 삶을 완전히 부인할 때 문제는 더욱 복잡해집니다. 많은 사람들이 사후에도 여전히 의식이 유지된다는 사실을 발견하고 크나큰 기쁨을 맛보지만, 또 어떤 이들은 생각이나 감정의 창조적 잠재력을 깨닫지 못하기 때문에 특정한 행동 법칙을 새롭게 배워야만 합니다. 예를 들면 그런 사람들은 눈 깜짝할 사이에 10여 군데의 각기 다른 환경을 전전하면서도 왜 그런 현상이 일어나는지 전혀 눈치채지 못할 수 있습니다. 그들은 자신이 처한 상황에서 아무런 일관성도 발견하지 못하고 아무 목적도 없이 그저 마구잡이로 갖가지 체험을 합니다. 자신의 생각 자체가 자신을 그런 식으로 내몰고 있다는 사실을 전혀 깨닫지 못한 채 말입니다. 물론 사후의 상황이 항상 이런 것은 아닙니다. 나는 지금 죽음 직후에 일어나는 사건에 대해 말하는 것이며 이 밖에도 다른 단계가 존재하죠. 안내자는 여러분을 그런 상황에서 구하기 위해 환각의 일부분으로 참여합니다. 하지만 임종 후 진정한 도움을 주기 위해서는 무엇보다 임종자의 신뢰를 얻어야 합니다.

언젠가 나도 안내자로서 활동한 적이 있습니다. 현재 루버트가 수면 중에 그와 똑같은 길을 걸어가고 있는 것처럼 말이죠. 자신의 지도력을 최대한 발휘해야 하므로 안내자의 관점에서 보면 꽤 까다로운 상황입니다. 이 사람에게 구세주로 받아들여졌던 이미지가 다른 사람에게도 구세주로 통하는 것은 아닙니다. 나는 여러 차례 모세로 활동한 적이 있는데 아랍인을 구한 경우도 있었죠.

그 아랍인은 대단히 흥미로운 인물이었습니다. 그와 관련해 내가 겪은 어려운 점을 설명하자면 먼저 그에 대해 이야기할 필요가 있을 것 같군요. 그는 평소 유대인을 증오하면서도 어쩐 일인지 모세가 알라신보다 힘이 세다는 생각을 갖고 있었습니다. 이는 긴 세월 그가 양심의 가책을 느껴온 은밀한 죄로 작용했죠. 그는 십자군 전쟁 당시 콘스탄티노플에 있다가 기독교인에게 잡혀 터키인 한 무리와 함께 매우 끔찍하게 처형당했습니다. 처형자들은 그를 가장 먼저

끌고 나와 입안에 불붙은 석탄을 집어넣었습니다. 그는 극심한 고통 속에서 알라의 이름을 외우다가 나중에는 필사적으로 모세를 불렀습니다. 그래서 그의 의식이 몸밖으로 나왔을 때 모세가 와 있었죠

그는 알라보다는 모세를 더 믿었기에 나는 마지막 순간에 가서야 내가 어떤 모습으로 나타나야 할지 간신히 결정을 내릴 수 있었습니다. 그가 언제부터 자신의 영혼을 위해 전투가 벌어지기를 기대하고 있었는지는 중요하지 않았습니다. 분명한 것은 모세와 알라가 그를 위해 싸워야 한다는 것이었죠. 그는 폭력으로 죽었으면서도 여전히 폭력에 대한 관념을 버리지 못했습니다. 그래서 모종의 전투를 벌이지 않고서는 그에게 평화나 만족 혹은 휴식을 받아들이라고 설득할 수 없었습니다. 나와 친구, 그 외 다른 이들이 그 의식에 참여했습니다. 우리는 각기 알라와 모세(나)로 나타나 하늘의 구름바다 양편으로 갈라서서 그의 영혼에 대한 권리를 주장하고 나섰습니다. 그 가련한 친구는 우리의 고함 소리를 들으며 부들부들 떨고 있었죠. 당시 그러한 상황은 아랍인의 믿음에서 빚어진 현상이었지만 우리는 그를 자유롭게 해주기 위해 그의 믿음대로 움직여야 했습니다.

그 아랍인은 여호와를 모르면서 그저 모세만을 믿었기 때문에 내가 여호와를 불러도 아무 소용이 없었습니다. 알라가 거대한 검을 뽑아 들자 나는 검에 불을 붙여 떨어뜨렸습니다. 불붙은 검이 땅에 떨어지는 순간 사방 천지가 불길에 휩싸였죠. 아랍인은 다시금 울면서 몸을 떨었습니다. 그는 알라와 내(모세) 뒤에 군대가 도열해 있는 것을 보았죠. 그 친구는 우리 셋 가운데 하나가 반드시 멸망하게 되

는데 그 희생자는 바로 자신일 거라고 확신했습니다.

양쪽 군대가 정렬한 구름층이 거리를 좁히자 나는 '살인하지 말라'라고 적힌 석판을 높이 쳐들었습니다. 그때 알라는 또 다른 검을 쳐들었죠. 그리고 우리는 서로의 물건을 교환했고 양쪽 군대는 한 무리가 되었습니다. 이후 알라와 나는 태양의 형상으로 합쳐진 채 '우리는 하나다'라고 선언했죠.

우리가 이렇게 정반대의 관념을 하나로 합쳐주지 않았다면 그 가련한 사람은 평화를 얻을 수 없었을 것입니다. 상충되는 관념이 통일된 후에야 비로소 그에게 상황을 설명해줄 수 있었습니다.

안내자가 되기 위해서는 엄청난 수련과 훈련이 필요합니다. 예를 들어 앞에서 언급한 사건이 있기 전, 나는 수많은 생애에 걸쳐 날마다 수면 상태에서 또 다른 존재의 지도를 받으며 안내자로 활동했습니다.

남을 안내하다 보면 자칫 자기가 착각 상태에 빠질 수 있는데 이런 경우에는 다른 스승으로부터 구원을 받아야 합니다. 심리적 과정에 대한 정밀한 조사는 필수이고 그에 따라 필요한 환각의 종류는 끝이 없죠. 이를테면 도움을 받아야 할 사람이 평소에 몹시 귀여워했던 죽은 반려견의 모습으로 나타나야 할 경우도 있습니다.

이 모든 환각 활동은 죽음 직후 일시적으로 발생합니다. 하지만 어떤 사람은 이전에 받은 훈련과 발전 수준에 따라 사후 환경을 제대로 의식합니다. 이들은 다른 단계로 나아가고자 마음만 먹는다면 얼마간 휴식을 취한 후 그렇게 할 수 있습니다. 그렇게 준비된 이들은 자신의 윤회적 자아를 깨닫고 다른 생애에서 알았던 퍼스낼리티들을 금방 알아볼 수 있죠. 또 자신의 선택에 따라 스스로 의식하는 상태에서 환각을 경험하거나 과거 생의 한 부분을 다시 살아볼 수도 있습니다. 그 후 자기 점검을 통해 자신의 모든 업적, 능력, 약점 등을 돌아보고 육체적 삶으로 돌아갈지 말지를 결정합니다.

누구나 이런 단계를 경험할 수 있지만 대다수의 경우 자기 점검 단계는 생략합니다. 감정은 중요한 조건이기 때문에 친구가 당신을 기다리는 것은 매우 바람직한 영향을 미칩니다. 하지만 많은 경우 친구는 활동의 다른 단계로 진보한 상태라서 종종 안내자가 얼마 동안 친구로 가장하여 죽은 사람에게 자신감을 불어넣기도 합니다.

각성 의식 상태에서 유체 이탈을 경험하지 못하는 이유는 의식적으로 몸을 떠날 수 없다고 믿기 때문입니다. 하지만 의식적인 유체 이탈의 경험은 단순히 말로 듣는 설명보다 사후의 상태를 더 깊이 이해할 수 있게 해줍니다.

육체적 존재 자체도 어찌 보면 집단적 환각의 결과라는 걸 기억하십시오. 사람들이 생각하는 현실 사이에는 엄청난 간극이 있습니다. 사후에는 현실 체험이 지상에서보다 훨씬 조직적이며 복잡하게 뒤얽힙니다. 개인적인 환각에 빠진 채 현재 체험하는 것이 무엇인지를 깨닫지 못합니다. 강렬한 상징적 만남이라고 할 수 있는 그런 환각은 퍼스낼리티가 극심한 변화에 처해 있거나 서로 반대되는 사상을 통합해야 할 때 혹은 하나의 사상을 버리고 다른 사상을 취해야 할 때 당사자의 꿈속에서 일어날 수 있습니다. 이는 죽음 전에 일어나든 죽음 이후에 일어나든 지극히 강렬한 감정과 깊은 의미를 수반한 심리적이며 심령적인 사건입니다.

꿈속에서 일어나는 사건이지만 문명의 진로를 변화시킬 수 있습니다. 이를테면 개인은 사후에 자신의 삶을 반드시 화해해야 할 어떤 짐승으로 시각화할 수 있습니다. 그런 상징물과의 다툼이나 만남이 크나큰 파급 효과를 미치는 까닭은 이를 통해 당사자는 자신의 다른 모든 부분과 화해해야 하기 때문이죠. 앞의 환각이 그 동물을 타거나 친구가 되거나 길들이거나 죽이거나 죽임을 당하는 등 어떤 방식으로 끝나든 체험자의 의식은 각각의 길들을 심사숙고합니다. 그 결과 자신의 미래거나 친구가 되거나 길들이거나 죽이거나 죽임을 당하는 등 어떤 방식으로 끝나든 발전에 막대한 영향을 미칩니다.

사후 자기 점검에 주의를 기울이지 않는 이들은 삶의 상징화를 채택할 수 있는데, 삶을 하나의 상징적 이미지로 형상화하고 처리하는 자기 점검 과정의 일부분입니다. 하지만 모두가 이런 방법을 사용하는 것은 아니며 때로는 그런 삽화적 이미지들이 연속해서 필요하기도 합니다.

| 537번째 대화 |

루버트의 학생 한 명이 이렇게 물었습니다. 죽은 후에 어떤 기관이나 조직 같은 것을 접하게 되느냐고 말이죠. 많은 사람이 떠올릴 만한 의문이기에 그에 관해 설명하겠습니다.

우선 이미 말했던 대로 사후 현실은 한 가지만 있는 게 아니어서 사람마다 체험하는 바가 다릅니다. 하지만 사람들이 거의 공통적으로 들어가는 차원이 있습니다. 말하자면 아직 육체의 현실에 지나치게 초점을 두고 있는 이들이나 회복과 휴식을 필요로 하는 이들을 위한 초기 단계가 존재하는 거죠. 이런 차원에는 병원이나 휴양소가 있습니다. 그곳에 들르는 환자들은 대개 자신이 정상이라는 사실을 전혀 깨닫지 못하는 이들입니다. 경우에 따라서 그들은 지상에 있는 동안 스스로 질병에 대한 강력한 관념으로 그런 심리적 병원을 만들며, 지상에서 자신의 육체에게 했던 것처럼 사후의 새로운 몸에도 병든 상태를 투영합니다. 그런 이들은 다양한 형태의 심령 치료를 받으면서 모든 몸의 상태는 자신의 믿음에서 비롯된다는 설명을 듣습니다.

그런 단계를 거칠 필요가 없는 사람도 많습니다. 병원은 물리적인 것이 아니지만 대개는 나름대로 필요한 계획을 수행하는 안내자들에 의해 운영됩니다. 이를 '집단적 환각'이라고 부를 수도 있죠. 다만 분명한 점은 그런 현실을 접하는 이들에게 병원과 사건은 분명 실재한다는 것입니다. 그 차원에는 훈련 센터도 있습니다. 그곳에서는 개개인의 이해력과 인지능력에 맞게 현실에 대해 설명해줍니다. 처음에는 마치 아기에게 젖을 먹이듯 당사자에게 친숙한 우화를 인용하기도 합니다. 훈련 센터에는 육체의 환경에 돌아가기로 결정한 사람들을 가르치는 반도 있습니다. 바꾸어 말해 그곳에서는 감정과 생각을 육체적 현실로 나타낼 수 있는 방법을 알려주며 3차원적 시스템에서와 달리 아이디어의 발상과 물질화 사이에 시간의 지체가 존재하지 않습니다.

이 모든 일은 하나의 차원에서 발생한다고 볼 수 있지만 이는 다소 단순화된 표현입니다. 어떤 사람들은 그런 단계를 거치지 않습니다. 그들은 전생에 이룬 발전과 진보 덕분에 보다 야심찬 프로그램을 시작할 준비가 되어 있는 거죠.

독자 여러분 중에 자신의 심령적 능력을 의식하지 못하고 사후 훈련 센터에서 오랫동안 훈련을 받아야 할 것이라고 생각하는 사람이 있을 것입니다. 그러나 모든 능력이 반드시 의식적으로 발현되는 것은 아니며 많은 활동이 수면의식 상태에서 이루어집니다.

어떤 이들은 사후에 자신이 죽어 있다는 사실을 거부하고 지상에서 알았던 사람들에게 감정적 에너지를 계속 집중시킵니다. 가령 살아 있을 때 특정한 프로젝트에 매달렸다면 그것을 완성하고 싶어 합니다. 물론 안내자가 참된 상황을 깨우쳐주려고 하겠지만 안내자의 말에 콧방귀도 뀌지 않을 만큼 집착에 빠집니다. 육체의 현실에 대한 감정 집중은 발전을 가로막습니다.

의식이 육체를 떠나 일정 시간 안에 돌아오지 않으면 심신의 연결 고리가 끊어지도록 되어 있습니다. 그런데 때때로 의식은 사후 체험을 완전히 잘못 해석하고 시신 속으로 다시 돌아가고자 할 수 있죠. 특히 평소에 퍼스낼리티가 자신을 육체적 형상으로만 생각했을 경우에는 이런 일이 빚어집니다.

흔한 일은 아니지만 여러 가지 상황에서 의식은 육체의 메커니즘을 재활성하려다가 회복이 불가능하다는 사실을 깨닫고 공황 상태에 빠지고 맙니다. 심지어 장례식이 끝난 지 한참 후에도 자신의 시신을 앞에 두고 계속해서 슬피 우는 이도 있습니다. 육체가 회복될 수 없는 상태여도 자기 자신은 완전히 정상이라는 사실을 깨닫지 못한 채 말입니다. 반면에 육체를 지나치게 동일시하지 않았던 이들은 훨씬 쉽게 육체를 떠납니다. 그리고 평소 자신의 몸을 미워했던 사람은 이상한 일이지만 사후에 오히려 자신의 육체에 이끌리는 자신을 발견합니다.

이 모든 일은 개인에 따라 일어날 수도 일어나지 않을 수도 있습니다. 그러나 일단 육체를 떠나면 새로운 몸속에 있는 자신을 발견하게 되죠. 그 몸은 유체 이탈을 했을 때 취하는 것과 동일한 종류의 몸이며 여러분은 매일 밤 잠자는 사이 그러한 몸에서도 일정 시간 동안은 떠나 있습니다. 형체는 육체처럼 보이지만 육체 안의 의식은 그것을 볼 수 없죠. 또한 여러분이 꿈에서 하는 모든 일을 할 수 있습니다. 날기도 하고 물체를 통과하거나 움직이며 생각만으로 순간 이동을 하는 것 말이죠.

대개 그 몸으로는 육체 차원의 물체를 조작할 수 없습니다. 이를테면 램프를 집어 들거나 접시를 던질 수 없죠. 그 몸은 일시적으로만 사용합니다. 여러분에게는 몸이 하나만 있는 것이 아닙니다. 정확히 말하자면 그 형체는 새로운 몸이 아닙니다. 지금도 여러분의 육체와 합쳐져 있지만 느끼지 못할 뿐이죠. 그러나 사후에는 얼마 동안 그 몸만 의식하게 됩니다. 그러다 많은 시간이 지난 후에 자신의 선택에 따라 의식적으로 수많은 형체를 수많은 차원에 걸쳐 취할 수 있는 방법을 배웁니다. 현재도 여러분은 자신의 심리적 체험, 즉 생각과 감정을 물체로 전환시키고 있으나 무의식적인 수준에 그치고 있죠. 사후에는, 가령 자신을 어린아이로 상상한다면 곧바로 그런 형체를 가질 수 있습니다. 그렇게 자신의 의지로 형체를 만들다 보면 어렸을 때의 특징을 그대로 갖출 수도 있고, 80대 노인으로 죽어도 20대의 발랄한 모습과 젊음을 생각한다면 곧바로 그런 내적 이미지에 따라 자신의 형체가 변합니다. 영혼 대부분은 나이에 상관없이 육체적인 능력이 절정에 달했을 때의 성숙한 이미지를 선택합니다. 그러나 어떤 이는 외적인 아름다움과는 상관없이 정신적으로나 정서적으로 최고 수준에 도달했을 때의 모습을 선택하죠.

이렇게 해서 사자死者들은 자신이 선택한 형체에 만족하며 아는 사람들과 교류하고자 할 때 그 몸을 사용합니다. 그러나 살아 있는 사람과 교류하고자 할 때는 상대방이 알고 있던 자신의 예전 모습을 취할 수도 있습니다.

사후 환경이 모든 행성에 존재하는 것은 아닙니다. 그런 차원은 공간을 차지하지 않기 때문에 '그 모든 일들이 어디에서 이루어지는가?'라고 묻는 것은 무의미합니다. 그런 질문은 현실의 본질을 잘못 해석한 결과입니다. 어떤 장소란 존재하지 않기 때문에 특정한 위치도 있을 수 없죠. 육체 세계에서는 앞서의 환경을 감지할 수 없습니다. 여러분의 감각 메커니즘이 그런 영역에 주파수를 맞추지 않기 때문입니다. 여러분은 현재 지극히 특수하고 제한된 영역에 반응하고 있습니다. 또한 앞에서 언급한 대로 사후에도 다른 현실들이 여러분의 현실과 공존합니다. 그래서 여러분은 육체를 벗어버리고 다른 영역에 주파수를 맞추면서 다른 종류의 현실에 반응합니다. 그런 다른 관점에서도 육체의 현실을 어느 정도는 감지할 수 있습니다. 하지만 차원을 나누는 에너지 영역이 있습니다. 현재 여러분의 공간 관념은 사실적으로 설명하기 매우 힘들 정도로 왜곡되어 있습니다.

현재 여러분의 감각 메커니즘은 사물은 고체이며 공간이라는 것이 존재한다고 주장합니다. 하지만 육체 감각이 말해주는 물질의 본질은 전적으로 틀린 것이며 공간에 대한 정보 역시 잘못된 것입니다. 물론 3차원 개념에서는 잘 들어맞겠지만 근본적인 현실의 관점에서 그렇다는 뜻이죠.

살아 있는 상태에서 유체 이탈을 하면 사후에 마주치는 여러 가지 공간적인 문제를 경험하게 됩니다. 그때는 시공간의 진정한 본질이 좀 더 명백하게 드러나죠. 사후에는 공간을 통과하는 데 시간이 걸리지 않으며 공간은 거리상으로 존재하지 않습니다. 그것은 환상일 뿐입니다. 있다면 정신적이거나 심령적인 장애물이겠죠. 예를 들면 체험의 강도가 여러분의 현실에서는 킬로미터와 같은 거리로 해석되는 것입니다.

여러분이 사후에 훈련 센터에 간다고 가정해보죠. 그곳은 물리적 공간상으로는 현재 여러분이 머물고 있는 거실 한가운데 있을 수도 있습니다. 다만 여러분과 여전히 살아서 여러분을 생각하거나 신문을 읽고 있는 가족과의 거리는 공간과는 아무 상관이 없는데, 한쪽은 마치 달나라에 있고, 다른 한쪽은 지구에 남아 있는 것처럼 엄청난 거리감이 느껴질 것입니다.

육체적 죽음 이후를 경험하는 최선의 방법

| 538번째 대화 |

사후 체험이 현재 삶의 상황과 유사하다는 사실을 깨달으면 이질감이나 이해하기 힘들다고 느끼지 않을 것입니다. 잠을 자거나 꿈을 꿀 때는 사후 체험에서와 같은 존재 차원에 들어가게 됩니다. 다만 여러분은 그런 모험 중에서 가장 중요한 부분을 기억하지 못하기에 깨어나면 기이하거나 혼란스러워합니다. 그 이유는 단지 현재의 발전 수준에서는 하나 이상의 환경을 의식적으로 조작할 수 없기 때문입니다.

여러분은 육체가 잠을 자는 동안에도 일관성 있고 의미 있고 창조적인 의식 상태로 존재하며 사후에 접하게 될 여러 가지 활동을 실행합니다. 즉, 활동의 다른 차원으로 주의력의 초점을 돌리는 것입니다.

각성 의식이 육체적인 일상생활의 줄거리를 기억하고 삶의 지속성을 유지하듯이 꿈꾸는 자아 역시 그간 겪어온 꿈 활동의 주요 구성을 기억합니다. 깨어 있는 삶이 지속성을 가지는 것처럼 잠자는 삶에서도 지속성을 갖는 것입니다. 그러므로 여러분의 일부분은 모든 꿈속 체험과 만남을 의식하고 있습니다. 육체적 삶이 환각이 아니듯 꿈 역시 환각이 아닙니다. 꿈꾸는 자아의 관점에서 보면 육체적 자아야말로 몽상가입니다. 일상적인 체험은 각성 자아가 꾸는 꿈입니다. 마찬가지로 여러분은 편견을 갖고 꿈꾸는 자아를 바라보면서 자신의 현실이야말로 실재이며 꿈의 현실은 환상이라고 생각합니다.

하지만 꿈의 현실이야말로 여러분의 본성에 가깝습니다. 꿈에서 일관성을 찾을 수 없다면 여러분 스스로 꿈이 허무맹랑한 것이라고 최면을 걸었기 때문이죠. 그리고 깨어났을 때는 밤 동안의 모험을 육체적인 관점으로 표현하면서 자신의 제한되고 왜곡된 현실관에 맞게 고치려고 노력합니다. 어느 정도는 자연스런 현상이며 일상생활에 초점이 맞추어져 있는 데에도 다 나름대로 이유가 있습니다. 여러분은 일종의 도전으로서 그것에 적응했습니다. 이제 그 틀 안에서 여러분은 성장하고 발전하며 의식의 한계를 깨뜨려야 합니다. 자신이 각성 상태일 때보다 꿈을 꾸고 있을 때 여러모로 더 창조적이라는 사실을 인정하기는 매우 어려운 일이죠. 게다가 꿈속에서 몸이 우주를 날며 시공간을 뛰어넘을 수 있다는 사실을 인정한다는 것은 다소 충격적이기까지 합니다. 그래서 모든 체험을 실제 사건이 아닌 상징으로 보고, 하늘을 나는 꿈의 내용을 설명하기 위해 복잡한 심리 이론을 발전시키는 것입니다.

사실 여러분은 꿈을 꿀 때 가끔은 말 그대로 하늘을 납니다. 꿈속에서는 육체의 현실에 초점을 맞추지 않은 의식 상태로 작용합니다. 그래서 많은 이가 사후에 마주하게 될 상황을 꿈을 통해 경험하는 것입니다. 경우에 따라서는 죽은 친구나 가족과 대화를 나누고 과거를 다시 찾아 간다든지 육체적으로 50년 전에 존재했던 옛 거리를 가보거나 시간이 정지된 상태에서 우주를 여행하고 안내자를 만나거나 교육을 받고 다른 이들을 가르치거나 의미 있는 작업을 하며 환각에 빠질 수 있죠.

물질세계에서는 어떤 아이디어가 현실화로 이어지려면 시간이 걸립니다. 그러나 꿈의 현실에서는 그렇지가 않습니다. 그래서 사후 현실에 익숙해지기 위한 최선의 방법은 꿈꾸는 자아를 탐구하고 이해하는 길입니다. 물론 그런 사전 준비에 시간이나 에너지를 쏟고자 하는 이들은 그다지 많지 않습니다. 그러나 여러분이 그런 방법을 이용할 수 있는 것은 사실이며, 그렇게 한 사람은 사후 현실에 쉽게 적응할 수 있습니다.

수면 중에 육체를 떠난 체험을 제대로 기억하지 못하는 까닭은 표면 의식의 기억이 육체 의식과 긴밀히 연결되어 있기 때문이죠. 수면 상태에서는 상대방을 육체적인 삶에서 만났건 만나지 않았건 꿈속에서 만난 모든 사람을 기억합니다. 그래서 수면 상태에서 오랫동안 친분을 나눈 동료라도 각성 상태에서는 처음 보는 낯선 사람일 수 있습니다.

각성 상태에서의 노력이 의미와 목적을 갖고 있듯 꿈속에서의 모험도 나름대로 다양한 의미와 목적을 가지며 갖가지 성취로 이어집니다. 이런 활동은 사후에도 지속되죠. 육체적 삶을 움직이는 생명력, 힘, 삶, 창조성은 다른 차원에서 비롯됩니다. 바꾸어 말해 여러분은 꿈꾸는 자아가 육체적으로 자신을 투영한 결과입니다. 현재 여러분은 꿈꾸는 자아의 그림자만 알고 있을 뿐입니다. 사실 꿈꾸는 자아는 정체성의 모든 부분을 통합시키는 심리적인 기준점이기도 합니다. 꿈꾸는 자아의 심오한 본질은 최고로 발전된 의식만이 꿰뚫어볼 수 있죠. 다시 말해 꿈꾸는 자아는 퍼스낼리티의 전체적인 정체성을 강력하게 통합시킵니다. 꿈꾸는 자아는 아주 생생한 체험을 하며 육체적인 퍼스낼리티만큼이나 아니, 그 이상의 풍요로운 퍼스낼리티를 갖고 있습니다.

여러분이 아이이고, 내가 여러분에게 어른이 무엇인지 설명해주는 역할을 맡았다고 가정해봅시다. 나는 어른으로서의 자질은 이미 여러분 안에 깃들어 있다고, 이는 여러분 자신이 자연스럽게 발달한 결과라고 이야기하겠죠. 그러면 아이는 이렇게 물어볼 것입니다.

"하지만 난 어떻게 되는 거죠? 난 어른이 되기 위해 죽어야 하나요? 난 변하고 싶지 않아요. 지금의 내가 죽지 않고서 어른이 될 수는 없는 건가요?"

어떤 면에서 나는 지금 그와 같은 입장에 처해 있습니다. 여러분에게 내적인 자아의 본질을 설명해주고자 합니다. 여러분은 그것을 꿈속에서 의식할 수 있지만 그것의 성숙함이나 능력을 제대로 인식하지 못하고 있습니다. 그런 자질과 능력은 마치 아이에게 어른의 자질이 내재되어 있듯 여러분에게 깃들어 있습니다. 꿈속에서는 무엇보다도 육체 현실의 일상사를 처리하는 방식을 터득하게 됩니다. 사후에 다음번 육체적 삶을 계획하는 것처럼 말이죠. 꿈속에서는 현실의 문제를 풀 수 있습니다. 그럼으로써 낮시간에는 꿈속에서 터득한 문제 해결 방식만 의식하며 꿈속에서는 자신의 목표를 세웁니다. 마치 사후에 다음번 목표를 세우듯이 말입니다.

이런 심리적인 구조를 언어로 설명하는 것은 결코 간단한 문제가 아닙니다. 알다시피 육체적 퍼스낼리티의 본질을 설명하기 위해 이드, 잠재의식, 에고, 슈퍼에고 등 온갖 용어들이 동원됩니다. 그 단어들은 육체적 퍼스낼리티를 구성하는 복잡한 심리 활동을 구분하기 위해 만든 것입니다. 꿈꾸는 자아 역시 그 이상으로 복잡하게 구성되어 있습니다. 그 중 일부는 육체의 현실이나 그에 대한 조작과 계획을, 또 다른 일부는 육체의 생존을 보장하는 창조성과 성취의 심층적 수준을, 또 어떤 부분은 커뮤니케이션을, 또 다른 부분은 일반적으로 잘 알려져 있지 않은 퍼스낼리티의 보다 광범위한 요소를, 그 밖의 다른 부분은 참다운 다차원적 자아인 영혼의 지속적인 체험과 존재를 각각 담당합니다.

영혼은 육체를 창조합니다. 창조자는 자신의 창조물을 경멸하지 않습니다. 영혼은 나름대로 이유가 있어 육체와 육체적 삶을 만들었습니다. 영혼은 결코 여러분을 육체적 삶에 대해 염증을 느끼게 하거나 감각적 즐거움을 제대로 맛보지 못하게 하지 않습니다. 다시 말해 내면의 여행을 통해 현재 여러분이 아는 삶의 중요성, 아름다운 의미를 발견해야 하는 거죠. 하지만 외적 차원의 충만한 즐거움과 발전은 경이로움과 열정을 갖고 자신이 가진 모든 능력을 사용하여 내면세계를 탐구하는 것을 의미하기도 합니다.

이러한 사정을 제대로 이해한다면 육체 상태에서 사후 환경과 체험을 의식적으로 충분히 경험해볼 수 있습니다. 그것은 여러분이 아는 어떤 현실보다 실감이 나죠. 그런 탐구는 사후의 삶에 대한 우울한 선입관을 완전히 바꾸어줄 것입니다. 선입관은 여러분의 진보를 가로 막기 때문에 가능한 한 버리는 것이 매우 중요한 일입니다.

일반적으로 육체의 현실에 상당히 만족한 상태라면 내면의 환경을 연구하는 데 훨씬 유리합니다. 반면에 육체적 삶을 죄악시하거나 지나치게 미화시키는 태도는 적합한 준비 자세가 아닙니다. 우울한 상태일 때는 밤에 모험을 떠나서는 안 됩니다. 왜냐하면 그때는 깨어 있건 잠들어 있건 우울한 체험을 불러들이기 쉬운 상태이기 때문이죠. 그러므로 내면의 체험으로 육체의 체험을 대체하고자 한다면 그런 날에는 탐구를 시작하지 마십시오.

지나치게 엄격하고 완고한 선악관을 갖고 있다면 다른 차원에서 의식적인 조작을 하는 데 필요한 이해력이 결여되어 있는 셈입니다. 가능한 한 정신적·심리적·영적으로 유연해야 하며, 새로운 사고에 가슴을 열고 일정한 조직이나 도그마Dogma(독단적인 신념이나 학설—옮긴이)에 지나치게 의존하지 않는 창조적인 자세를 가져야 합니다. 새로운 상황을 수용하고 공감할 줄 알아야 하죠. 동시에 삶을 직시하고 처리할 수 있도록 육체 환경에서도 충분히 외향적인 자세를 갖고 있어야 합니다. 또한 자신의 모든 자원을 활용할 필요가 있죠. 내면에 대한 연구는 수동적인 칩거나 비겁한 은둔이 아닌 능동적인 탐구와 노력이 되어야 합니다.

육체적 삶에서는 자신이 보고자 하는 것을 보게 되어 있습니다. 접할 수 있는 현실 영역에서 특정한 데이터, 즉 자신의 현실관에 따라 주의 깊게 선택된 자료를 지각합니다. 여러분은 처음부터 인식 데이터를 창조하는 셈이죠. 스스로 모든 사람이 사악하다고 믿는다면 여러분 스스로 선의 가능성에 대해 인식의 문을 완전히 닫아버려 인간의 선함을 경험하지 못하게 됩니다. 그 결과 사람들은 여러분에게 항상 최악의 측면만 보여주는 것입니다. 여러분은 다른 사람들이 자신을 싫어하도록 텔레파시를 보내며 스스로 그런 혐오감을 그들에게 투영합니다.

여러분은 자신이 기대하는 대로 체험합니다. 사후 체험과 꿈 체험, 유체 이탈 체험도 마찬가지죠. 성악설에 집착한다면 사악한 상태와 마주치게 되며, 악마를 믿는다면 그런 존재를 만날 것입니다. 이미 언급한 바와 같이 의식이 육체를 벗어나면 커다란 자유를 누리게 되고 생각과 감정은 지체 없이 현실화됩니다. 그러므로 악마를 만날 것이라 믿는다면 스스로 그런 사념체를 창조하게 되죠.

자신의 의식이 육체적 삶의 죄악에 집중되어 있다면 아직 내면의 탐구에 나설 준비가 되어 있지 않은 것입니다. 물론 그런 상태에서도 자신이 만든 악마가 아닌 다른 사람에게 속한 사념체를 만날 수는 있습니다. 하지만 처음부터 스스로 악마를 믿지 않는다면 아무 해도 받지 않고 사후 현상의 본질을 통찰할 수 있습니다.

상대가 자신의 사념체라면 그것의 의미와 관련된 문제가 무엇인지 자문해봄으로써 자기 학습의 기회로 삼을 수 있죠. 사후에도 그와 동일한 환각에 빠져 영적 전투를 겪을 수 있습니다. 물론 좀 더 깊이 이해한다면 그런 전투는 필요 없을 테지만 말이에요. 결국 여러분은 언제나 자신이 이해하는 수준에 따라 관념을 구체화시키고 문제나 딜레마를 풀게 마련입니다.

| 539번째 대화 |

사후 환경은 지금도 여러분 주변 여기저기에 존재합니다. 육체적 현상이란 사실 여러분의 내면에서 외부로 내비쳐지는 영화의 영상과 같은데, 이미지가 워낙 실감 나서 여러분은 끊임없이 이에 반응하도록 되어 있습니다.

다른 한편으로 그 현상은 훨씬 더 실체적인 현실을 은폐하는 역할을 합니다. 여러분이 물질적인 투사할 수 있는 힘과 지식은 모두 다른 현실에서 나오는 것입니다. 여러분은 자신의 선택에 따라 영화 상영을 중단하고 주의력을 그 현실로 돌릴 수도 있습니다. 그러기 위해서는 우선 그것이 존재한다는 사실을 깨달아야 하죠. 이때

금 '나는 지금 무엇을 의식하고 있는가?'라고 자신에게 질문하는 것도 좋은 방법입니다. 눈을 뜬 채 자문해본 후 눈을 감고 다시 한 번 물어보십시오. 눈을 떴을 때는 즉각적으로 인지되는 사물만이 존재한다고 생각하지 마십시오. 비어 있는 듯이 보이는 공간을 응시하고 침묵에 귀 기울이십시오.

빈공간의 소우주 속에도 무수한 분자 구조가 존재하는데 여러분은 자신에게 그것을 인지하지 말라고 가르쳐왔습니다. 침묵의 한가운데에는 다른 목소리가 있지만 여러분은 자신의 귀에게 그것을 듣지 말라고 세뇌해왔습니다. 꿈을 꿀 때는 내면의 감각을 사용하면서 깨어 있을 때는 그것을 무시해온 것이죠.

반면에 내면의 감각은 비육체적인 데이터를 지각할 준비가 되어 있습니다. 그것은 물질적 사물을 인지하면서도 3차원 현실에 투사된 이미지에 속지 않죠. 육체 감각은 내면의 감각이 연장된 것에 지나지 않습니다. 내면의 감각은 여러분이 죽거나 유체 이탈을 했을 때 의지해야 할 수단으로, 항상 각성 의식의 배후에서 작용하고 있습니다.

그러므로 내면의 환경과 상태, 감각은 여러분에게 전혀 낯선 것이 아닐뿐더러 미지의 세계에 갑자기 내동댕이쳐진 것도 아닙니다. 사실 미지의 세계는 현재도 여러분 자신의 한 부분을 이루고 있습니다. 그것은 여러분이 태어나기 전에도 여러분의 일부였고 죽은 후에도 그렇게 될 것입니다. 하지만 육체의 역사 전체에 걸쳐 이러한 상태는 여러분의 의식에서 지워졌습니다. 인류는 자신의 현실에 대해 수없이 많은 개념을 발전시켜왔으나 앞서의 진실에 대해서는 의도적으로 주의를 기울이지 않고 있죠. 여기에는 여러 가지 이유가 있는데 앞으로 그중 일부를 다루겠습니다.

여러분은 지금 이 순간에도 죽어 있습니다. 일상적인 활동을 하는 동안조차 각성 의식 깊은 곳에서는 다른 현실에 끊임없이 초점을 맞추고, 육체적 자아가 인식하지 못하는 자극에 반응하고, 내면 감각을 통해 상황을 감지하고, 육체적 두뇌에는 기록되지 않는 사건을 체험하고 있죠.

사후에는 현재 무시하고 있는 활동 차원들을 표면 의식으로 인지하게 될 것입니다. 그러나 그때 역시 육체적인 존재 상태가 완전히 사라지는 것은 아닙니다. 육체적인 기억은 계속 유지되죠. 단지 특정한 기준의 틀(가정의 틀)에서 벗어난 것일 뿐입니다. 그때는 지상에서 보낸 세월을 특정한 조건에서 과거와는 다른 방식으로 자유롭게 사용할 수 있습니다.

앞에서 말한 대로 시간은 연속적인 순간이 아니며, 사건은 외부에서 주어지는 것이 아닙니다. 그것들은 여러분이 자신의 기대와 믿음에 따라 물질화시킨 체험입니다.

퍼스낼리티의 내면세계는 그 사실을 언제나 인식하고 있습니다. 사후에는 시간과 사건으로 형성되는 물리적 형체에 더 이상 집중할 필요가 없죠. 그때는 마치 화가가 색깔을 자유자재로 구사하듯 시간과 사건을 마음대로 사용할 수 있습니다. 그래서 사후에 특정한 조건이 맞아떨어진다면 지상에서 일어난 사건들을 자신의 선택에 따라 얼마든지 다시 경험할 수 있습니다. 그 사건들을 반드시 순서대로 경험하지 않으며 자신의 뜻대로 바꾸는 일도 가능합니다. 그러니까 지상에서 보낸 세월을 상징하는 특정한 활동 차원 내에서 임의로 사건들을 조작할 수 있죠. 이때 자신의 심각한 판단 착오를 발견하면 바로잡을 수 있습니다. 이처럼 스스로 완벽을 기할 수는 있지만 역사의 흐름에 따라 자신이나 동시대인의 의식에서 비롯된 집단적 환각 현상에 참여함으로써 그 특정한 가정의 틀에 들어가는 것은 불가능합니다.

어떤 이들은 환생 전의 연구 활동으로 이러한 길을 선택합니다. 그들은 대개 완벽주의자로서 과거에 실수를 저질렀던 장면으로 되돌아가 새롭게 창조하고 바로잡아야 직성이 풀리는 사람들입니다. 그들은 방금 끝낸 전생을 캔버스로 활용하여 더 멋진 그림을 그리고자 하죠. 많은 사람들이 시도하는 이러한 활동은 결코 환각이 아니라 일종의 정신적·심령적 훈련으로 엄청난 집중력을 필요로 합니다.

여러분은 삶의 특정한 과정을 더욱 잘 이해하기 위해 그때의 장면 속에서 다시 살아보고 싶을 수 있습니다. 이런 상황은 여러분에게도 그리 낯설지 않을 것입니다. 과거와는 다른 방식으로 행동하는 자신의 모습을 상상하거나 어떤 사건으로부터 폭넓은 이해를 얻기 위해 그것을 마음속에서 재구성하는 것은 흔한 일이죠.

인생은 여러분 자신의 개인적 체험의 관점을 대표합니다. 그런데 죽음 이후에는 집단적이며 육체적인 시간의 맥락에서 관점을 이탈시켜 삶을 수많은 방식으로 경험할 수 있습니다. 사건과 사물은 절대적인 것이 아니므로 변화가 가능합니다. 사건은 생전은 물론 사후에도 변화될 수 있으며 결코 고정적이고 영구적인 것이 아닙니다. 비록 3차원 현실에서는 그렇게 보이지만 말이죠.

3차원적 존재 상태에서 인식되는 대상은 3차원보다 위대한 현실에서 투영된 것입니다. 여러분이 현재 인지하는 사건은 정상적인 각성 의식 상태 속에 나타난 활동들의 파편에 불과합니다. 나머지 부분은 꿈 상태나 잠재의식 상태에서 더욱 명백하게 밝힐 수 있습니다.

죽음이 어떤 것인지 알고 싶다면 육체의 활동 상태와 분리된 자신의 의식 상태를 알아야 하는데, 이는 지극히 활발한 상태입니다. 훈련을 해보면 각성 의식은 지극히 제한된 상태이며 죽음으로만 알았던 상태가 오히려 살아 있음에 가깝다는 사실을 깨닫게 될 것입니다.

| 540번째 대화 |

앞에서 언급한 다른 삶과 현실은 여러분의 차원과 공존하지만 각성 의식 상태에서는 지각할 수 없습니다. 꿈속에서도 다른 상황을 지각할 수는 있으나, 대개는 일반적인 꿈 내용에 편입되어 아침이 되면 거의 잊어버립니다. 마찬가지로 일상생활을 하는 동안 여러분은 유령이나 귀신이라고 불리는 존재들과 함께 살고 있습니다. 수면 중에 강력한 사념체를 만들거나 심지어 무의식적으로 유체 이탈을 했을 때 여러분 자신도 다른 이들에게 유령으로 보일 수 있죠.

수많은 종류의 인간이 있는 것처럼 수많은 종류의 유령과 요령妖靈이 있습니다. 그들은 여러분처럼 자신의 상황에 주의를 기울일 수도 그렇지 않을 수도 있습니다. 하지만 그들은 육체의 현실에 초점을 맞추지 않고 있으며, 이것이 그들과 여러분의 주요한 차이점입니다. 요령에는 근심과 걱정에 빠져 있는 퍼스낼리티들에게서 나온 사념체도 포함되죠. 그들은 대개 창조자의 본래 체험에서 나타난 것과 똑같은 강박증을 표현합니다. 반복적으로 손을 씻는 편집증적인 여인의 정신 메커니즘은 특정 유형의 요령들을 한곳으로 반복해서 불러들일 수 있습니다. 그 경우 문제가 되는 행위는 반복적인 증상을 띠는 법입니다.

그런 퍼스낼리티들은 여러 이유에서 자신의 체험을 소화하지 못하며, 예외는 있지만 요령들 역시 정신적 장애를 겪는 퍼스낼리티의 특징을 그대로 답습하죠. 이들은 퍼스낼리티의 완전한 의식을 가질 수 없습니다. 여하튼 퍼스낼리티는 동일한 곳을 편집증적으로 찾는 동안 악몽을 꾸거나 같은 꿈을 계속 꾸는 듯한 상태에 빠집니다. 퍼스낼리티 자체는 안전하고 정상이지만 그중 일부는 미처 해결하지 못한 문제를 풀면서 그런 식으로 에너지를 방출하는 것입니다.

요령 자체는 그다지 해를 끼치지 않습니다. 다만 그들의 행동에 대한 여러분의 해석이 곤란을 야기할 수 있죠. 여러분 자신도 현실의 다른 차원에서는 종종 유령처럼 보입니다. 그곳에서는 허깨비 같은 여러분의 출현이 논란을 불러일으키고 수많은 신화의 근거가 되는데, 여러분 자신은 그런 현상을 전혀 의식하지 못합니다. 경우에 따라 예외가 있지만 일반적으로 유령과 요령은 다른 존재에게 미치는 영향을 의식하지 못합니다. 여러분이 다른 세계에서 유령처럼 나타나는 사실을 스스로 의식하지 못하듯 말이죠.

형상을 창조하는 생각과 감정, 욕망은 에너지로 만들어졌고 에너지를 소유합니다. 이는 가능한 한 다양한 방식으로 자신을 나타내려고 합니다. 여러분은 그중 육체적으로 물질화된 것만 알아보지만 이미 이야기한 대로 스스로 의식하지 못하는 가운데 자신의 일부를 외부로 내보낼 수 있습니다. 하지만 아스트랄체 여행이나 자기 투사는 이와는 전혀 다른 훨씬 복잡한 문제입니다.

여러분은 자신의 세계보다 상대적으로 진보한 현실 속에서 아스트랄체 상태로 나타날 수 있습니다. 그곳에서는 혼란스런 상태를 보고 금세 여러분을 알아볼 수 있죠. 이를테면 여러분은 현실을 조작하는 방법을 알지 못할 것입니다. 단, 여러분이 육체적 상태이거나 감정과 느낌을 갖고 있다면 반드시 형상을 띠게 마련입니다. 그리고 실재성을 가집니다. 어떤 사물을 강하게 염원하면 그것은 어딘가에 나타나게 되어 있습니다.

어떤 곳에 가고 싶어 하는 마음이 강렬하다면 사람들에게 지각되든 안 되든, 스스로 의식하든 못하든 자신의 이미지를 그곳에 투사하게 됩니다. 이러한 상황은 육체 세상을 떠난 이들이나 아직 그 안에 있는 이들에게 똑같이 적용되죠.

이 모든 형체들은 부차적인 구성물로 불립니다. 대체적으로 그 안에는 퍼스낼리티의 완전한 의식이 깃들어 있지 않기 때문이죠. 그것들은 무의식적인 투사체입니다. 주요한 구성물인 경우에는 충만한 의식으로 기능하며, 때로는 자신의 또 다른 형체를 현실의 다른 차원으로 투영합니다. 하지만 이것은 복잡한 작업이 필요하므로 커뮤니케이션을 위해 이용되는 경우는 별로 없습니다.

이보다 훨씬 간편한 방법도 있습니다. 이제껏 나는 사용할 수 있는 에너지장을 이용하여 이미지를 구성하는 방법을 설명해왔습니다. 여러분은 오로지 자신의 구성물을 인지합니다. 그런데 만일 유령이 여러분과 접촉하고 싶어 한다면 텔레파시를 사용할 수 있으며, 여러분도 원하면 그에 상응하는 이미지를 구성할 수 있습니다. 또 상대방은 여러분과 텔레파시를 주고받는 동시에 사념체를 보내기도 합니다. 현재도 여러분의 방은 육안으로 보이지 않는 사념체로 가득 차 있습니다. 다시 말하지만 여러분은 지금도 죽었을 때와 마찬가지로 유령 같은 상태를 유지하고 있는데, 자신은 그 사실을 의식하지 못할 뿐입니다.

온도 변화나 공기의 움직임은 그러한 사념체의 존재를 나타내지만 여러분은 그런 현상을 상상력일 뿐이라고 무시해버립니다. 종종 사념체를 수반하는 텔레파시를 보내면서도 다른 현실들이 존재하고 있음을 나타내는 단서에는 주의를 돌리지 않죠. 삶과 죽음은 여러분의 이해력을 제한하고 본질적으로는 존재하지 않는 장애물을 쌓아

놓습니다.

죽은 친구나 가까웠던 이들은 가끔 여러분을 방문하여 3차원 현실로 자신들의 사념체를 투사하지만 여러분은 그들의 형체를 감지하지 못합니다. 여러분이 잠자면서 그들의 현실로 자신을 투사했을 때 죽었다고 할 수 없듯이 여러분의 세계를 방문하는 그들 역시 사실은 죽은 이들이 아닙니다. 하지만 사자들은 자신의 의지로 찾을 때에만 여러분을 인지할 수 있습니다. 여러분은 그들도 다양한 발전의 단계에 놓여 있다는 사실을 간혹 잊습니다. 어떤 이는 육체 세계와 밀접하게 관련되어 있지만 어떤 이는 그렇지 못하죠. 그들이 죽어 있는 기간은 그들이 유지하는 관계의 강도와 관련이 있습니다.

앞에서 언급한 바와 같이 여러분은 상대가 죽었든 살았든, 그가 지상에서는 전혀 모르는 사람이더라도 사후의 상황에 적응하도록 수면 중에 도울 수 있죠. 아침에 깨어나면 그런 일들은 거의 기억에 남아 있지 않지만 말입니다. 마찬가지로 낯선 사람이라도 죽어 있든 살아 있든 상관없이 그는 수면 중인 여러분과 교신하며 지도해줄 수 있습니다.

여러분이 의식하는 삶을 설명하는 것이 간단한 문제가 아니듯 의식에 사로잡히지 않는 삶의 복잡한 측면에 대해 이야기한다는 것은 더욱 어려운 문제입니다.

죽음 이후의 세 가지 선택

죽은 후에는 수없이 다양한 체험을 할 수 있는데 자신의 발전 정도에 따라 체험 가능 여부가 많거나 적어집니다. 예외적이거나 특별한 경우에는 다른 길로 들어설 수도 있지만 일반적인 사후의 가능성에는 세 가지 주요한 경로가 있습니다.

우선 첫 번째 경로는 환생입니다. 두 번째는 전생에 초점을 맞추어 새로운 체험의 재료로 활용하는 것입니다. 마지막으로 윤회의 삶과는 별개인 전혀 다른 가능성의 세계로 들어가는 경로가 있습니다. 이 경우에는 시간의 연속성에 대해 갖고 있는 모든 고정관념을 버려야 합니다.

어떤 퍼스낼리티들은 겉보기에 논리적인 구조를 가진 듯한 과거, 현재, 미래에 구속된 삶을 선호하여 늘 윤회를 선택합니다. 하지만 그중에는 비상하다 할 만큼 직관적인 방식으로 사건을 경험하기를 즐기는 사람도 있습니다. 이런 이들은 다음번에는 다른 가능성의 세계를 주요한 활동 영역으로 선택하기도 하죠. 육체 시스템이 마음에 들지 않아서 아예 그곳을 떠나는 이도 있습니다. 이는 일단 선택한 윤회 주기가 마무리되어야만 가능합니다. 그러므로 마지막 경로는 육체 시스템 내에서 윤회를 통해 자신의 능력을 최대한 계발한 사람만이 선택할 수 있습니다. 윤회 주기를 끝낸 퍼스낼리티라도 자신의 선택에 따라 스승으로서 다시 윤회 주기로 들어갈 수 있습니다. 그런 이들은 자신의 고차원적인 정체성을 항상 인식합니다.

앞에 소개한 세 가지 경로 가운데 하나를 미처 선택하지 못한 중간 단계가 있을 수 있습니다. 이 단계는 일종의 휴식처로서 죽은 이들의 메시지는 대부분 이 영역에서 옵니다. 또한 이 영역은 살아 있는 사람들이 수면 중에 방문하는 곳이기도 하죠.

선택이 이루어지기 전에는 일정 기간 자기 점검을 통해 자신의 모든 개인사를 통찰합니다. 이때 자기 실체의 본질을 이해하고 현재의 퍼스낼리티보다 진보한 본체의 다른 부분들로부터 조언을 얻습니다. 이를테면 자신의 다른 윤회적 자아들을 의식하고 전생부터 알아온 다른 퍼스낼리티들과의 감정적 연결이 바로 전 전생에서 맺은 인간관계를 대신하기도 합니다. 또 이 영역은 여러분의 시스템에서 나온 사람들이 모이는 장소이기도 하죠.

혼란에 빠진 사람들에게는 필요한 온갖 설명이 주어집니다. 그곳의 존재들은 자신이 죽어서 사후 세계에 있다는 사실을 깨닫지 못하는 이들에게 실상을 설명하고, 그들의 에너지와 정신을 새롭게 바꾸기 위해 할 수 있는 모든 노력을 기울입니다. 바로 이 영역에서 모종의 정신적 장애에 부딪힌 퍼스낼리티들은 육체의 환경으로 되돌아가는 꿈을 꾸게 됩니다.

말하자면 이곳은 세계들 간의 교류가 이루어지는 영역입니다. 그곳에 머무르는 기간보다는 개인적인 상태와 발전 정도가 더 중요합니다. 그곳에 머무르는 것은 잠정적이지만 나름대로 중요한 단계죠. 여러분은 꿈속에서 그곳에 가 있게 됩니다.

| 541번째 대화 |

윤회를 할 때는 단순히 다른 육체적 존재를 체험하겠다는 결정 이상의 조건이 따르며 이미 언급한 중간 단계에서 많은 문제를 고려해야 합니다. 대부분의 사람들은 윤회를 영혼이 연속적인 삶을 통해 자신을 완전하게 만들어가는 일직선상의 진보 과정이라고 생각합니다. 하지만 이는 지나치게 단순화된 개념입니다. 사실 현실적으로는 개인에 따라 끝없이 다양한 결과로 나타나죠. 윤회 과정은 수많은 방식으로 전개되는데 개개인은 휴식기에 그중 어떤 윤회 방식을 이용할지 결정합니다.

예를 들어 어떤 이들은 주어진 삶 속에서 한 가지 주요한 테마를 토대로 하여 일정한 특징을 분리시키고 그것에 대해서만 작업해나가는 길을 선택하죠. 육체적인 관점에서 보면 그런 퍼스낼리티들은 정상적으로 고루 발달되지 못하고 한쪽 면에만 치중하는 외곬로 비쳐질 수 있습니다. 어떤 삶에서는 지성이 매우 높아 마음의 힘이 최대한 발휘됩니다. 이 기간에 퍼스낼리티는 전체적으로 그런 능력을 철저히 연구하며 지성의 장단점을 신중하게 저울질하죠. 하지만 똑같은 퍼스낼리티라도 다른 인생에서는 감정적인 발전에 치중하여 지적인 능력은 의도적으로 소홀히 다룰 수 있습니다.

이처럼 육체적인 차원에서 언제나 균형 있게 발달된 상태를 나타낼 수 있는 것은 아닙니다. 때로는 앞서와 같은 방식으로 특정한 창조적 능력에 치중할 수도 있죠. 이런 삶을 일반적인 진보의 개념으로 바라보려 한다면 많은 의문이 해결되지 않은 채 남을 것입니다. 물론 그런 삶에서도 발전은 이루어지지만 이는 당사자가 선호하는 방식으로 진행됩니다.

어떤 경우에는 지적인 발전을 스스로 거부함으로써 자신이 갖추지 못한 자질의 가치와 쓰임새를 배우기도 합니다. 그러다 보면 이전에는 지성의 쓰임새를 제대로 이해하지 못했다가 그런 자질에 대한 갈망이 새롭게 생길 수 있죠. 퍼스낼리티는 선택의 시기에 이 새로운 갈망을 고려하여 다음 삶에서 자신의 계발 방식을 결정합니다. 또 어떤 이들은 보다 천천히 균형 잡힌 방식으로 성장하는 길을 선택하죠. 그들은 퍼스낼리티의 모든 측면을 고루 돌보며 다른 삶에서 알아왔던 이들을 거듭 만납니다. 그들은 급진적인 방식이 아닌 비교적 유연한 방식으로 문제를 해결해나가죠. 마치 춤추는 사람처럼 스스로 속도를 조절합니다.

휴식과 선택의 시기에는 온갖 종류의 상담이 이루어집니다. 하지만 어떤 퍼스낼리티는 여러 가지 이유에서 상담을 받지 않고 윤회합니다. 이 경우 필요한 계획이 이루어지지 않았기에 단기적으로는 불행한 결과를 초래하지만 장기적으로는 오히려 실수를 통해 커다란 교훈을 얻을 수 있습니다. 윤회의 시간표 같은 것은 없지만 환생하기 위해 300년 이상 기다리는 경우는 아주 드물죠. 그렇게 되면 적응하기가 무척 힘들고 지상과의 감정적 연결 고리도 약해지기 때문입니다.

앞으로의 삶에서 이룰 관계들 역시 정해야 하는데 이 과정에는 관련된 모든 사람 사이의 텔레파시 커뮤니케이션이 필요합니다. 이는 또한 수많은 자기 투영이 이루어지는 시기이기도 합니다. 물론 지구의 역사적 시기에 대해 이렇다 할 감정 없이 홀로 환생하는 이가 있는데, 어떤 이는 특정한 시기의 동시대인과 함께 환생하고 싶어 하죠. 그 결과 전부 그런 것은 아니지만 많은 이가 동참하는 윤회 주기의 집단적 패턴도 존재합니다.

이 밖에 가족들이 환생하며 여러 가지 관계를 형성하는 개인적인 윤회 주기가 있습니다. 윤회적 삶은 개인마다 깊이가 다르죠. 어떤 이들은 최후까지 가보는 방식을 선택합니다. 이들 퍼스낼리티는 육체적 삶에 치중하기 때문에 육체 세상에 대한 지식이 매우 광범위하죠. 이들은 모든 인종을 경험하지만 대다수 사람들이 그런 것은 아닙니다. 역사적 시기에 강한 관심을 보이는 사람도 있습니다. 이련 이들은 짧지만 매우 치열한 삶을 살기 때문에 다른 사람들보다 훨씬 다양한 삶을 경험합니다. 그들은 수많은 역사적 시기에 환생함으로써 세상을 만들어가는 데 일조하죠.

여러분은 윤회 주기에 들어가기 전부터 이미 여행자였습니다. 물론 육체 세계로 돌아오는 이들이 모두 동일한 배경을 갖고 있는 것은 아니며, 지구에서의 삶은 일종의 훈련 기간입니다. 진보에 관한 모든 고정관념을 버려야 합니다.

이를테면 선에 대한 개념은 여러분을 가장 혼돈스럽게 만들 수 있죠. 여러분은 지금 최대한 완벽하게 존재하는 법을 배우고 있으며, 어떤 면에서는 자기 자신을 창조하는 법을 배우고 있는 셈입니다. 윤회 주기를 통해 육체적 삶에서의 주된 능력에 초점을 맞추고 인간적인 자질과 특징을 계발하며 새로운 활동 차원의 문호를 여는 것이죠. 그렇다고 해서 선이 존재하지 않는다거나 여러분이 진보하지 않는다는 뜻은 아닙니다. 다만 여러분이 현재 지닌 선과 진보의 개념은 상당히 왜곡되어 있다는 뜻이죠.

특정한 방면의 뛰어난 재능은 연속적인 삶을 통해 되풀이하여 표출될 수 있습니다. 그것은 다양한 조합을 통해 완화되고 활용될 수 있지만 전체적으로는 여전히 퍼스낼리티의 독특한 개성의 가장 강력한 표시로 작용합니다. 많은 사람이 환생할 때마다 직업, 전문 분야, 관심사 등이 다른데 그중 일관되게 나타나는 사람들이 있습니다. 그런 흐름은 때때로 끊어질 수도 있지만 전반적으로는 변함이 없죠. 이를테면 거의 언제나 성직자나 교사로 활동하는 것처럼 말입니다. 가끔 어떤 퍼스낼리티들은 휴가를 받아 윤회 주기에 들어가는 대신 현실의 다른 층으로 여행을 갔다가 돌아올 수 있습니다. 선택의 시기에는 이런 저런 많은 문제가 결정됩니다. 그리고 윤회 주기를 마무리하여 육체 세계를 완전히 떠나는 사람들에게는 더욱 많은 선택권이 주어지죠.

가능성의 영역으로 들어가는 것은 윤회 주기에 들어가는 것에 비유될 수 있습니다. 일단 그 영역에 들어서면 전혀 다른 종류의 현실에 의식이 집중되면서 이제껏 거의 자각하지 못했던 다차원적 퍼스낼리티의 능력을 사용하게 됩니다. 그 세계에서의 심리 체험은 현재 여러분이 알고 있는 것과 큰 차이가 있지만 여러분의 심령 속에 힌트가 들어 있습니다.

그곳에서는 시간 구조로부터 완전히 독립하여 지금까지와는 전혀 다른 방식으로 체험을 분류하는 법을 배워야 합니다. 지적 능력과 직관 능력을 구분할 수 없을 정도로 원활하게 발휘됩니다. 예전에 윤회적 삶을 결정했던 자아가 가능성의 세계를 선택하는 것이기는 하지만 일단 가능성의 시스템에 들어서는 퍼스낼리티는 윤회 주기에 있는 퍼스낼리티와는 상당히 다른 구조를 갖습니다.

현재 여러분에게 익숙한 퍼스낼리티 구조는 가능한 수많은 의식 형태 가운데 한 가지에 불과하죠. 그러므로 가능성의 세계는 윤회의 세계만큼이나 복잡하기 그지없습니다. 나는 모든 행위가 동시에 이루어지고 있다고 말해왔습니다. 다시 말해 현재도 여러분은 두 세계에 동시에 존재하고 있는 셈이죠. 하지만 나는 그에 따른 결정들을 설명하며 개개의 사건들을 구분하기 위해 약간 단순화해서 설명하겠습니다.

이렇게 생각해보십시오. 전체적인 자아의 일부분은 윤회 주기에 초점을 맞추고 그곳에서의 발전을 담당하지만, 또 다른 부분은 가능성의 현실에 초점을 맞추고 그곳에서의 발전을 담당한다고 말입니다. 물론 윤회 주기가 전혀 없는 가능성의 세계도 있으며, 반대로 가능성의 세계가 전혀 존재하지 않는 윤회 주기도 존재합니다. 어쨌든 퍼스낼리티의 개방성과 유연성이 매우 중요합니다. 다른 삶으로 통하는 문이 열려 있어도 퍼스낼리티가 그것을 보지 않으려 할 수 있기 때문입니다.

다른 한편 온갖 가능한 삶이 언제나 개방되어 있기 때문에 의식은 다른 존재 상태로 통하는 문이 전혀 없는 상황에서조차 그런 통로를 만들어낼 수 있습니다. 선택과 결정의 시기에는 갖가지 대안을 지적해주고 삶의 본질을 설명해줄 안내자와 스승이 나타나게 마련입니다. 하지만 모든 퍼스낼리티들이 동일한 수준으로 발전하고 있는 것은 아니므로 낮은 단계에도 수준 높은 스승이나 안내자가 있게 마련이죠.

선택과 휴식의 시기는 혼란이 아닌 위대한 깨달음과 도전의 시기이기도 합니다. 나중에 다룰 신관神觀에 관한 내용은 이번 장에서 미처 설명하지 못한 부분들을 이해하는 데 도움이 될 것입니다.

바로 전 전생에서 겪은 사건들을 재조합하는 길을, 즉 새로운 방식으로 시도하는 길을 선택한 사람도 나름대로 교훈을 얻어야 합니다. 그러나 이런 경우에는 대개 경직성이 완벽주의적 특징과 결합되어 심각한 문제를 일으킵니다.

지구에서의 삶을 다시 경험하는 것은 가능하지만 그것이 반드시 연속적으로 이루어지지는 않습니다. 다시 말해 개인은 사건을 취사선택하여 공부에 이용할 수 있는 거죠. 배우가 자신이 나오는 영화를 되풀이해 보며 연구하듯이 퍼스낼리티는 예전 장면을 되풀이하여 체험하되 다만 자신의 접근 방식이나 결말을 임의로 바꿀 수 있습니다. 이때 몇몇 동시대 사람들이 그 작업에 참여하지 않는 한 상대역으로는 모두 사념체들이 나오게 됩니다.

퍼스낼리티는 완벽한 자유를 갖고 사건들을 의도적으로 조작하며 다양한 결과를 연구할 수 있는데 이 과정에는 철저한 집중이 요구됩니다.

우선 함께 연기에 참여하는 상대역들의 본질에 대한 설명을 듣습니다. 상대역은 자신이 만든 사념체지만 나름대로 실재성과 의식을 지니고 있음을 깨닫게 됩니다. 마음대로 괴롭힐 수 있는 종이 인형이 아니라는 뜻이죠. 그러므로 퍼스낼리티는 그들에 대해 분명한 책임을 지고 반응을 잘 살펴보아야 합니다

상대역들도 의식이 성장하며 다른 차원에서는 나름대로 발전을 지속하게 되어 있습니다. 그렇다고 해서 우리가 행동이나 개인성, 목적에 대해 주도권을 쥐고 있지 못하다는 말은 아닙니다. 여러분은 내면에서 생겨나 외면에서 살고 있음을 기억하십시오. 어쩌면 이 말이 여러분에게 더욱 의미 있을 것입니다.

선택의 시기에는 이 모든 사항을 고려하여 적당한 준비가 이루어지는데 계획을 세우는 것 자체가 체험과 발전의 일부분입니다. 그러므로 그런 잠정적 삶 역시 선택된 삶만큼이나 중요하다고 볼 수 있습니다. 그 시기에는 자신의 존재 상태를 계획할 뿐만 아니라 그런 상태로만 거듭 만날 수 있는 이들과 사귀어 친구가 되기도 합니다.

여러분은 그들과 함께 윤회 주기 내에서의 체험을 의논할 수 있습니다. 마치 오래된 친구와 같죠. 이를테면 스승들도 나름대로 주기 안에 들어서 있습니다. 보다 진보한 그들은 윤회와 가능성의 세계를 이미 경험해보고 그들 스스로 자신들의 미래를 결정할 수 있습니다. 그러나 그들의 선택은 여러분의 선택과는 다릅니다. 다른 장에서 그들에게 가능한 다른 존재 영역에 대해 언급할 예정이므로 이번 장에서는 이 정도로 끝내기로 하죠.

| 546번째 대화 |

선택의 시기는 전환기에 처한 개인의 상태와 환경에 따라 달라집니다. 어떤 이는 참다운 상황을 깨닫는 데 좀 더 시간이 걸리죠. 또 어떤 퍼스낼리티는 장애가 되는 수많은 관념과 상징을 버려야만 합니다. 선택은 즉시 이루어질 수도 있고 오랫동안 유보한 채 훈련 과정이 계속 진행될 수도 있습니다.

선택을 가로막는 장애물은 개개인이 품고 있는 잘못된 고정관념입니다. 어떤 상태에서는 천국이나 지옥에 대한 믿음이 그와 같은 불이익을 초래할 수 있죠. 어떤 이들은 일, 발전, 도전에 대한 관념을 거부한 채 기존의 천국과 같은 상태만이 유일한 가능성이라고 믿을 수 있습니다. 그들은 당분간 그런 환경 속에 살 수도 있겠죠. 존재 자체가 발전을 필요로 하며 천국은 유익하고 진절머리가 날 만큼 지겹다는 사실을 체험을 통해 배울 때까지 말입니다. 그들은 그 후에야 선택할 준비를 할 것입니다. 또 다른 이들은 자신의 죄악으로 인해 지옥에 떨어질 것이라고 주장하는데, 그러면 그 믿음의 힘으로 인해 실제로 얼마 동안 그런 상태를 경험합니다. 어떤 경우든 스승은 있게 마련이며 그는 여러분의 잘못된 믿음을 뜯어고치기 위해 애씁니다.

지옥의 상태에 있는 사람들은 좀 더 빨리 제정신을 차립니다. 그들의 두려움 자체가 내면에서 해답을 이끌어내는 것이죠. 다시 말해 그들의 절실한 필요성은 앎에 대한 내면의 문이 좀 더 빨리 열리게 만듭니다. 그래서 대부분의 경우 천국의 상태보다는 지옥의 상태가 더 빨리 끝나죠. 하지만 어떤 상태이든 선택이 유보되기는 마찬가지입니다. 여기에서 한 가지 지적하고자 하는 점은 어떤 경우든 개개인은 스스로 체험을 창조한다는 사실입니다. 이 점을 누누이 강조하는 까닭은 이 원리야말로 모든 의식과 존재의 근본적인 사실이기 때문입니다. 누구나 반드시 거쳐야 하는 사후의 특별한 장소나 상황, 상태란 존재하지 않습니다. 예를 들어 자살자라도 특정한 징벌을 받아야 하는 것은 아니며 그의 상태가 특별히 더 나쁜 것도 아닙니다. 그 역시 정상적으로 대우받게 되어 있죠. 물론 현생에서 다루지 못한 문제를 다른 생애에서 다시 직면하겠지만 이는 자살자에게만 국한되는 상황은 아닙니다.

자살이란 본인 스스로 선택한 특정한 조건에서의 삶을 거부했기 때문에 발생한 것일 수 있죠. 이런 경우에 당연히 그는 다른 방식으로라도 공부를 해나가야 합니다. 하지만 그 외에도 많은 사람이 육체적으로는 살아 있으면서 자살만큼이나 효과적으로 체험을 거부하는 길을 선택하고 있습니다.

자살과 관련된 조건, 즉 당사자의 내면 사실과 깨달음 역시 매우 중요합니다. 내가 이렇게 말하는 까닭은 수많은 종교와 철학에서 자살에는 징벌이 뒤따른다고 가르치고 있기 때문입니다. 물론 자살자가 그 행위를 통해 자신의 의식을 영원히 소멸시킬 수 있다고 믿었다면 죄책감이 관념의 오류를 심화시키면서 진보를 방해합니다.

이런 경우에도 스승들이 자살자에게 참다운 상황을 설명해주는데, 이를 위해 다양한 요법이 동원됩니다. 가령 퍼스낼리티는 자살하기로 결심하기 전의 상황으로 되돌아갈 수 있습니다. 그러면 그는 자신의 결정을 뒤바꿀 기회를 얻는 거죠. 또한 기억 상실 효과를 유도함으로써 자살 자체를 잊게 만듭니다. 나중에 당사자가 자신의 자살 행위를 직시하고 이해할 수 있을 때에만 그 사실을 알려 주죠.

하지만 자살이 다른 여러 가지 조건과 마찬가지로 선택을 내리는 데 지장을 준다는 것은 부정할 수 없는 분명한 사실입니다. 그런 조건 중에는 지구상의 관심사에 지나치게 집착하는 자세도 포함되어 있죠. 이런 퍼스낼리티들은 대개 육체적 삶에 자신의 감각 능력과 에너지를 몽땅 쏟아부으려고 합니다. 이들은 좀처럼 죽음을 받아들이지 않습니다. 그들도 자신이 죽었다는 사실을 잘 알지만 심령적인 분리 과정 자체를 거부하는 셈입니다.

경우에 따라서 자신이 죽었다는 사실을 깨닫지 못하는 사람들도 있습니다. 그들은 죽음을 받아들이지 않는 것이 아니라 단지 그것을 지각하지 못하는 것이죠. 그런 퍼스낼리티는 지구상의 일에 편집증적으로 집착하여 자신의 집이나 주변 환경을 방황하게 되며 자연히 선택의 시기도 미루어집니다.

그러므로 전환기의 과정은 육체적 삶의 과정만큼이나 지극히 가변적입니다. 앞에서 언급한 장애물은 사후뿐만 아니라 현재 육체적 삶에서의 진보마저 가로막습니다. 이것은 반드시 진지하게 고려해야 할 문제죠. 성적 특징에 대한 지나친 동일시 역시 장애물 가운데 하나입니다. 자신을 남성이나 여성과 지나치게 동일시하는 퍼스낼리티는 윤회 주기 내에서의 성적 전환을 거부하게 마련입니다. 이러한 편향적인 성적 동일시는 육체적 삶에서의 진보까지 방해합니다.

앞의 문제들은 일반적으로 장애물로 작용하지만 예외는 있습니다. 편집증적인 성향이 없는 천국에 대한 단순한 믿음은 유익한 틀로 활용될 수 있죠. 개인에게 새로운 개념을 쉽사리 이해시킬 교육 작전의 토대로서 말입니다. 심지어 심판에 대한 믿음도 수많은 경우에 유익한 가정의 틀로 활용될 수 있습니다. 왜냐하면 소위 천벌은 없겠지만 그러한 믿음은 영적 자기 점검과 평가를 준비하게 해주기 때문이죠.

현실이란 스스로 창조해가는 것이라는 사실을 제대로 이해하는 사람은 전환기 과정을 쉽게 통과할 수 있습니다. 꿈의 구조를 이해하고 그 속에서 기능하는 법을 터득한 사람도 매우 유리한 입장에 놓이죠. 한편 악마에 대한 믿음은 육체적 삶에서와 마찬가지로 사후에도 당사자에게 불리하게 작용합니다. 그 밖에 대립적인 관념 역시 바람직하지 못하죠. 이를테면 선과 악이 균형을 이루어야 한다고 믿는다면 지극히 제한된 현실 체계 속에 자신을 구속시키며 엄청난 고통을 자초하게 됩니다.

그런 시스템 속에서는 그에 상응하는 악이 따라올 것이라 믿어지기 때문에 설령 선이 있다 하더라도 미덥지 못하기는 마찬가지입니다. 신 대 사탄, 천사 대 악마 등 모든 왜곡된 관념은 커다란 장애물입니다. 그런데도 여러분은 극단적인 대조를 통해 현실 체계 내에 상반된 요소를 대치시켜놓고 있죠. 이러한 심리적 기제는 모두 현실 체계의 근원적 가정이 되고 있습니다.

이는 매우 추상적인 관념으로 대부분 지적 능력을 잘못 사용한 결과입니다. 지성 자체만으로는 직관이 확실하게 아는 것을 제대로 이해할 수 없습니다. 그리하여 지성은 그런 내용을 육체적인 삶의 관점에서 이해하기 위해 대립적인 요소를 설정해놓은 것이죠. 지성은 '선이 있다면 악도 반드시 있다'라고 말합니다. 깔끔하게 포장된 설명을 듣고 싶어 하기 때문입니다.

지성의 관점에서는 올라감이 있으면 내려감이 있어야 합니다. 균형이 잡혀야 한다는 것이죠. 그러나 내면의 자아는 악이란 단순히 무지이며, 올라감과 내려감은 방향 감각이 전혀 적용될 수 없는 공간에 적용된 깔끔한 표현에 불과함을 잘 알고 있습니다.

대립적인 힘에 대한 강한 믿음은 당사자에게 아주 불리한 영향을 미칩니다. 왜냐하면 그것은 진정한 사실, 즉 내면의 통일과 합일, 상호 연결성과 공조에 관해 직시하지 못하게 만들기 때문이죠. 그러므로 대립적인 요소에 관한 편집증적인 믿음은 사후뿐만 아니라 어떤 삶 속에서도 바람직하지 못합니다.

육체적인 삶 속에서 대립적인 요소가 조화를 이루며 결합하는 것을 전혀 경험해보지 못하는 사람이 있습니다. 이런 사람은 사후 전환기에 수많은 단계를 거쳐야 하며 육체적으로도 많은 삶을 살아야 하죠.

여러분은 개인적이면서도 집단적으로 육체적 삶을 이루어가듯이 선택의 시기 이후에는 공동의 체험을 결정한 다른 이들과 합류하게 됩니다. 그래서 개개인은 지상에 태어날 준비를 하면서 공조적인 모험을 시작하죠. 물론 공조의 형태는 선택된 삶의 유형에 따라 달라지지만 일반적인 패턴도 있습니다. 각자의 현실은 다르지만 전체적으로 분류해볼 수는 있으니까요.

악이 배제된 선에 대한 믿음은 여러분에게는 지극히 비현실적으로 들릴 것입니다. 하지만 그러한 믿음은 육체적 삶 동안이나 사후에 들 수 있는 최상의 보험 상품입니다. 그것은 여러분의 지성을 화나게 만들 것이며 육체의 감각 기관은 사실이 아니라고 고함을 지르겠죠. 악이 배제된 선에 대한 믿음은 지극히 현실적인 것입니다. 왜냐하면 육체적인 삶 속에서 그 믿음은 육체를 더욱 건강하게 만들고 두려움과 정신적 장애를 해소시키며 잠재된 능력을 더욱 잘 이끌어낼 수 있는 정신적 안정과 자연스러움을 가져다주기 때문입니다. 게다가 사후에는 악마와 지옥, 징벌에 대한 믿음에서 비롯된 온갖 어려움을 피할 수 있습니다. 그리고 사후 현실의 본질을 훨씬 더 깊이 이해할 수 있습니다.

물론 나는 이러한 개념이 여러분의 지성을 화나게 만들며 감각 기관으로부터 인정받지 못하리라는 점을 충분히 이해합니다. 그러나 여러분도 알다시피 육체 감각이 전해주는 정보 중에는 사실과 다른 것이 많습니다. 감각 기관은 여러분의 믿음에 따라 창조된 현실만을 지각할 뿐이죠. 악을 믿는다면 실제로 그런 것을 인지하게 될 것입니다. 세상은 여러분을 해방시킬 실험을 아직도 하지 않고 있습니다. 조직화된 기독교는 앞에서의 진리가 왜곡된 결과에 불과하죠. 나는 기독교의 원래 가르침을 이야기하는 것이 아닙니다. 원래의 가르침은 세상에 소개조차 되지 않았습니다.

세상을 변화시킬 실험이란, 현실이 자신의 믿음에 따라 창조되고 모든 삶은 축복받은 것이며 악은 존재하지 않는다는 기본적인 사상에 따라 사는 것을 의미합니다. 개인적으로나 집단적으로 이러한 사상에 충실히 따른다면 육체 감각이 내놓는 증거도 전혀 모순되지 않을 것입니다. 여러분의 감각은 세상과 삶을 선하게만 인식한다는 이야기죠.

이는 여태까지 한 번도 시도되지 않은 실험이지만 사후에는 꼭 배워야 하는 진실입니다. 이러한 진실을 이해하는 사자 가운데 어떤 이는 사후에 육체적 삶으로 되돌아가 그것을 설명해주는 길을 선택합니다. 지구에서는 예부터 이러한 일이 있어 왔고 육체의 현실에서 비롯된 가능성의 세계에서도 사정은 마찬가지입니다.

하지만 여러분의 세계와는 무관하며 상상할 수 있는 어떤 세계보다 진보한 다른 가능성의 세계에서는 내가 언급한 진실이 제대로 이해되고 있습니다. 그곳 사람들은 의식의 창조력을 능숙하게 통제하면서 창의적이고 의도적으로 현실을 창조합니다.

나는 여러분의 세계와는 아무 관계가 없는 사후의 상태들도 많이 있음을 알리기 위해서 이런 말을 하는 것입니다. 사후의 중간 단계에서 능력껏 배우고 터득했다면 진보할 준비가 된 것이죠. 하지만 이런 중간 단계에는 여러분이 미처 알 수 없는 수많은 활동 차원과 체험 영역이 존재합니다. 그 누구도 지구상에 존재하는 사람들을 모두 다 알 수 없듯이 말이죠.

또한 여러분은 각기 다른 심리 상태를 갖고 있습니다. 심리 상태가 다르면 자연히 낯설게 보이는 법입니다. 그래서 채널러를 통해 전해지는 사후 과도기 상태에 있는 사자들의 교신 내용도 아주 모순되게 보일 수 있습니다. 죽은 이들의 심리 체험이 같을 수 없기 때문입니다. 사람마다 조건과 상황이 다릅니다. 그러므로 누구든 자신이 체험했고 아는 것만을 설명하죠. 그런 교신문은 간단하고 깔끔한 답변과 일관된 설명을 요구하는 지성에게는 얼토당토않게 보일 것입니다. 게다가 사후에 살아 있는 친지들과 교신하는 대다수의 퍼스낼리티들은 아직 훈련 중이어서 선택의 시기에도 이르지 못한 이들입니다.

그들은 여전히 해묵은 믿음으로 현실을 지각할 수 있죠. 특히 바로 전 전생에서 만난 이들과 강한 유대감이 남아 있을 때, 대화의 내용도 이러한 수준에서 나오게 됩니다. 하지만 이러한 수준의 메시지도 나름대로 유익하며, 교신자들은 사후에도 삶이 지속된다는 사실을 살아 있는 사람들이 이해할 수 있는 방식으로 전할 수 있습니다.

그들이 살아 있는 사람과 이야기가 잘 통하는 이유는 그들의 믿음이 아직 바뀌지 않았기 때문입니다. 운이 좋으면 그들은 새로운 진실을 배우면서 새로운 지식을 전해줄 수 있습니다. 하지만 그들의 관심사는 점차 바뀌어갑니다. 그들도 마침내 새로운 삶 속에서 자리를 잡고 관계를 맺게 되는 거죠. 그러므로 선택의 시기가 닥쳤을 때, 퍼스낼리티는 이미 다른 존재가 되어 떠날 준비를 마치게 됩니다. 여러분의 시간관념에서 보면 이런 삶과 삶 사이의 중간 시기는 길게는 몇 세기 동안 이어질 수 있고 짧게는 몇 년 만에 끝날 수 있습니다. 하지만 여기에도 예외는 있죠. 때로는 단 몇 시간 만에 새로운 육체적 삶으로 들어가는 퍼스낼리티도 있으니까요. 이것은 대개 육체적 삶으로 되돌아가고자 하는 편집증적인 욕망에서 비롯되며 늘 불행한 결과를 낳습니다.

경우에 따라서는 중요하고 위대한 프로젝트를 완수하기 위해 예전의 육체를 돌보지 않거나 내버린 후, 곧바로 새로운 몸으로 환생

하는 이들도 있습니다

| 547번째 대화 |

이전의 설명에 덧붙이고 싶은 몇 가지 사항이 있습니다. 환생 주기가 마무리되면 선택 과정은 좀 더 복잡해집니다.

무엇보다도 먼저 현재의 여러분은 자신의 참된 정체성을 깨닫지 못하고 있다는 사실을 이해해야만 합니다. 진정한 정체성 대신 에고와 자신을 동일시해 사후의 삶과 관련해서도 에고의 미래를 생각합니다. 그러나 윤회 주기가 끝날 무렵에는 근본적인 주체, 즉 존재의 핵심은 윤회적 퍼스낼리티들을 모두 합친 것 이상의 '그 무엇'임을 철저히 이해하게 됩니다.

퍼스낼리티는 자아의 영역에 불과하며 그들 간에 경쟁이란 있을 수 없습니다. 실제로 구분되는 것도 아닙니다. 다만 여러분이 다양한 배역을 연기하고 다양한 능력을 계발하며 새로운 방식으로 창조하는 법을 터득하면서 그렇게 구분되는 것처럼 보일 뿐입니다. 윤회적 자아들은 계속 자신의 발전을 도모하지만 동시에 주요한 정체성이 따로 있음을 이해합니다. 그러므로 주기가 끝나갈 무렵에는 자신의 전생에 대해 완벽한 지식을 갖게 되고, 그 정보나 체험, 능력 등을 자유자재로 이용할 수 있죠.

바로 자신의 다차원적 현실을 깨달았기 때문입니다. 내가 종종 쓰는 '다차원적'이라는 말은 직설적인 의미를 담고 있습니다. 왜냐하면 여러분의 현실은 윤회적 삶뿐만 아니라 가능한 삶을 통해서도 실재하고 있기 때문입니다.

선택의 시기가 다가오면 윤회를 끝낸 이들은 아직 그렇지 못한 이들에 비해 매우 다양한 선택권을 부여받습니다. 스승으로서의 성향이나 능력이 있다면 계속 가르치는 기회를 가질 수 있죠. 하지만 다차원적인 가르침은 현재 여러분이 알고 있는 가르침과는 전혀 다른 것이며 혹독한 훈련을 요구합니다.

스승은 본체의 다양한 부분을 동시에 가르칠 수 있어야 합니다. 이를테면 특정한 본체가 아틀란티스의 시대, 기원전 3세기, 기원후 3세기, 기원후 14세기 등에 환생했다면 스승은 그 다양한 퍼스낼리티들과 동시에 접촉하며 각 퍼스낼리티가 이해할 수 있는 방식으로 교신해야 합니다. 그러한 교신을 수행하기 위해서는 각 시대의 근본적인 가정과 당대의 철학적이며 과학적인 사조를 꿰뚫고 있어야 하죠.

또한 본체는 여러 가지 가능성의 세계를 탐구하고 있을 것이기에 그런 시스템 속에 있는 퍼스낼리티들과 동시에 접촉할 수 있어야 합니다. 따라서 교육자이자 교신자로서의 경력을 쌓기 위해서는 엄청난 지식과 훈련이 요구되고 이런 학습 과정은 스승 자신의 발전과 능력에도 보탬이 되죠. 교육 과목 중에는 에너지의 미묘한 조작과 끊임없는 차원 이동이 들어갑니다. 일단 선택을 하면 다른 전문가의 지도로 곧바로 훈련을 시작합니다. 그러한 직업은 전에는 알지 못했던 다른 현실 영역으로 인도해주기도 하죠.

윤회를 끝낸 무리 중에는 자신의 본성에 따라 창조자로서의 경력을 쌓아가는 기나긴 여정을 시작하는 이들이 있죠. 차원은 전혀 다르지만 이 일은 육체 세계의 창조적 분야에서 일하는 천재들의 활동과 비교할 수 있습니다. 다만 창조자들은 물감, 단어, 음표 대신 실제적인 차원들을 갖고 실험하면서 가능한 한 많은 유형의 지식을 나누어줍니다. 그들은 마치 화가가 물감을 사용하듯 시간을 사용하죠. 이른바 공간이라는 것도 전혀 다른 방식으로 조합됩니다.

그들은 시간을 이용하여 예술 작품을 창조하죠. 거기에는 시간과 공간이 뒤섞일 수 있습니다. 그들 중 초보자는 각 시대의 아름다움, 자연적인 아름다움, 그림과 건물 등을 학습 수단으로 재창조합니다. 그들이 주로 하는 일은 가능한 한 많은 현실 차원에 인상을 남기는 아름다움을 창조하는 것입니다.

여러분의 세계에서 한 가지 형태로 인식되는 아름다움이라도 다른 가능한 현실에서는 전혀 다른 방식으로, 즉 다차원적인 예술품으로 인식될 수 있습니다. 그 아름다움은 수많은 현실 속에 동시적으로 나타날 만큼 자유롭고 근원적인 것입니다.

작품을 말로 설명하기는 불가능하며 그 개념은 언어로 설명할 수 있는 것이 아닙니다. 하지만 창조자들은 접촉이 가능한 모든 차원의 사람들에게 영감을 불어넣는 일도 하고 있습니다. 말하자면 여러분 세계의 사람들이 얻는 영감은 대개 창조자들의 작품입니다. 그런 예술품은 대개 현실의 본질을 상징적으로 나타내며 인지하는 사람들의 능력에 따라 다양한 방식으로 해석됩니다.

여러분의 관점에서 보면 그것은 실제 드라마일 수 있으며 현실 세계와는 별개로 존재하면서 수많은 이에게 부분적으로 인지되는 심령적 구조물입니다. 그중 어떤 것은 아스트랄체에 존재하기도 하는데 여러분은 수면 중의 여행을 통해 인지합니다. 또 다른 작품은 졸린 듯하면서 어느 정도 깨어 있는 상태나 트랜스 상태에서 단편적으로 혹은 잠시 감상할 수 있습니다. 다양한 종류의 다차원적 예술 작품이기에 창조자가 작업을 하는 수많은 차원과 관련되어 있죠. 그리스도에 대한 이야기 역시 그런 창조물 중 하나입니다.

이 밖에 윤회를 끝낸 무리 중에는 치료자가 되는 길을 선택한 이들도 있는데, 여기에는 여러분이 익히 알고 있는 것보다 훨씬 심오하고 폭넓은 치유 작업이 관련되어 있습니다. 치료자는 체험의 모든 단계를 처리하면서 그와 관련된 각 퍼스낼리티를 직접 도울 수 있어야 합니다. 이 작업에는 윤회적 패턴과 다양화의 조작 과정이 필요합니다. 치료자는 갖가지 어려움을 가진 윤회적 자아를 상대로 작업을 시작합니다.

치료자는 심령적·영적인 치유 작업을 통해 여러분의 세계뿐만 아니라 다른 세계에 속한 퍼스낼리티를 도와줄 수 있죠. 그리고 많은 훈련을 쌓은 치료자는 수많은 퍼스낼리티에게 만연한 영적 질병을 치료합니다. 그중에는 교사, 창조자, 치유자의 자질을 고루 겸비한 이들도 있습니다.

이 밖에 윤회를 끝낸 이들은 각자 자신의 성향에 맞는 특정한 발전 경로를 선택합니다. 하지만 이번 장에서는 의식의 지속적인 존재나 발전의 목적을 구체적으로 논하고 싶지는 않습니다. 나는 단지 무수한 진보의 가능성이 존재하며 퍼스낼리티는 완벽한 자유를 누린다는 사실을 강조하고자 합니다.

의식은 자연스런 단계에 따라 이러한 발전을 이룹니다. 그 무엇도 억지로 이루어지지 않습니다. 모든 발전의 가능성은 현재 여러분의 퍼스낼리티 속에 이미 갖추어져 있죠. 마치 어른의 가능성이 아이에게 잠재되어 있듯이 말입니다. 만일 여러분이 천국이나 영원한 휴식과 관련한 단순한 이야기에 익숙하다면 사후 현실에 대한 설명이 골치 아프게 들릴 수 있을테죠. 불행히도 말로는 모든 사실을 제대로 표현하기가 힘듭니다. 하지만 여러분 개개인은 스스로 직관을 발휘하여 내면의 지식을 얻을 수 있는 능력을 타고났습니다.

이 책에 담긴 글은 바로 그런 직관력을 일깨우는 데 목적이 있죠. 이 글을 읽는 동안 꿈을 통해 추가로 정보를 얻을 수도 있습니다. 그리고 거기에 주의를 기울인다면 잠에서 깨어났을 때 정보가 마음에 남아 있을 것입니다. 삶은 천국의 이야기처럼 단순한 결말로 끝나지 않습니다. 여러분은 자신의 현실을 이해하고 지속적으로 능력을 발전시키며 '존재하는 모든 것'의 일부분인 자기 존재의 본질을 더 깊이 느낄 자유를 갖고 있습니다.

12

다음 생은 어떻게 만들어지는가

| 550번째 대화 |

여러분은 윤회의 삶을 통해 자신의 의식, 사상, 지각 능력, 가치관을 확장해왔습니다. 이를테면 스스로 선택해온 제약에서 벗어나는 중이죠. 자신을 한정짓는 온갖 개념과 도그마로부터 벗어나는 방법을 배우면서 영적으로 성숙해지고 있는 것입니다.

배우는 속도는 전적으로 여러분 자신에게 달려 있습니다. 편협하고 독단적이며 경직된 선악관은 여러분의 발목을 잡을 수 있죠. 스스로 영적이며 심령적으로 유연해지는 길을 선택하지 않으면 존재에 대한 편협한 관념이 여러 생애에 걸쳐 여러분을 따라다닐 수 있습니다. 이런 경직된 사고는 마치 강아지를 일정한 반경 내에서만 움직이게 만드는 목줄처럼 여러분을 구속합니다. 이 경우에 여러분은 자신의 선악관과 싸움을 벌이고 혼란과 의심, 걱정 속에서 제자리를 맴돌며 수많은 생애를 보내게 되죠.

또한 그와 같은 관심사를 가진 이들을 주변으로 끌어들이게 마련이어서 친구와 지인들도 똑같은 문제를 가진 사람들뿐입니다. 다시 말하지만 현재 여러분의 선악관은 매우 왜곡되어 있으며 그로 인해 현실을 제대로 이해하지 못하고 있습니다. 많은 사람이 특별한 이유 없이 스스로 죄책감을 느끼고 자신을 구속하죠. 악을 미워하는 사람이 사실상 또 다른 악을 창조하고 있기 때문에 여러분 주위에는 악이 넘쳐나는 듯 보일 것입니다.

현재 여러분의 기준에서 보면 모든 사건의 창조적인 작용을 인지하고 자신의 본성에 깃들어 있는 창조성을 신뢰하기란 무척 어렵습니다. 여러분의 시스템에서 살인은 분명 도덕적인 범죄이지만 형벌상의 살인은 죄의 대가를 치르게 하는 방식으로 여겨질 뿐이죠.

교회와 문명을 만든 것으로 유명한 어떤 이는 "원수에게 반대편 빰도 돌려 대라."라고 말했습니다. 그러나 이 말의 원래 의미를 올바르게 이해해야 합니다. 다른 빰을 돌려야 하는 이유는 기본적으로 공격자가 실제로는 자신을 공격하고 있다는 것을 깨달아야 하기 때문입니다. 그렇다면 여러분은 자유로워지며, 반응은 긍정적일 것입니다. 하지만 이러한 이해 없이 다른 편 빰을 돌려 댄다면, 그리고 억울함을 느낀다면 결코 적절하지 않습니다.

이 모든 이치는 윤회적 삶에서 겪는 온갖 관계에, 심지어 현재 여러분의 일상적인 체험에 어김없이 적용되죠. 누군가를 미워한다면, 그래서 그 미움의 불길이 여러분 자신을 소진하도록 내버려둔다면 수많은 생애에 걸쳐 미움의 대상에게 여러분을 구속하는 셈입니다.

여러분은 여러분의 주의력이 쏠리는 대상을 자신에게 끌어들입니다. 그래서 스스로 부당한 대우를 받아 왔다고 여긴다면 계속 그런 체험을 끌어들임으로써 다음번 삶도 그런 식으로 만들어갑니다. 다행히 우리는 삶과 삶 사이에 자신을 되돌아보고 관조하며 이해할 수 있는 시간을 갖습니다.

그러나 살아 있을 때 그렇게 하지 못한 사람들은 죽은 후에도 그런 기회를 잘 이용하지 못합니다. 의식은 확장되고 창조하기 위해 내면으로 주의를 돌리게 되어 있습니다. 자신의 의지 외에 외부의 힘으로 억지로 그런 문제를 이해하거나 직시할 수는 없는 일이죠. 그러므로 '이번 생애가 끝나면 모든 체험을 되돌아보고 내 길을 고쳐 나갈 것이다'라고 말하는 것은 아무 소용이 없습니다. 마치 젊은이가 '내가 늙어서 은퇴하면 현재 계발하지 않은 능력을 사용할 것이다'라고 말하는 것과 같죠.

여러분은 지금 다음 생애를 위한 무대를 만들고 있습니다. 오늘 품은 생각은 이런저런 방식으로 다음 생애의 일부분이 될 것입니다. 여러분을 한순간에 지혜롭게 만들고 통찰력과 자비심으로 가득 채우며 의식을 확장해줄 마법의 주문은 존재하지 않습니다. 그것은 자신의 일상적인 생각과 체험 속에 들어 있죠. 현재의 성공이나 능력은 과거의 경험을 통해 일구어온 결과이며, 당연히 여러분의 것입니다. 스스로 노력하여 만들어 낸 것입니다. 친지, 친구, 지인, 동업자들을 살펴보면 자신이 어떤 사람인지 알 수 있습니다. 유유상종의 법칙에 따라 스스로 그들을 자신에게 끌어들였기 때문이죠.

한 달 동안 매일 5분씩 여러 차례 자신의 생각을 점검해보면 자신이 다음 생애를 어떻게 만들어가고 있는지 감이 잡힐 것입니다. 자신이 발견한 것에 만족할 수 없다면 지금 당장 생각과 감정을 변화시켜야겠죠. 여러분은 충분히 그렇게 할 수 있습니다. 이전에 알았던 사람을 반드시 만나야 한다는 법칙은 없지만 대개는 그렇게 되기 쉽죠.

현재의 가족에 태어난 데에는 여러 가지 이유가 있을 수 있습니다. 사후에는 자신이 전생에서 알았던 누군가와 강력한 감정적 유대 관계를 맺어 왔음을 알 수 있죠. 이를테면 지금 배우자에게 참된 유대감을 느끼지 못한다면 전생의 남편이나 아내를 찾아낼 수도 있습니다. 또한 현재 군대, 교회, 사교 모임 등에서 만난 이들이 해묵은 문제를 새로운 방식으로 풀기 위해 다음 생애에서 가족이 되기도 합니다.

가족이란 심령적 활동의 게슈탈트입니다. 구성원 한 사람 한 사람은 의식하지 못하지만 가족은 그들 나름대로 목적을 갖고 그 목표를 이루기 위해 노력합니다. 가족은 육체적으로 태어나기 이전에 미리 결성됩니다. 대개 네다섯 명의 사람들이 그들 스스로 일정한 도전 과제를 설정하고 각자의 역할을 나누어서 맡죠. 그리하여 일단 환생한 후에는 그 역할대로 사는 것입니다.

내면의 자아는 이들 가족의 숨겨진 메커니즘을 항상 의식하고 있습니다. 감정적인 유대가 강한 사람은 대개 수많은 생애에 걸쳐 가깝거나 먼 혈연관계를 유지합니다. 하지만 내면세계에서도 함께 윤회하는 가족을 가질 수 있기 때문에 언제나 새로운 관계를 맺도록 권유하고 있습니다. 사실 그런 가족은 육체 세계에서 집단화의 형태를 통해 수많은 조직을 형성하죠.

선악관의 문제를 피하기 위한 방법은 딱 한 가지밖에 없습니다. 참다운 자비와 사랑만이 선의 본질을 이해시키며 그릇되고 왜곡된 악의 개념을 소멸시킬 수 있습니다. 그러나 악의 개념을 믿는 한 그것은 믿는 사람 자신에게 부인할 수 없는 현실로 나타날 것입니다. 악은 계속해서 그 사람 앞에 나타나며 믿음을 더욱 정당화시키게 되어 있습니다. 그리하여 환생을 거듭하면서 퍼스낼리티 스스로 악의 현실성을 더욱 강화하는 것이죠.

사랑은 무엇보다도 자유를 가져옵니다. 만일 누군가 여러분을 사랑한다고 하면서 구속하려 든다면 여러분은 그를 미워하게 됩니다. 하지만 그가 여러분에게 하는 말 때문에 그런 미움이 정당하지 않은 것으로 느껴집니다. 그렇게 얽히고설킨 감정적 실타래는 생이 거듭되는 동안 계속해서 여러분을 혼란스럽게 할 것입니다.

악이 밉다면 무엇보다도 자신이 생각하는 악의 개념을 주의하십시오. 미움은 그 자체로 여러분을 제약하며 시야를 편협하게 만듭니다. 그것은 마치 모든 체험에 그늘을 드리우는 검은 안경과 같습니다. 이때는 체험을 하면 할수록 미움을 강화시키는 요소를 발견하게 되어 있죠.

특정한 생애에서 부모에게 적개심을 품었다면 그 후로는 어떤 부모를 만나든지 증오하게 마련입니다. 환생을 거듭하여 어떤 가족에게 태어나든지 예전과 똑같은 감정을 품게 되죠. 여기에서는 적개심을 불러일으키는 환경적 요소보다 적개심이란 감정 그 자체가 문제의 원인입니다.

자신에게 고통을 주는 질병에 대해 증오심을 품고 있다면 잇따른 생애에서도 그런 질환으로 고초를 겪을 수 있습니다. 왜냐하면 해소되지 못한 증오심이 그런 질병을 다시 끌어들이기 때문이죠. 대신 사랑, 건강, 생명에 초점을 맞추고 의식을 확장시킨다면 현생에서뿐만 아니라 후생에서도 그런 긍정적인 자질들로 풍성한 삶을 살 수 있습니다. 그것들이 바로 의식, 즉 창조력이 집중된 대상이기 때문입니다. 전쟁을 증오하는 세대는 평화를 가져올 수 없습니다. 평화를 사랑하는 세대만이 평화를 가져올 수 있는 것입니다.

어떤 이유에서든 증오심을 갖고 죽는 것은 엄청난 불이익으로 작용합니다. 그러므로 지금이라도 모든 기회를 이용하여 개인적인 체험을 유익한 방식으로 재창조하고 자신의 세상을 바꾸어나가야 합니다. 그러한 마음가짐은 후생에서도 숙제로 남습니다. 지금 이 순간 마음속에 증오심을 남겨 놓는다면 앞으로 그런 상태가 지속될 가망성이 큽니다. 반면에 진리, 직관, 사랑, 기쁨, 창조성의 불꽃이 번득이게 한다면 그것은 앞으로 여러분을 위해 빛을 발할 것입니다.

그것이야말로 유일하게 참된 현실이며 바로 존재의 기반입니다. 폭풍우를 향해 주먹을 휘두르고 욕지거리를 퍼부으며 증오심을 드러내는 것은 어리석은 짓입니다. 아이나 원시인이 그런 식으로 행동하는 모습을 보면 아마 여러분은 웃음을 터뜨릴 것입니다. 폭풍우를 의인화하여 적대시하면서 파괴적인 요소에 집중하는 것은 쓸데없는 짓이죠.

형태의 변화는 파괴가 아닙니다. 폭풍우의 폭발적인 에너지는 오히려 지극히 창조적입니다. 의식은 소멸되지 않습니다. 폭풍우는 창조력의 일부분에 불과합니다. 여러분은 각자의 관점에서 그것을 바라보고 있죠. 그래서 어떤 사람은 그 속에서 무한한 창조력을 느끼는 반면, 또 다른 사람은 그것을 악마의 일종으로 보고 증오합니다. 이처럼 여러분은 무수한 생애를 통해 현실을 자기 방식으로 해석할 것이며, 그러한 해석 방식은 자신과 다른 이들에게 영향을 미칩니다. 증오심을 품은 사람은 사실상 이해력 부족으로 인해 현실의 본질을 곡해하는 셈입니다.

내가 이렇게 증오의 문제를 강조하는 까닭은 그것이 엄청난 재앙을 불러올 수 있기 때문입니다. 증오심을 품은 사람은 언제나 자신이 정당하다고 믿습니다. 그는 자신이 선한 것은 결코 증오하지 않으며 마땅히 증오할 만한 대상을 증오한다고 생각하죠. 하지만 증오는 마치 끈질긴 빚쟁이처럼 그를 쫓아다닐 것입니다. 그 사람이 증오야말로 모든 문제의 원인임을 깨달을 때까지 말입니다.

증오를 증오하는 것으로는 아무런 이로움이 없습니다. 악이 창조력으로 전환되는 방식을 지각하든 못하든 필요한 것은 생명에 대한 근본적인 신뢰와 모든 체험이 선을 위해 활용된다는 믿음이죠. 여러분이 사랑을 쏟는 대상은 이번 생애나 다른 생애에서도 체험의 일부가 될 것입니다. 그러므로 어떤 생애에서 무슨 체험을 하든지 외부에서 강제적으로 주어지는 것은 없다는 사실을 기억하십시오. 모든 체험은 자신의 감정과 믿음에 따라 이루어지며 사랑과 창조력의 놀라운 힘은 여러분에게도 명백히 드러납니다.

의식과 생명은 여러분에게 파괴적으로 비추어지는 모든 요소를 지속적으로 포용하고 있습니다. 증오는 여러분이 그것을 믿는 한 힘을 발휘할 것입니다. 하지만 설령 삶을 증오한다 하더라도 여러분은 계속 살아가게 되어 있습니다.

여러분 개개인은 이 모든 근원적 진실을 잊어버리기로 약속했습니다. 말하자면 육체적 세상에 태어나기 전에 계약서에 사인을 한 셈이죠. 사실 현생의 친구들은 대부분 태어나기 훨씬 전부터 여러분과 아주 가까운 사람들이었습니다. 물론 그렇다고 해서 현재 알고 지내는 모든 이가 전생부터 알아왔던 사람들이라는 뜻은 아닙니다. 삶은 레코드가 튀면서 반복적으로 흘러나오는 똑같은 가사일 수 없으며, 각각의 만남은 나름대로 새로운 체험입니다. 마을이나 도시의 주민들은 과거에 다른 마을이나 도시에 살았다가 새로운 삶을 시도하기 위해 그곳에 온 이들로 구성됩니다. 마찬가지로 신도시의 주민들 중에는 전생에 어느 작은 산골 마을에 살았다가 환생한 이들도 포함될 수 있죠. 또한 전생의 능력이 현재 자신의 손에 쥐어져 있다는 사실을 기억해야 합니다.

누구나 심은 대로 거두게 마련이죠. 보상에 대한 그런 정보는 가끔 수면 중에 주어지는데, 이러한 꿈 중에는 전생부터 알아왔던 이들과 교류하는 근원적인 꿈도 있습니다. 개개인은 그런 꿈속에서 얻는 일종의 도시 개발 계획과 같은 집단적인 정보를 자신이 원하는 대로 사용할 수 있습니다.

어떤 이들은 언제나 전생에서부터 알아왔던 이들과 함께 환생하는 길을 선택하지만 어떤 이들은 그런 노력을 우습게 여기고 더욱 고독한 입장에서 환생합니다. 여기에는 심리적인 문제가 관련되어 있죠. 어떤 이들은 이런 힘든 입장에 처해 있으면서도 자신 있고 능숙하게 다른 사람들과 어울릴 수 있습니다. 비유하자면 항상 친숙한 그룹과 함께 환생하는 사람들은 유치원 시절의 동급생과 함께 고등학교까지 진학하는 학생들이라고 할 수 있죠. 반면 다른 부류의 사람들은 이 학교 저 학교를 옮겨 다녀 고독하지만 더 한층 풍부한 자유를 만끽하며 많은 도전을 시도하는 학생들입니다. 그들의 경우에 한 가지 아쉬운 점은 보호의 틀이 주는 위안을 얻을 수 없다는 것이죠.

어떤 경우이든 개개인은 삶과 시대, 환경뿐만 아니라 업적의 특징과 성취 방법을 스스로 결정합니다. 그러므로 선택을 내리는 내면의 자아가 수없이 존재하듯 무수한 환생 방식이 있습니다.

여러분은 자신이 자연과 내면으로부터 분리되어 있다고 생각해 왔습니다. 종족 보존이야말로 여러분의 주요한 관심사죠. 그러한 시각에서는 다른 생물의 가치가 오로지 인류에 대한 쓰임새에 따라 평가됩니다. 의식의 신성함이라든가 그것과 자신과의 관계에 대해서는 아직 개념조차 잡혀 있지 않습니다. 여러분은 결과에 상관없이 일단 자신의 종족을 생존시키고 눈앞의 이익에 따라 자연 환경을 변화시켜야 한다고 생각합니다. 결국 이러한 사고는 영적 진리에 대한 무시로 이어졌죠.

오늘날 육체 세계에서는 그 결과가 똑똑히 나타나고 있습니다. 현재 지구에 환생하는 이들 중에는 앞에서 설명한 마음가짐 때문에 육체적 환경에 끌리는 이들도 있죠. 그들은 전생에서 다른 종족의 권리에 대해서는 눈곱만큼도 고려하지 않고 자신의 생존만 추구했던 이들입니다. 그들은 자신의 욕망에 따라 환생하는 것입니다. 이에 대해 여러분은 우선 개인의 가치를 배워야 합니다. 그리고 다른 종족에 대한 의존성을 배우고 육체 현실의 틀 안에서 각자가 맡고 있는 역할을 이해해야 합니다.

어떤 이들은 인류가 이런 진실을 이해하는 데 도움을 주기 위해 환생합니다. 인류의 길을 변화시킬 시간은 아직 남아 있습니다. 앞의 두 과제 중 첫 번째에는 개인의 신성함이, 두 번째에는 개인과 다른 모든 육체 지향적인 의식들과의 관계가 관련되어 있죠.

전쟁의 문제는 다른 사람을 죽임으로써 결국은 자기 자신을 죽이게 된다는 사실을 가르쳐줍니다. 인구 과잉의 문제는 환경에 대해 애정어린 배려가 선행되지 않는 한 환경도 더 이상 여러분을 보듬을 수 없음을 가르쳐 주게 되어 있죠. 다시 말해 여러분은 환경 속에서 살아갈 자격을 잃게 되는 것입니다.

여러분은 현재 가정의 틀 안에 그런 문제를 스스로 설정해놓았습니다. 자신의 생활 터전이 무너지는 모습을 직접 목격할 때에야 비로소 자연계에서 자신이 맡고 있는 역할을 이해하겠다는 식으로 말이죠. 의식은 파괴되지 않습니다. 터럭 하나 잎사귀 하나의 의식이라도 소멸시킬 수 없죠. 하지만 문제가 해결되지 않는다면 더 이상 그것을 체험할 수 없을 것입니다.

이러한 위기는 일종의 치료법입니다. 그것은 여러분이 필요에 따라 스스로 설정해놓은 교육 방법입니다. 여러분의 종족은 다른 육체의 현실로 여행을 떠나기 전에 그러한 자기 학습을 할 필요가 있습니다.

551번째 대화

삶 속에서 여러분은 내면의 상태를 배우기 위해 외적인 환경을 점검합니다. 외면은 내면의 투영이기 때문이죠.

여러분은 내면의 자아를 이해하고 그것을 외부로 표현해야 합니다. 내면의 자아의 본질과 능력을 외부로 드러낼수록 외부 환경 역시 더 좋게 변하게 마련이죠. 이론적으로는 삶을 거듭할수록 여러분은 더욱더 강하고 건강하고 부유하고 지혜로워지게 되어 있습니다. 하지만 실제로는 그렇지가 않죠. 이미 언급한대로 수많은 퍼스낼리티들이 특정한 분야에서의 발전에 집중하다 보니 그 외 다른 분야는 소홀히 하거나 무시하고 있습니다.

사람마다 체험이 다르고 해석이 다르게 마련입니다. 그러므로 개개인은 각자 나름대로 윤회의 기회를 활용하고 있죠. 이를테면 성의 전환도 필요합니다. 어떤 이들은 매번 환생할 때마다 성을 바꾸는가 하면 또 어떤 이들은 몇 번이고 남자로만 태어났다가 다시 몇 번이고 여자로만 태어납니다. 물론 전체적인 윤회 구도 속에는 양쪽 성의 체험이 반드시 필요하죠.

하나의 성을 체험하는 것만으로는 능력을 제대로 계발할 수 없으며 모성과 부성 모두를 경험해봐야 합니다. 스스로 일상적인 체험과 삶을 만들어가고 있음을 깨달았을 때, 자신의 정신적이며 심령적인 패턴을 변화시키기 시작하며 결과적으로 주변 환경까지 바꾸어나갈 수 있습니다. 그러나 이러한 깨달음은 내적 자아의 능력에 대한 직관과 병행되어야 합니다. 이 두 요소가 모두 갖추어졌을 때에야 비로소 전생에서 비롯된 온갖 어려움에서 해방될 수 있으며, 나아가 삶의 전체적인 구조가 변화할 뿐만 아니라 영적이며 심령적인 성장이 가속화되죠.

현재의 인간관계, 마음가짐, 체험은 내면의 논리에 따라 이루어집니다. 예를 들어 전생에서 여자를 미워했다면 현생에서는 여자가 될 가능성이 높습니다. 왜냐하면 그런 방법을 통해서만 과거에 자신이 그토록 혐오했던 여성성의 측면들을 여자의 몸으로 직접 통찰해볼 수 있기 때문입니다.

아픈 이들에 대해 아무런 동정심도 느끼지 못한다면 나중에는 스스로의 선택에 따라 중병에 걸린 몸으로 환생하여 그들의 몸으로 경험해볼 수 있습니다. 하지만 그러한 삶은 늘 다른 문제를 수반합니다. 어떤 삶도 단 하나의 이유만으로 선택되지 않습니다. 삶은 언제나 수많은 심리 체험을 얻기 위해 이루어지죠.

이를테면 만성적인 질병은 건강했을 때 무시했던 능력을 활용해 볼 만한 좋은 수단이 되기도 합니다. 또한 완벽하게 행복한 삶은 겉으로는 멋지게 보이지만 근본적으로는 퍼스낼리티의 발전에 그다지 도움이 안 될 수가 있죠. 그러나 진정으로 행복한 삶에서는 자연스런 지혜와 영적 기쁨을 수반하는 깊은 만족을 얻을 수 있습니다. 달리 말하자면 고통이 반드시 영적 성취로 이어지지 않으며 모든 질병이 고상한 목적을 위해 선택된 것은 아니라는 뜻입니다. 오히려 대부분의 질병은 무지와 게으른 정신적 습관에서 비롯된 결과입니다. 그러나 자신에게 강력한 조치를 취해야 할 필요성이 있는 이들은 이런 특정한 수련 방식을 선택하기도 합니다. 육체적 삶 속에서 맺는 인간관계에는 일정한 패턴이 있게 마련이지만 그렇다고 해서 언제나 동일한 친구나 지인과 함께 배우처럼 얼굴이나 의상만 바꾸어가며 다양한 삶을 체험하는 것은 아닙니다.

사람들은 특정한 목적을 위해 만났다가 헤어지기 때문에 한번 만난 이들이 반드시 또 다른 시공간에서 다시 만나지는 않습니다. 이에 관해 반드시 지켜야 할 규칙은 존재하지 않습니다. 어떤 가족은 그들의 조상이 환생한 이들일 수 있는데 이는 특수한 경우죠. 인연이 깊을 경우에는 이런 저런 방식으로 관계를 지속해나가지만 그렇지 않으면 더 이상 만나지 못할 수도 있습니다.

자신을 발전시키며 지식을 쌓아나갈 기회는 사후에서와 마찬가지로 현생의 순간에도 존재합니다. 지금 이 순간 일상적인 발전의 기회를 무시하고 있는데 죽음 이후라고 해서 지금보다 엄청난 능력을 계발할 수는 없죠. 사후의 삶에서와 마찬가지로 현재 여러분의 삶 속에도 스승은 존재합니다.

어떤 가족은 강력한 매력이나 사랑이 아닌 그와는 정반대의 목적으로 만납니다. 전생에 서로를 극도로 미워한 사람은 이전과는 다른 관계에서 공동의 목적을 추구하며 서로를 더욱 잘 이해하고 해묵은 문제를 풀 수 있는 기회를 갖습니다.

각 세대는 공통 목적을 지니고 있습니다. 그리고 세월의 흐름에 따라 변화하는 지상의 풍경은 그 시대를 살아가는 이들의 마음속에서 명멸하는 내면의 이미지를 나타냅니다.

전생을 반드시 알아야 할 필요는 없지만 스스로 현생의 환경을 선택한 배경을 이해하는 데에는 확실히 도움이 되죠. 삶을 주의 깊게 살펴보면 스스로 설정한 도전 과제들이 명백하게 드러납니다. 이것은 쉬운 작업은 아니지만 누구에게나 가능한 일이죠. 지금 자신을 미움에서 해방시킨다면 장차 미움을 수반한 관계나 체험으로부터 자신을 해방시키는 셈이 됩니다.

그러나 이런 내적인 작업 없이, 즉 현재 자아의 문제를 도외시한 채 전생을 아는 것은 아무 소용이 없습니다 '이는 다 전생의 업보 때문이야'라고 말한다고 해서 현재의 환경을 정당화하거나 합리화할 수는 없습니다. 지금 이 순간에도 여러분의 내면에는 부정적인 영향력을 변화시킬 능력이 있습니다. 물론 여러분은 모종의 이유로

해서 스스로 그런 부정적인 영향력을 불러들였습니다. 하지만 문제점을 파악하고 이해하는 것으로도 그런 영향력을 없애버릴 수 있습니다.

'가난한 사람들은 스스로 가난을 선택했기 때문에 가난한 것이다. 따라서 내가 그들을 도와줄 필요는 없다'라고 말할 수 없습니다. 이러한 마음가짐은 오히려 자신을 가난의 구렁텅이로 밀어넣을 수 있습니다.

윤회의 주기를 끝낸 사람들이라고 해서 모두 똑같은 성취 수준에 도달하는 것은 아닙니다. 그중 어떤 이들은 인간 세계에서는 도저히 체험할 수 없는 자질을 소유하고 있죠. 육체적인 삶은 그 자체로 사람들에게 각기 다른 영향을 미칩니다. 어떤 이들은 인생을 자기표현과 발전의 훌륭한 매개체로 활용합니다. 그들에게는 인간으로서의 삶이 딱 맞죠. 그들은 육체적인 방식으로 자신을 표현하며 내면의 느낌을 구체화하는 데 능숙합니다. 하지만 이런 일에 서툰 이들 역시 현실의 다른 수준에서는 훨씬 잘 적응할 수 있습니다.

육체 현실에서는 생활력 강한 영혼도 다른 비육체적인 영역에 적응하는 데에는 곤란을 겪을 수 있습니다. 하지만 어떤 영역에서든지 영적이거나 감정적인 관계 자체가 성립되지 않는 경우는 없습니다. 전생의 절친한 친구들은 설사 다른 영역에 있더라도 여러분이 꿈을 꾸는 동안 종종 여러분과 교신하죠. 이러한 관계는 여러분이 의식하지 못한다 하더라도 변함없이 지속됩니다.

여러분은 무의식 수준에서 전생의 지인이 육체를 입고 환생한 사실을 인지하기도 합니다. 그 밖에 꿈속에서 만나는 낯선 사람들은 대개 전생부터 알아온 동시대인들일 수 있습니다. 물론 덧없는 관계도 있죠. 어느 기간에는 접촉이 이루어지다가 그때가 지나면 완전히 연락이 끊기는 경우 말입니다. 예를 들어 현생의 친구라고 해서 반드시 전생부터 지속적으로 깊은 유대감을 나눈 사람이라고 할 수는 없습니다. 또한 전생에서 비롯된 석연찮은 감정 때문에 누군가와 결혼할 수도 있습니다. 겉보기에 사랑을 이야기하지만 반드시 사랑 때문에 결혼하는 것은 아니죠.

윤회의 목적 역시 아주 다양합니다. 윤회는 퍼스낼리티들이 각자의 방식으로 이용하는 수단입니다. 어떤 이들은 여성적인 삶을 즐기는 반면, 또 다른 이들은 남성적인 삶을 선호합니다. 두 영역 모두 경험해봐야 하지만 더 세분해서 들어가면 폭넓은 선택권과 활동 분야들이 기다리고 있죠. 그중에는 사람에 따라 까다롭고 어려운 길도 있고, 비교적 수월하게 발전을 이룰 수 있는 길도 있습니다.

여기에는 예정론이 끼어들 여지가 없습니다. 모두가 여러분 스스로 선택한 도전 과제요, 환경입니다. 그중 어떤 문제는 여러 생애 동안 연기될 수 있는데, 퍼스낼리티에 따라 일련의 환경과 삶 속에서 자신의 어려운 문제를 해결하고자 할 수도 있습니다. 또한 차분하고 온화한 기질의 사람은 한 생애에 한 문제씩 해결합니다.

윤회 주기 속에는 휴식기도 포함되는데 대개 이런 삶은 치유적인 특성을 띠게 됩니다. 이를테면 별 문제가 없는 멋지고 만족스런 현생은 까다로운 도전 과제를 풀어야 할 후생의 전주곡일 수도, 힘들었던 전생에 대한 보상일 수도 있습니다. 하지만 대체로 육체적인 표현 수단을 즐기면서 그것에 집착하지 않는 이들은 많은 이득을 얻을 수 있습니다. 퍼스낼리티들은 윤회의 법칙을 자신에게 맞게 고쳐나갑니다.

자아 속에 숨겨진 남성성과 여성성

| 555번째 대화 |

앞에서 말한 대로 사람들은 숱한 생애를 통해 남녀의 삶을 모두 체험해왔지만 의식적으로는 이런 사실을 기억하지 못합니다. 그러나 남성의 경우에는 현재의 성에 대한 지나친 동일시를 방지하기 위해 내면에 여성 인격이 존재합니다. 이것이 바로 정신의학자 카를 융이 말한 아니마anima의 진정한 의미입니다.

남성의 아니마는 내면의 자아가 관련된 모든 여성적 존재에 대한 심령의 기억이자 정체성입니다. 그 안에는 과거 여성으로 살았던 개인사에 관한 기억과 그 퍼스낼리티가 가진 모든 여성적 자질에 대한 직관이 포함되어 있죠.

그러므로 아니마는 배경, 환경, 교육을 통해 퍼스낼리티에게 주입되는 문화적 남성상과 자신을 지나치게 동일시하지 않도록 만드는 중요한 안전장치입니다. 아니마는 개인 차원에서뿐만 아니라 집단 차원에서 공격적인 성향을 완화시키고, 남녀 간의 직접적인 커뮤니케이션이나 예술, 기타 표현 수단을 통한 커뮤니케이션을 원활하게 만드는 역할을 맡고 있습니다.

남성도 종종 자신이 여성으로 활동하는 모습을 꿈꾸고는 합니다. 그런 꿈은 그가 여성으로 살았던 과거 생에 대한 많은 사실을 밝혀주죠. 남성성과 여성성은 서로 대립되지 않는 친화적인 성향입니다. 남성의 꿈에 나타나는 여성 성직자, 어머니, 젊은 마녀, 아내, 지혜로운 할머니 등은 모두 일종의 원형이라고 볼 수 있죠. 왜냐하면 그것들은 남성이 갖고 있는 다양한 여성적 자질과 여성으로서 살아온 다양한 삶을 상징적으로 나타내는 근원적 요소이기 때문입니다.

물론 여성도 여성으로서 살았던 과거 생을 갖고 있습니다. 하지만 여성은 여성성을 상기함으로써 현재의 성과 자신을 지나치게 동일시할 필요가 없습니다. 대신 여성은 융이 말했던 아니무스animus, 즉 여성 속에 숨은 남성성을 일깨울 필요가 있죠.

여성의 꿈에 나타나는 소년, 남성 성직자, 공격적인 정글 사나이, 지혜로운 할아버지 등은 남성으로서의 삶을 나타냅니다. 그것들은 현재의 여성이 남성으로 살았던 과거 생을 일반적으로 상징하는 원형이죠. 그러므로 여성은 그런 원형이 나타나거나 그 자신이 남성으로 모습을 바꾼 꿈을 연구해봄으로써 자신이 남성으로 살았던 과거 생에 대해 많은 사실을 알 수 있습니다.

퍼스낼리티는 소위 아니마와 아니무스를 통해 이끌어낸 이성의 과거 생에 관한 지식과 직관을 유익하게 이용할 수 있습니다. 이를테면 여성이 여성적 특징에 지나치게 빠져들 경우, 아니무스, 즉 여성 속의 남성은 꿈 체험을 통해 자아를 교육시킴으로써 지나친 여성성을 보정할 남성적 반응을 유도할 수 있습니다.

반대로 자신을 남성성과 지나치게 동일시하는 남성에게도 똑같은 이치가 적용됩니다. 아니마, 즉 내면의 여성은 남성의 직관적인 능력을 고양시키고 공격성을 상쇄할 창조적인 측면을 일깨워 지나친 남성성을 보완할 여성적 행위를 이끌어낼 수 있습니다. 이런 작용은 개인적으로나 집단적으로 내면의 균형을 가져옴으로써 공격성을 창조적으로 이용할 수 있게 해줍니다. 물론 아니무스와 아니마는 심령적으로 많은 책임을 지고 있습니다. 그러한 심령적 책임과 내적 매력은 남성과 여성의 특징을 모두 체화하고 있는 완벽한 내면의 자아에서 비롯됩니다.

내면의 자아는 새로운 몸을 취할 때 유전적인 구조 속에 과거 육체의 형태들에 대한 기억을 주입시킵니다. 이후 현재의 특징이 과거의 특징을 압도하지만 과거의 특징 역시 잠재된 상태에서 나름대로 패턴을 구성하죠. 이를테면 현재 육체의 패턴은 자아의 과거 육체들과 그것들의 강점이나 약점에 대한 유전적 기억에서 비롯된 것입니다.

여러분의 몸에는 여러 층들이 있습니다. 그중 여러분이 볼 수 있는 맨 위의 층이 바로 현재의 육체죠. 하지만 그 안에는 과거의 육체 이미지를 대표하는 눈에 보이지 않는 층이 맞물려 있습니다. 그것은 사용 중지된 상태로 남아 있으면서 전자기적으로 현재 몸의 원자 구조와 연결되어 있습니다. 여러분은 그것에 초점을 맞추지 않지만 분명 여러분의 심령적 유산의 일부분입니다. 현재의 육체 속에는 과거 상태에 대한 정보뿐만 아니라 전생에 사용되었던 육체에 대한 생물학적 기억도 저장되어 있습니다. 그래서 현재 몸의 약점을 보충하기 위해 과거 몸의 강점을 이끌어낼 수 있는 것입니다.

아니마와 아니무스는 바로 이런 내면의 신체 이미지와 긴밀히 연결되어 있습니다. 심령적 힘으로 충전되어 있는 과거의 신체 이미지는 꿈에 종종 나타나기도 합니다. 그것은 현재의 육체와 지나치게 동일시하지 못하도록 보정하고 기억을 상기시키는 작용을 하죠. 그 이미지에는 남성적인 것과 여성적인 것 모두 들어 있습니다. 병에 걸렸을 때 여러분은 가끔 자신이 지금과는 전혀 다른 건강한 몸을 가진 사람으로 활동하는 꿈을 꿉니다. 그러한 꿈은 대개 자기치료적인 성격을 띠죠. 다시 말해 건강한 몸을 가졌던 이전의 기억을 통해 힘을 이끌어내는 것입니다.

| 556번째 대화 |

윤회 체험은 자아의 일부분, 즉 살아 있는 심령이 겪는 다차원적 현실의 한 측면입니다. 이러한 체험은 꿈뿐만 아니라 활동의 다른 영역에도 반영됩니다.

현재 자아의 구조는 윤회적 과거와 뒤얽혀 있기 때문에 자연히 과거의 기억으로부터 인격의 특징 기능, 통찰력을 무의식적으로 끌어내게 되어 있습니다. 또한 전생의 기억이 종종 의식의 표면에 떠오르기도 하는데, 대부분은 환상의 형태로 나타나거나 다른 예술 창조의 형식으로 투영되기 때문에 알아보지 못합니다. 이를테면 역사적 소재를 이용하는 작가 중 많은 이가 그 시대에 대한 직접적인 경험을 바탕으로 글을 씁니다. 현재 자아는 무의식적인 자아와의 협조를 통해 그 기억을 떠올림으로써 삶을 윤택하게 만듭니다. 사실 이런 이들은 그런 정보가 어디에서 나오는지 잠재의식적으로 눈치 채고 있죠.

꿈속에서 전생의 정보는 때로 드라마틱한 형태로 전개되기도 합니다. 이 모든 작용의 배후에는 아니마와 아니무스가 서로의 특징을 뒤섞으면서 함께 일을 하고 있죠. 물론 그 둘은 육체적이면서도 심령적인 창조력의 원천을 나타냅니다.

아니마는 사색하고 주의력을 쏟으며 직관력을 발휘하는 내향적인 특성, 즉 창조력을 이끌어내는 내면의 집중을 상징합니다. 아니마의 특성을 설명하는데 수동성이라는 것은 활동의 결여를 암시한다는 측면에서 적절치 못한 단어죠. 아니마가 영향을 받는 입장에 있는 것은 사실이지만 그것은 지극히 강력한 힘에 연결되고자 하는 욕망과 필요에서 비롯된 현상입니다. 또한 아니마는 힘에 휩쓸리고자 하는 욕망만큼이나 강렬한 쉬고 싶어 하는 욕망을 갖고 있습니다. 반면에 아니무스의 특성 가운데 하나인 공격적인 추진력은 육체 활동에 뛰어든 퍼스낼리티가 아니마의 특성이 확보해놓은 창조성의 산물을 획득하게 해줍니다.

전체적인 자아는 분명 이런 특성의 총합 이상의 존재입니다. 그래서 마지막 환생이 끝난 후에는 성적이며 육체적인 창조성은 더 이상 필요하지 않게 됩니다. 다시 말해 육체적으로 번식할 필요성이 없죠. 전체적인 자아는 남녀의 특성을 모두 갖추고 그 둘을 정교하게 조율하고 혼합함으로써 참다운 정체성을 일깨우게 됩니다.

여러분의 차원에서는 여러 가지 이유로 인해 남성성과 여성성이 분리되어 있습니다. 그 이유들은 인류가 능력을 발휘하며 진화하기 위해 선택한 특정한 방식과 관련되어 있는데 이 문제에 대해서는 나중에 따로 설명하겠습니다.

남성의 아니마, 즉 감추어진 여성적 자아는 그의 대인 관계에 자연스레 투영됨으로써 여성을 더욱 잘 이해하게 해줄 뿐만 아니라 그 자신이 여성으로서 겪어온 삶과 교류할 수 있도록 해줍니다. 이것은 여성이 남성 친지나 친구에게 투영하는 아니무스의 경우에도 마찬가지죠.

아니마와 아니무스는 융이 추론한 것보다 훨씬 깊은 의미를 지니고 있습니다. 상징적으로 말하자면 그 둘은 다양한 능력, 욕망, 특징 등을 가진 전체적인 자아를 구성할 뿐만 아니라 더 나아가 문명의 배후에서 개인과 문화를 안정시키는 요소로 작용하고 있습니다.

그러므로 아니마와 아니무스의 참된 의미를 모르고서는 퍼스낼리티를 제대로 이해할 수 없습니다. 윤회적인 자아의 패턴은 언제나 다양성의 여지를 남겨 놓을 만큼 개방적입니다. 그리고 개인의 전체적 자아는 각자의 고유한 특성을 지니고 있죠. 전체적 자아는 그러한 특징, 즉 자신의 노선에 부합되는 방식으로 삶을 전개해갑니다. 그래서 몇 번이고 남성이나 여성으로서의 삶이 연속될 수 있죠. 물론 그러한 선택은 나름대로 결점을 갖고 있습니다.

특정한 성으로 환생하는 것에 이렇다 할 규칙이 있는 것은 아니지만 여러분의 세계에서는 남녀 성을 모두 경험하고 다양한 특성을 계발시켜야 합니다. 그렇다고 해서 남성으로서의 삶과 여성으로서의 삶을 똑같은 횟수만큼 살아야 한다는 뜻은 아닙니다. 말하자면 어떤 이들은 남성(혹은 여성)의 특성을 계발하는 데 수월함을 느끼는 반면, 또 어떤 이들은 그 반대인 경우도 있습니다. 그런 이들은 자신이 계발하기에 어려움을 느끼는 성을 더욱 자주 체험할 필요가 있습니다.

어쨌든 이런저런 이유로 해서 한쪽 성의 삶이 연속적으로 선택된 경우에 아니무스와 아니마는 더더욱 중요해집니다. 아니무스와 아니마의 본래 패턴은 윤회전생이 시작되기 전에 전체적 자아에 의해 만들어지죠. 그래서 최초의 육체적 삶이 시작될 때 아니무스와 아니마도 함께 탄생하여 퍼스낼리티의 내적 패턴을 형성하며 그에게 근원적인 통일성을 상기시킵니다. 이것은 아니무스와 아니마가 투영하는 상징과 자질이 강력한 심령적 에너지로 충전되어 있는 또 다른 이유입니다.

남성은 아니마를 동경합니다. 왜냐하면 심층적인 무의식의 시각에서 볼 때, 잠재되어 있는 한편으로는 표출되고자 하는 전체적 자아의 다른 특성을 나타내기 때문이죠. 아니마의 이런 잠재성과 표출성 간의 길항 작용을 통해 남성은 공격성을 창조적으로 조절하거나 이용할 수 있게 됩니다.

이런 원형적 상징과 인류의 필사적인 노력 사이에는 심오한 상관관계가 형성되어 있습니다. 그리고 여러분이 현재 갖고 있는 특정한 종류의 의식은 전체적 자아의 참다운 무의식에서 비롯된 특정한 길항성이 이루어낸 인식 방식이죠.

참다운 무의식은 실제로 의식이 없는 상태가 아닙니다. 오히려 말로 표현할 수 없을 정도로 깊고 철저하게 의식적입니다. 여러분이 아는 삶은 참다운 무의식이 의식하는 수많은 영역 중 하나에 불과합니다. 다른 모든 의식 체험 중에서 특정한 체험에 초점을 맞추기 위해서는 의식의 각 단면에서 엄청난 힘과 균형이 유지되어야 하죠.

지구상의 현실은 여러분이 최근에 벗어난 무한한 가능성으로 다시 돌아가는 것을 막기 위해 무엇보다도 저돌적이며 외향적인 특성을 필요로 하는 특정한 활동 영역 속에 존재합니다. 하지만 무한한 가능성의 무의식 지층은 곧 여러분 자신의 힘, 창조성, 그리고 연약하면서도 강력한 개인적 의식이 나오는 곳입니다.

이원적인 성의 구분은 여러분에게 절실하게 필요하면서도 겉보기에 대립적인 두 성향(공격적인 자질을 상징하는 아니무스와 무한한 가능성을 상징하는 아니마)을 나누고 균형을 잡기 위해 채택된 것입니다. 이러한 통제는 초보적인 의식에게만 요구되지만 전체적으로 아니마와 아니무스가 각기 대립적이자 상호 보완적인 성향을 갖고 있기 때문에 인간 의식의 본성을 유지하는 데 매우 중요한 역할을 합니다.

다시 말해 양성 간의 자연적인 길항은 육체적인 선을 뛰어넘는 보다 근원적인 원인에 바탕을 두고 있습니다. 즉, 그러한 길항은 아니마에게서 생겨났으면서도 아니무스의 공격성에 의존하여 지속해 나가는 인간 의식의 본성에서 비롯된 것이죠. 아니마와 아니무스가 서로에게 매혹되어 있는 현상은 전체적 자아가 그 자신의 일부분을 이루는 대립적인 성향을 통합하고 충족시키기 위해 노력하면서 자신의 참된 정체성을 얻고자 하는 데에서 비롯된 결과입니다.

윤회전생의 주기가 끝나면 전체적인 자아는 이전보다 훨씬 많이 계발된 상태에 이르게 됩니다. 이전에는 알지 못했던 현실 차원에서 자신을 인식하고 경험함으로써 자신의 존재성을 증가시킨 것입니다. 단순히 자신을 반으로 나누었다가 다시 원래대로 돌아온 것이라고는 볼 수 없죠.

이제 잉태의 본질에 관한 수많은 문제들에 대해 이야기해보겠습니다. 하지만 여기에도 개인에 따라 엄청난 편차가 존재하죠. 대개 여러분은 삶의 중간 시기에 미리 자녀를 선택하고 그들 역시 여러분을 부모로 선택합니다.

그렇게 해서 여러분이 남성으로 태어났다면 어머니는 여러분 안의 아니마를 발동시키는 자극제 역할을 함으로써 과거 여성으로서 보낸 삶의 패턴들이 현생의 일부분이 되도록 만들죠. 또한 모자가 전생에서부터 알고 지낸 사이라면 어머니는 둘이 함께 관련된 과거 생에 관한 꿈을 꿀 수 있습니다.

그런 꿈은 의식에 인지되지 않을 수도 있지만 대부분의 경우에는 인지되었다가 후에 잊혀집니다. 어머니가 과거에 남성으로서 보낸 삶은 그녀가 아들로서의 여러분과 관계를 맺는 데 도움이 됩니다. 경우에 따라서 초산인 어머니는 신경이 곤두서 과도한 공격성을 드러내기도 합니다. 때때로 이런 감정은 남성인 아들이 어머니 안의 아니무스를 발동시킴으로써 공격적인 성향을 유도했기 때문일 수 있습니다.

| 557번째 대화 |

태아를 구성하는 원자는 나름대로 각자 의식을 갖고 있습니다. 물질과 상관없이 존재하는 변화무쌍한 인지 의식은 자신의 능력과 수준에 따라 물질을 형성합니다. 그러므로 태아도 그 자신의 의식, 즉 태아를 구성하는 원자에서 비롯된 단순한 구성 요소 의식을 갖고 있습니다. 이 의식은 윤회하는 퍼스낼리티가 들어오기 전에도 존재합니다. 태아도, 돌멩이도, 풀잎도, 손톱도 어떤 물질이든 의식을 갖고 있습니다.

윤회하는 퍼스낼리티는 본래 내재된 안전장치를 갖고 각자의 성향, 욕망, 특성에 따라 새로운 태아 속에 들어갑니다. 하지만 들어가는 시기에 대해서는 따로 규칙이 정해져 있지 않죠. 다시 말해 그 시기는 수정된 순간일 수도 있고 임신 초기 아니면 탄생 직전일 수도 있습니다. 여하튼 그 과정은 다른 여러 삶에서 얻은 경험에 따라 점진적이면서 개인적으로 결정됩니다.

태아의 몸속에 들어가는 방법 역시 매우 다양합니다. 부모와의 유대 관계가 아주 긴밀하고 퍼스낼리티 자신이 빨리 부모와 합류하고 싶어 한다면 수정된 순간에 들어갈 수 있습니다. 하지만 이 경우에도 자아의식의 상당 부분은 여전히 중간 차원에서 활동하게 되어 있죠.

이런 조건에서는 자궁 속 상태를 마치 꿈을 꾸듯이 경험하게 됩니다. 퍼스낼리티의 주요 초점이 여전히 비육체 차원에 맞추어져 있기 때문이죠. 그러다 중간적인 환경에 제대로 집중하기 힘들 정도로 상황이 점차 역전됩니다.

퍼스낼리티가 수정 시 태아 속에 들어간 경우에는 거의 예외 없이 부자지간에 강한 전생의 인연이 있거나 퍼스낼리티가 지구 환경으로 되돌아가고자 하는 편집증적인 욕망을 갖고 있게 마련입니다. 다시 말해 퍼스낼리티는 특별한 목적을 갖고 있거나 지구의 삶에 집착하고 있는 것입니다. 이런 상황이 꼭 퍼스낼리티에게 불리한 것은 아닙니다. 퍼스낼리티에게는 지구의 환경이 자신의 능력을 계발시키는 데 적절하고도 풍요로운 환경일 수 있으니까요.

하지만 어떤 퍼스낼리티는 가치 없는 동기 때문에 환생합니다. 해결이 안 된 문제에서 비롯된 탐욕이나 편집증적인 욕망 같은 하찮은 동기 말이죠. 반면에 지구의 삶에 완전히 전념하지 않는 퍼스낼리티는 육체에 들어가는 시기를 미루거나 심지어는 그것과 계속 일정한 거리를 유지합니다.

죽음 직전에도 상황은 마찬가지입니다. 어떤 임종자들은 육체적 삶으로부터 의식을 완전히 거두면서 육체 의식과 분리되지만, 또 어떤 임종자들은 마지막 순간이 닥칠 때까지 육체에 머물러 있습니다. 어쨌든 영아 시절의 초기에는 육체에 대한 초점이 불안정한 상태일 수밖에 없죠.

어떤 경우에든 결정은 사전에 내려집니다. 그러므로 퍼스낼리티는 자신이 기다리던 임신이 이루어지는 순간을 명확하게 인지할 수 있죠. 그 시기에는 몸속에 들어가기로 했든 들어가지 않기로 했든 태아의 몸에 불가항력적으로 이끌리게 됩니다. 또한 경우에 따라서 임신이 이루어지기 훨씬 이전에 예비 태아의 퍼스낼리티는 장차 부모가 될 사람들의 환경을 방문할 수도 있는데 이는 매우 자연스런 현상이죠.

퍼스낼리티는 부모의 환경 주변을 맴돌다가 특히 임신 이후에는 더욱 활발하게 태아의 몸속을 들락거립니다. 그러다 탄생의 충격이 여러 가지 결과를 수반하면서 퍼스낼리티를 육체의 현실 속으로 완전히 끌어들입니다. 그러나 그전의 상황은 대체로 대동소이하죠. 육체의 단순 의식은 자동적으로 양육을 받으며 통제된 자궁 속 상태에 강하게 반응합니다.

그런데 탄생 순간에는 이 모든 과정이 갑자기 끝나고 육체 의식이 전에는 경험하지 못했던 새로운 자극이 신속하게 유입되죠. 그때는 상황을 안정시킬 요소가 절실히 필요합니다. 이전에 육체 의식은 생물학적이면서도 텔레파시적으로 행해진 어머니와의 동일시를 통해 영양분을 얻고 보살핌을 받아왔습니다. 살아 있는 세포들의 커뮤니케이션은 여러분이 상상하는 것보다 한층 심오하게 이루어지죠. 육체 의식만 따진다면 동일화는 탄생 직전 거의 완성된 수준에 다다릅니다.

그래서 새로운 퍼스낼리티가 들어오기 전까지 태아는 자신을 어머니의 생체 조직 중 일부분으로 인식하죠. 그런데 탄생하는 순간 모체로부터의 모든 지원이 갑자기 끊겨버립니다. 그래서 새로운 퍼스낼리티는 새로운 생체 상태를 안정시키기 위해서라도 최소한 탄생 순간에는 몸속에 완전히 들어갑니다. 그러므로 퍼스낼리티는 어느 시점에서 몸속에 들어갔느냐에 따라 탄생을 다양한 수준에서 경험합니다.

퍼스낼리티가 탄생 순간에 들어갔다면 그 몸과 곧바로 동일화되지는 않겠지만 그것을 돌보아주는 역할을 맡습니다. 그러나 퍼스낼리티가 임신된 순간이나 탄생 전에 몸속에 들어갔다면 어느 정도 육체 의식, 즉 태아와 자신을 동일시하게 되죠. 그 경우에는 이미 전부터 몸을 통해 환경을 직접적으로 인지해왔기에 탄생의 충격을 즉각적으로 체험합니다.

이때 퍼스낼리티는 탄생의 체험에 대해 전혀 거리감을 느끼지 않습니다. 퍼스낼리티는 안정을 찾기 전까지 얼마 동안 육체 안의 의식으로서 명멸하게 됩니다. 예를 들어 유아가 잠을 자는 동안 그의 퍼스낼리티는 종종 몸을 비웁니다. 그러다 비육체적 환경에 대한 동일시가 점차 약화되면서 마침내 육체에 완벽하게 초점이 맞추어지죠.

경우에 따라 다른 이들에 비해 더욱 완벽하게 육체와 동일시를 하는 퍼스낼리티가 있습니다. 그러나 일반적으로 말해서 육체의 현실에 최고조로 초점이 맞추어지는 상태는 기간과는 무관합니다 그것은 1주일 만에 끝날 수도 있고 30년 간 유지될 수도 있죠. 여하튼 그 이후로 집중력이 약해지면서 부지불식간에 초점은 현실의 다른 층으로 옮겨지기 시작합니다.

위기, 특히 인생 초년이나 말년에 일어난 위기 상황은 의식이 육체를 일시적으로 비울 만큼 육체와의 동일시를 산산조각내버립니다. 그때 육체 의식까지 충격을 받는다면 자아 의식은 육체적으로 혼수상태에 빠질 만큼 완벽하게 몸을 떠날 수 있습니다. 그러나 충격이 심리적인 수준에 그치고 육체 의식이 어느 정도 정상적으로 작용한다면 자아의식은 전생의 퍼스낼리티로 되돌아갈 수 있죠.

이러한 퇴행 현상은 대개 일시적인 현상일 뿐이지만 바로 여기에서 다시 아니무스와 아니마의 문제가 대두됩니다. 퍼스낼리티가 스스로 남성으로서 잘 살아오지 못했다고 믿는다면 아니마의 자질을 발동시킴으로써 여성으로서 훌륭하게 살았던 과거 생에서의 특징을 취할 수 있습니다. 여성의 경우에는 이와 정반대의 상황이 벌어지죠. 그리고 근본적인 개인성이 심각하게 위협받을 정도로 현재의 성과 지나치게 동일화된 상태라면 다른 성으로서 살았던 전생의 퍼스낼리티와 다시금 동일시할 정도로 다른 성의 특징을 표면화시킬 수 있습니다.

신체에 대한 퍼스낼리티의 통제력은 인생 초기에는 허약하지만 세월이 갈수록 점점 강해집니다. 퍼스낼리티는 나름대로 이유가 있어 미적으로는 만족스럽지 못한 몸을 선택할 수 있습니다. 그래서 몸과 완벽한 관계를 맺지 않으며, 설사 그것이 쓸모가 있는 동안에도 언제나 일정한 거리를 유지할 수 있죠.

임신 순간에 몸속에 들어가는 퍼스낼리티들은 대개 육체적 삶을 몹시 갈망하는 이들입니다. 그들은 남보다 빨리 성숙하며 일찍부터 개인적인 특성을 나타내거니와 자궁 속에 있을 때부터 새로운 몸을 장악하고 자신의 뜻대로 만들어가죠. 물질에 대한 통제력이 강해 늘 상 신체 안에 머물며 죽을 때도 사고나 급작스런 질병으로 혹은 수면 중에 떠나게 됩니다.

그들은 타고난 물질 조작자인 동시에 감정적인 사람입니다. 또한 지상의 물건을 능숙하게 다루며 아이디어를 육체적으로 전환시키는 일에 강력한 힘을 발휘하죠. 그래서 도시를 건설하고 기념비를 세우기도 합니다. 이 건축가들은 물질을 만들고 그 모양을 제 뜻대로 다듬는 데에 커다란 관심을 쏟습니다.

반면에 탄생 순간에야 비로소 육체 차원에 들어가는 이들은 대체적으로 별로 유능하지 못한 조작자입니다. 말하자면 열등생이거나 평범한 학생들인 셈이죠.

경우에 따라서는 스스로 선택한 삶에 오랫동안 저항하는 이들도 있습니다. 그들 또한 탄생하는 순간에는 몸속에 들어가야 하지만 유아와의 완벽한 동일화는 피할 수 있죠. 그들은 마지못해 유아의 안팎을 맴도는데 이러한 행위에는 여러 가지 이유가 있습니다. 어떤 퍼스낼리티들은 중간적인 삶을 좋아하기에 문제를 실제적으로 풀기보다는 이론적으로 해결하는 데 더 많은 관심을 갖습니다. 또 어떤 이들은 육체적인 삶이 자신의 요구에 맞지 않으며 다른 삶과 현실의 영역에서 훨씬 잘 진보한다는 사실을 발견할 수도 있습니다.

또 다른 이들은 스스로 육체적인 삶과 일정한 거리를 유지합니다. 그들은 상징에 보다 지대한 관심을 갖고 지상의 삶을 지극히 실험적인 시도로 인식합니다. 말하자면 일종의 편견을 갖고 삶을 대하는 것이죠. 물질 조작에는 그다지 흥미가 없고 물질 안에서 관념이 나타나는 방식에 더 많은 호기심을 갖고 있습니다.

관념, 철학, 무형의 현실에 더 익숙한 이들은 대개 근육이 발달하지 못한 신체를 갖고 있습니다. 시인과 예술가는 이들과 똑같은 특성을 많이 갖고 있으면서도 육체의 가치를 좀 더 깊이 음미하는 편에 속하죠. 그러므로 육체에 대한 태도는 천차만별입니다. 선택할 수 있는 신체 유형은 다양하지만 전체적인 자아의 선호도와 특성에 따라 삶에는 개인적인 취향이 배게 마련이죠.

퍼스낼리티가 육체를 떠나는 방식을 다루지 않고 육체에 들어가는 과정을 이야기한다는 것은 불가능합니다. 왜냐하면 그 모든 일은 주로 육체의 현실에 대한 개인적인 특성과 태도에 좌우되기 때문입니다. 미래의 삶에 대한 결정은 중간적인 상태에서뿐만 아니라 꿈속에서도 이루어집니다.

어쩌면 여러분은 벌써 다음 생의 환경을 결정했을지도 모릅니다. 설령 새로운 부모가 현재 어린 아기이거나 아직 태어나지 않았을지라도 미래의 삶에 대해 잘 배치해두었을 것입니다.

PART
3

영혼은 결과가 아닌 존재의 과정이다

SETH SPEAKS

우리는 자신의 존재를 통해 신을 체험한다

| 559번째 대화 |

삶이 육체적으로 접근할 수 없는 은밀한 차원에서 비롯되고 생명력이 무의식적인 근원에서 나오는 것처럼 여러분이 아는 물리적 우주는 다른 차원에서 비롯되었으며 우주의 원동력은 보다 심오한 현실에서 나오고 있습니다.

인간의 역사는 단지 여러분이 초점을 맞추고 있는 한줄기 의식의 빛을 상징할 뿐입니다. 여러분은 그 안에서 본 사건을 해석하고 장차 일어날 사건에 대한 해석을 다시 그 빛에 투영하죠. 그러다 현실의 본질에 대해 의문이 들 때, 현재의 초점에 지나치게 집중한 탓에 자동적으로 그 의문의 범위를 물리적 현실, 즉 의식의 빛이 명멸하는 짧은 순간으로 한정하게 됩니다. 그리고 신을 생각할 때는 한줄기 빛으로 표현해버리죠. 사실 그 빛은 논리적으로는 비교할 대상이 없습니다. 그러나 여러분이 그것이 진정 무엇인지 깨닫는다면 참된 현실을 이해하게 되는 셈입니다.

여러분의 역사는 지금 몰두해 있는 가능성들의 한 가지 경로만 상징합니다. 그것만으로는 인류의 존속 기간이나 육체적 활동 목록 혹은 창조물들의 이야기, 문명, 전쟁, 기쁨, 기술, 승리 등을 모두 알 수는 없죠. 현실은 여러분이 추정하거나 이해하는 것보다 한층 다변하고 풍요로우며 불가사의합니다. 과학자들이 분류해놓은 진화 경로 역시 여러분이 현재 열중해 있는 가능한 진화 경로 한 가지만 나타냅니다.

다시 말해 다른 가능한 육체 세계에서는 여러분의 진화와 똑같이 확실하고 실제적인 경로가 발생했고, 발생하고 있고, 발생할 것입니다. 그처럼 다양하고 무한한 발전 가능성들이 한 가지 현실의 틀에 전부 나타날 수는 없죠.

여러분은 자신이 알고 있는 진화 체계야말로 유일하며 물리적으로 그 외의 체계는 존재할 수 없다고 믿습니다. 하지만 현재 여러분이 알고 있는 육체의 현실 속에는 다른 육체의 현실에 대한 힌트와 단서가 들어 있죠. 충분히 널리 이용될 수 있는데도 현재의 가능성 속에서는 전혀 그렇지 못한 감각 기관이 인체에 잠재되어 있습니다. 현재의 가능성이란 여러분이 알고 있는 지구의 측면과 관련된 현실을 뜻합니다.

진화 경로는 결코 죽어 있는 것이 아닙니다. 설사 여러분의 세계에서는 사라졌다 하더라도 다른 세계에 나타나게 되어 있죠. 생명과 의식이 물질화된 모든 사물들은 각자의 전성기를 갖고 자신들이 번창할 만한 조건을 창조하기 때문에 그들의 전성기는 영원합니다.

피와 살붙이의 형상을 한 채 특별한 종류의 시공간에 파묻힌 육체적 창조물이 여러분의 모든 것이라고는 할 수 없습니다. 여러분은 자신의 발전과 내용에 걸맞는 현실 차원에서 태어나 특정한 가능성의 차원으로 나서고 있는 창조물이기도 합니다.

본체, 즉 전체적 자아에 대해 직관적으로 이해한다면 자신의 능력과 통찰력, 체험을 실감하고, 지금과 같은 일정한 유형의 의식을 기를 수 있도록 해놓은 장본인이 바로 전체적 자아임을 알게 될 것입니다. 아무리 보잘것없는 체험이라도 육체적인 두뇌로는 도저히 가늠할 수 없는 다차원적 환경 속에서 훨씬 커다란 반향을 불러일으키게 되어 있죠. 의식이 현실에서 극미한 한 가지 측면에 완전히 열중해 있는 것처럼 보여도 그렇게 빠져 있는 부분은 자아의 극히 표면적인 요소일 뿐입니다. 자아의 나머지 광대한 부분은 다른 분야에 주의력을 쏟고 있으며 그중 일부는 마치 여러분의 현재 의식처럼 자신의 현실에 빠져 있죠.

다차원적 자아는 모든 체험을 인지하고 있고 육체적인 자아를 비롯하여 자아의 다른 부분도 그러한 체험의 지식을 어느 정도는 이용할 수 있습니다. 그리하여 자아의 다양한 부분이 그러한 체험을 충분히 인식하게 되죠. 그 인식은 자동적으로 자아관을 변화시켜 존재의 다양성에 도움이 될 것입니다.

육체의 감각 자료가 지배하는 가능한 현실 세계가 존재합니다. 하지만 그런 육체적인 세계는 전체 가능성의 세계에서 극히 일부분에 지나지 않습니다. 여러분 개개인은 비육체적인 세계 속에도 존재하는데, 나는 앞에서 여러분의 생각이나 감정이 현재 존재의 영역 외에 다른 방식으로도 표현된다는 점을 설명한 적이 있습니다.

알다시피 현재 여러분에게 친숙한 '나'는 여러분이 가진 전체적인 정체성의 극히 작은 부분에 불과합니다. 그래서 여러분은 최고 존재를 생각할 때 현재 자신과 똑같은 능력을 갖고 있으면서 자질들이 강화된 남성적 퍼스낼리티를 상상하죠. 이런 신관 역시 인간의 자아상이 변화하면서 오랜 세월에 걸쳐 변화해온 것입니다.

인간이 생존하기 위해 강력한 전투력과 잔인성이 필요했던 시기에는 그런 특성을 바람직하게 여겼고, 그에 따라 신도 그처럼 잔인하고 강력한 존재로 묘사되었습니다. 인간은 그런 특성을 부러워하는 한편 두려워했기에 자신의 신관에 반영했고, 결과적으로 그러한 신관을 자아상에 반영했습니다.

하지만 상상을 초월할 만큼 다차원적인 현실 속에서 해묵은 신관은 무의미합니다. 최고 존재라는 표현 자체가 왜곡된 의미를 담고 있습니다. 왜냐하면 벌써 그 단어에는 인간성이 반영되어 있기 때문이죠. 내가 신도 하나의 관념이라고 말한다면 여러분은 받아들이지 않을 것입니다. 관념이 실재성을 갖는 차원이나 그것이 일으키고 움직일 에너지를 이해하지 못하기 때문이죠. 또한 관념이 물리적 사물과 똑같은 방식으로 작용한다고 믿지 않기에 설사 내 말을 받아들인다 하더라도 신은 실재하지 않을 거라고, 즉 불분명하고 현실성, 목적, 활동성도 없다고 잘못 해석할 수 있습니다.

실제로 인간의 몸도 물질 영역 내에서 여러분의 자아 관념이 물체화된 것입니다. 자아상이 없다면 육체의 형상 또한 있을 수 없습니다. 자아 관념의 힘과 에너지가 여러분의 육체를 유지시킵니다. 관념은 여러분이 생각하는 것보다 더 중요하죠. 인간은 다차원적인 존재이며 자신이 무한한 가능성의 환경 속에 머문다는 개념을 받아들인다면 '신'이라는 단어가 가리키는 실상을 어렴풋하게나마 바라보고 그 단어의 개념을 진실로 이해하기가 거의 불가능한 이유를 깨달을 수 있을 것입니다.

신은 하나의 물리적 우주뿐만 아니라 그 원리를 훌쩍 뛰어넘는 광대하고 무한한 다른 가능성의 존재 양식을 창조해낸 창조자입니다. 그 자신이 모든 가능성의 일부이기에 자그마한 행성에 아들을 보냈다가 죽게 만들지는 않죠.

태초에 관한 우화와 이야기는 예부터 있어 왔습니다. 그 모든 이야기는 존재의 지식을 가능한 한 간단하게 전달하기 위해 만든 것이었죠. 애당초 그런 이야기들이 나오게 만든 인류의 의문은 여러분의 현실 세계 밖에서는 아무 의미도 없습니다. 우주의 시초와 종말이란 존재하지 않는데도 많은 우화에서 그런 개념을 이야기하는 까닭은 여러분이 태초와 종말을 불가분의 실질적인 사건으로 보는 왜곡된 시간관념을 갖고 있기 때문이죠. 육체의 현실로부터 주의력을 돌려 다른 현실의 증거를 조금이나마 체험하는 동안에도 의식은 참된 설명을 이해하지 못하게 만드는 해묵은 관념에 매달리게 되어 있습니다. 그러나 꿈속에서나 트랜스 상태에서, 그리고 활동 중에 잠재의식으로는 다차원적인 의식을 이용할 수 있죠.

그런 의식은 육체 세계와 떨어져 있지 않고 오히려 그것과 뒤섞여 있거나 그 안에 있으며 관통하기도 하고 주변을 가득 채운 다차원적인 풍요로움을 개인적으로 체험할 수 있게 해줍니다. 현실 하나하나가 모든 현상에 두루 퍼져 있으며 모든 현상의 일부분이라는 사실을 부인하는 것은 육체적 삶이 실재하지 않는다고 말하는 것과 같습니다. 마찬가지로 신은 육체의 현실과 동떨어져 있거나 별개로 존재하지 않으며 오히려 그 안에 일부분으로 존재합니다. 그가 다른 모든 존재의 시스템 안에 일부분으로 존재하는 것처럼 말입니다.

그리스도 상은 여러분의 신관과 신의 관계를 상징적으로 나타냅니다. 역사적으로는 세 사람의 개인사가 뒤섞여 그리스도로 알려졌기 때문에 기록에 그토록 많은 모순이 있는 것입니다. 그리스도의 이미지는 세 명의 남성이 포함되어 있습니다. 왜냐하면 여러분은 현재의 발전 수준에서는 여성을 존재의 동반자로 받아들이려 하지 않기 때문이죠.

그들은 모두 한 본체의 일부분입니다. 여러분은 신을 아버지로 상상할 수밖에 없었습니다. 인간의 관점을 넘어선 신은 전혀 상상하지 못했을 테니까요. 결국 세 명의 위인은 위대한 추진력에 이끌려 지극히 상징적인 드라마를 연출해냈습니다.

여러분이 알고 있는 사건들은 실제로는 일어나지 않았습니다. 그리스도의 십자가형은 육체적인 사건이 아닌 심령적인 사건이었습니다. 상상하기 힘들 정도로 위대하고 중요한 관념이 드라마로 표현되었던 것입니다. 이를테면 유다는 여러분이 생각하는 그런 인간이 아니었습니다. 그는 다른 제자들과 마찬가지로 그리스도의 퍼스낼리티가 만들어낸 축복받은 '파편 퍼스낼리티'였습니다. 자아 배신자를 상징하는 그는 육체의 현실에 초점을 맞추고 탐욕에 의해 내면의 자아를 부정하는 퍼스낼리티의 일부분을 극화했죠.

열두 제자 한 사람 한 사람은 각기 하나의 퍼스낼리티에 속한 열두 가지 자질 가운데 하나를 대표하며 그리스도는 내면의 자아 자체를 나타냅니다. 그러므로 세 사람으로 구성된 그리스도를 비롯해 열두 제자는 내면의 자아와 에고의 열두 가지 주요한 특성을 상징합니다. 그리스도가 제자들에게 둘러싸여 있듯이 내면의 자아는 그런 육체적인 특성에 둘러싸여 있습니다. 그 각각의 특징은 한편으로는 일상적인 현실로 쏠리면서도 다른 한편으로는 내면의 자아를 맴돌고 있죠.

제자들은 내면의 자아로부터 육체적 현실성을 부여받았습니다. 마치 여러분의 모든 육체적 특징이 내면의 본질에서 나왔듯이 말입니다. 따라서 극은 여러분 가운데 펼쳐진 살아 있는 우화였죠. 여러분이 이해할 수 있는 용어로 여러분을 위해 공연된 우주적인 드라마였습니다.

모든 개념이 인격화되면서 가르침의 내용은 아주 명백하게 드러났습니다. 마치 여러분의 동네 한가운데에서 펼쳐진 교훈극과 같았죠. 그렇다고 해서 이전에 여러분이 생각했던 것보다 비현실적인 사건이라는 의미는 아닙니다.

세 명의 그리스도 퍼스낼리티는 분명 여러분의 행성에 태어나서 활동했던 인물들입니다. 하지만 그중에 십자가형을 받은 사람은 없죠. 열두 명의 제자는 그들 세 사람의 퍼스낼리티 에너지가 뒤섞여서 육체화된 인물입니다. 물론 그들은 제각각 완벽한 개인성을 부여받았지만 그들의 주요 사명은 모든 인간에게 잠재되어 있는 특정한 자질을 분명하게 나타내는 것이었습니다.

개개의 현실 속에는 그와 똑같은 종류의 드라마가 여러 방식으로 펼쳐져 왔습니다. 그 드라마는 겉보기에는 다른 내용을 갖고 있지만 본질적으로는 모두 똑같죠. 그렇다고 해서 그리스도가 무수한 세계 속에 나타났다는 의미는 아닙니다. 내 말은 신의 개념이 각각의 세계 속에 그곳 주민들이 이해할 수 있는 방식으로 표현되었다는 의미입니다.

그 드라마는 과거에만 있었던 일이 아니라 지금도 계속 펼쳐지고 있습니다. 여러분 자신이 과거로 한정시켰을 뿐입니다. 그렇다고 해서 언제나 똑같은 드라마가 발생하고 있다는 뜻도 물론 아닙니다. 그 드라마는 결코 무의미한 것이 아니며 여러분의 표현대로라면 정극에 속하죠. 또한 여러분이 선택한 신극神劇이기도 합니다. 가능한 연극 중에는 다른 현실의 퍼스낼리티들이 감상하는 다른 신극이 있지만 여러분은 인지하지 못하고 있습니다.

십자가 사건이 육체적으로 일어났든 일어나지 않았든 이는 분명 심령적인 사건이며 그 드라마와 관련된 다른 모든 사건처럼 실재합니다. 그중 많은 사건이 육체적으로 벌어졌으나 일부는 그렇지 않죠. 하지만 그 심령적인 사건은 여러분의 세계에 육체적인 사건만큼이나 커다란 영향을 미쳤습니다. 그 모든 드라마는 인류의 필요에 의해 만들어졌지만 여러분의 현실 세계에서 시작된 것은 아닙니다.

다른 종교 역시 신에 대한 개념을 각기 다양한 문화에 이해시킬 수 있는 방식으로 펼쳐진 여러 가지 드라마에 토대를 두고 있습니다. 그러나 불행히도 드라마 간의 차이점은 오해를 낳았고 그런 오해가 전쟁의 구실로 이용되었죠. 그런 드라마는 꿈에서도 개인적으로 공연되었습니다.

원래 신인상神人像은 처음에는 꿈 상태에서 인간에게 소개되었던 것이며 그 후 드라마의 현실화가 준비되었던 것입니다. 인간은 환상과 영감을 통해 그리스도의 드라마가 상연되리라는 것을 알았고 그 덕분에 실제로 그 일이 육체적으로 일어났을 때 제대로 알아볼 수 있었습니다. 그렇게 해서 달성된 힘과 능력은 다시 꿈의 우주로 되돌려졌죠. 다시 말해 신극은 육체화를 통해 활력과 강도를 더욱더 증가시켜왔습니다. 인간은 개인적인 꿈을 통해 신극의 주요한 인물과 관련을 맺으며 드라마의 진정한 의미를 깨닫게 됩니다.

신은 자신이 창조한 모든 현실 세계의 총합 이상이면서도 그 세계 안에 빠짐없이 깃들어 있습니다. 그는 모든 인간에 내재해 있죠.

거미, 그림자 개구리의 내면에도 깃들어 있지만 인간은 그런 사실을 인정하기를 꺼립니다.

신은 오직 체험될 수 있을 뿐입니다. 여러분은 스스로 인식하든 인식하지 못하든 자신의 존재를 통해 신을 체험하고 있습니다. 신은 남성이나 여성이 아닙니다. 나는 단지 편의상 신을 '그'라고 지칭하고 있습니다. 그는 결코 여러분이 생각하는 그런 퍼스낼리티가 아닙니다. 여러분이 갖고 있는 퍼스낼리티에 대한 개념은 너무나 편협해서 신의 다차원적이며 광대무변한 측면을 담아낼 수 없죠.

다른 한편으로 신은 인간이기도 합니다. 신이 자신을 인간으로서 보는 관념에 바로 여러분이 관련되어 있죠. 신은 말 그대로 피와 살을 갖고 여러분 가운데 살아 있습니다. 왜냐하면 신은 바로 여러분의 육체를 만든 장본인이며 다차원적인 자아에게 생명력과 실체성을 부여하는 에너지 공급자이기 때문입니다. 그 덕분에 다차원적 자아는 여러분의 관념에 따라 여러분의 형상을 만드는 것이죠.

다차원적 자아, 즉 영혼은 영원한 실체성을 갖고 있습니다. 그것은 상상할 수조차 없는 생명력의 에너지로 지탱되고 부양되며 유지되고 있습니다. 영혼은 파괴될 수도 없고 줄어들 수도 없습니다. 그것은 존재하는 것들이 갖고 있는 모든 능력을 공유합니다. 영혼은 자신이 창조된 대로 창조해야만 하죠. 그것이야말로 모든 존재의 차원 배후에서 이루어지는 위대한 베풂이요, 존재하는 모든 것의 원천에서 흘러넘치는 축복이기 때문입니다.

| 561번째 대화 |

존재하는 모든 것의 다차원적 측면은 오직 체험으로만 알 수 있습니다. 어떤 설명으로도 그 속성을 충실하게 그릴 수는 없습니다. 다만 그 실상과 속성은 특정한 세계의 위장 소재에 맞게 갖가지 현실 세계에 나타납니다.

다차원적인 신은 두 가지 주요한 분야를 통해 내적으로 체험됩니다. 그 중 한 가지는 우주 최고의 원동력이 지각 가능한 모든 사물 속에 들어 있음을 깨닫는 것이고, 다른 하나는 그 힘이 현상계와는 무관한 실상임을 깨닫는 것입니다.

다차원적인 신과의 모든 개인적인 접촉, 의식이 신비경에 빠진 순간은 늘 통합적인 효과가 있죠. 그런 체험은 개인을 고립시키기보다는 오히려 자신의 능력껏 현실의 다른 많은 측면을 체험할 때까지 지각 범위를 넓혀줍니다. 그래서 존재의 고립감이나 분리감은 전보다 더 엷어지고 그 체험으로 인해 다른 존재를 가볍게 여기지도 않죠. 오히려 체험자는 존재하는 모든 것과의 일체성을 자각하는 이해 구조 속에서 움직일 수 있습니다.

여러분이 의식적으로 지각하지 못하는 현실의 다른 부분과 다른 가능성의 세계가 존재하듯이 아직 이해하지 못하는 신성의 측면이 있게 마련입니다. 다시 말해 온갖 가능한 신들이 어떤 현실적 형태나 특정한 존재 양식으로도 결코 담아낼 수 없을 만큼 위대한 정체성의 다차원적 측면을 각자의 방식으로 반영하고 있습니다.

나는 지금 여러분의 사고가 발휘하는 광범한 창조력에 대해 조금이나마 밝히기 위해 노력하고 있습니다. 사실 존재하는 모든 것에서 비롯된 다차원적 창조성을 상상한다는 것은 불가능하죠. 존재하는 모든 것이란 개개인을 나타내는 온갖 가능한 신들을 포함한 명칭입니다.

이제는 태초에 관한 간단한 이야기나 우화를 이해하기가 한결 쉬울 것입니다. 인류는 이제 보다 심오한 현실관을 이해함으로써 의식을 넓힐 때를 맞이했습니다. 여러분은 더 이상 동화를 들을 필요가 없을 만큼 성장했죠. 여러분의 생각이 나름대로 형태와 현실성을 부여받고 심지어 의식할 수 없는 다른 현실 세계에서도 실체성을 가진다는 사실을 이해한다면 다른 가능성의 세계가 여러분의 사고와 감정의 영향을 받는 까닭이나 가능한 신들의 활동이 존재의 다른 차원에서 일어난 사건, 이를테면 기도나 예배에 영향받지 않는 이유를 그리 어렵지 않게 이해할 수 있을 것입니다.

초고대 비폭력 문명이 우리에게 미친 영향

| 562번째 대화 |

개인뿐만 아니라 문명 또한 윤회를 합니다. 육체를 갖고 태어나는 실체는 육체의 환경 속에서 가장 잘 발휘할 수 있는 능력을 계발하는 일을 하도록 되어 있죠. 그리고 그 실체는 자신의 생각, 감정, 행동을 통해서 그것이 형성되는 데 일조하고 있기에 자신이 존재하는 문명에 책임을 집니다. 성공은 물론 실패를 통해서도 배웁니다. 여러분은 육체의 역사가 원시인이 살았던 시대에서 시작되었다고 생각하겠지만 지상에는 놀라운 과학적 초고대 문명이 존재했습니다. 그중 일부는 전설로 회자되었으나 어떤 것은 전혀 알려지지도 않았죠. 후자의 경우 여러분의 관점에서 보면 완전히 사라져버린 문명입니다.

현재 여러분은 인류가 스스로 문제를 해결하거나 공격성과 이해

부족 혹은 영성의 결여로 인해 자멸의 길을 걸어야 하는 선택의 기로에 서 있다고 생각하고 있습니다. 하지만 여러분은 갖가지 능력을 계발하고 이용할 수 있는 수많은 삶을 부여받듯이 현재 역사의 발전 경로 외에도 수많은 발전 경로를 갖고 있습니다.

윤회 구조는 가능성의 전체 조감도에서 한 부분에 불과합니다. 전체 그림에서 보면, 여러분은 윤회적인 삶을 끝내기 전에 자신의 모든 잠재력을 계발하기에 충분한 시간을 갖고 있죠. 다양한 윤회 주기 속에서 인간집단은 위기를 헤쳐나가며 여러분이 현재 이룬 육체적 발전 수준에 다다랐다가 그 이상으로 진보하거나 문명을 자멸시켰습니다.

문명을 자멸시킨 경우, 그들은 실패뿐만 아니라 그 이유에 대한 무의식적인 지식을 갖고 또 다른 기회를 부여받았습니다. 이후 그들은 심리적으로 유리한 위치에서 원시 집단으로 새롭게 시작했습니다. 반면 문제를 해결한 집단은 여러분의 행성을 떠나 물리적 우주의 다른 지점으로 갈 수 있었죠. 그러한 발전을 이룬 집단은 영적으로나 심령적으로 성숙하여 현재 여러분이 알지 못하는 에너지를 활용할 수 있었습니다.

현재 그들에게 있어서 지구는 전설과도 같은 고향에 불과합니다. 그들은 육체적으로는 더 이상 여러분의 환경 속에 적응할 수 없는 새로운 인종과 종족을 이루었습니다. 하지만 그들도 육체의 현실 속에 머무르는 동안에는 윤회를 지속했죠. 그들 중 일부는 돌연변이를 일으켜 윤회 주기를 오래전에 떠나기도 했습니다. 그렇게 윤회의 차원을 벗어난 이들은 물질적인 형상을 버리고 정신적인 실체로 진화했습니다. 이들 집단은 아직도 지구에 많은 관심을 갖고 있죠. 그들은 지구를 후원하면서 에너지를 보냅니다. 어떤 면에서 그들은 현재 지구의 신들이라고 할 수 있습니다. 그들은 지구상에서 아틀란티스 시대보다도 훨씬 오래 전에 세 개의 문명을 창조하는 일에 관여해왔죠. 그때 지구는 지금과는 다른 위치에 있었습니다.

그 세 문명의 시대에는 지축이 뒤바뀐 적도 있습니다. 당시 문명은 상당히 높은 기술 수준을 갖고 있었는데, 특히 두 번째 문명은 현재의 여러분보다 한층 우수한 발전상을 보였습니다. 두 번째 문명권은 주로 현재의 아프리카와 오스트레일리아 등지에 퍼져 있었습니다. 당시는 기후와 지형까지 지금과 전혀 달랐죠. 변동된 지축의 위치와 관련하여 대륙 간의 끌림도 지금과는 다른 양상을 보였습니다. 그 문명은 비교적 제한된 지역에 집중되어 있었고 확장하지 않았습니다. 그 사회는 매우 내향적으로 성장하며 당시에 드넓게 산재해 있던 원시 문화와 공존하고 있었습니다.

두 번째 문명인들은 다른 원시인들을 문명화하려고 하지 않았고 오히려 아주 오랜 세월 동안 그들의 진보를 방해하는 데 온 힘을 기울였습니다. 그들은 이전의 성공적인 문명에서 비주류에 속했던 이들로, 대부분은 물질 우주의 다른 지역으로 옮겨 가 삶을 지속하기로 결정을 내려둔 터였습니다. 하지만 그들은 지구에서의 삶에 매료되었고 그곳에서의 마지막 삶의 실험을 통해 진보를 이룰 것으로 생각했죠. 비록 나중에는 자유롭게 존재의 다른 층으로 옮겨갔지만 말입니다.

그들은 비록 이전 문명과는 다른 지역에 터전을 잡았지만 미개한 문명에서 다시 시작하고 싶지 않았습니다. 그래서 이전 문명에 대한 상당한 지식을 본능적으로 갖추고 다양한 기술 발전 단계를 매우 빠르게 거쳤습니다. 특히 폭력에 대한 방어 기제를 선천적으로 갖춘 인종을 개발하는 데 관심을 쏟았죠. 그들에게 있어서 평화에 대한 갈망은 거의 본능에 가까웠습니다. 그 결과 육체의 메커니즘에 변화가 있었습니다. 마음이 강한 공격성을 나타내더라도 몸은 반응하지 않았습니다. 오늘날 여러분 중 일부가 갖고 있는, 타인을 공격하기 전에 스스로 기절하거나 자해를 하는 정신적 습관은 어쩌면 이들 초고대 문명인의 심리적 자취일 수도 있습니다.

그 문명인은 주변의 토착민들을 평화롭게 내버려두었습니다. 그러나 토착 종족의 생물적·본능적 기능을 평화롭게 변화시키기 위해 일부 구성원을 밖으로 내보내 토착민과 결혼하게 했습니다.

현재는 대개 폭력적인 경향을 띠는 에너지가 당시에는 다른 용도로 쓰였는데 그 결과가 점차 그들에게 역작용을 일으켰죠. 그들은 폭력이나 공격성을 제대로 다루는 법을 터득하지 못했던 것입니다. 그래서 육체적으로 이를 차단하고자 했지만 그 방법은 뜻밖의 문제를 야기했죠.

에너지는 육체 시스템 속을 자유로이 돌아다니며 정신적으로나 심령적으로 적절히 통제되고 조절되어야 합니다. 이런 측면을 소홀히 한 채 에너지를 육체적인 변화로 조종하려는 시도는 오히려 전체 시스템에 부담을 주고 말았죠. 창조적 기능과 기반은 행동을 촉발하는 공격 성향으로 왜곡되어 제대로 이해되지 않았던 것입니다. 엄밀히 따지면 숨쉬기 자체도 폭력의 일종이죠. 어쨌든 선천적인 폭력 억제 기제는 지극히 제약된 통제 시스템을 통해 필요한 공격적인 행동까지 억누르도록 만들었습니다.

지나치게 고지식하고 제약적인 심신의 상태는 생체가 생존하는데 필요한 자연스런 육체 활동을 온갖 방식으로 방해했습니다. 물론 그 문명은 정신적으로는 진보했으며 기술 수준도 비약적으로 성장했죠. 생존을 위한 살생이 일어나지 않도록 인공 음식을 개발하는 식으로 말입니다. 동시에 그들은 환경을 파괴하지 않기 위해 노력했습니다. 그 결과 그들은 증기 기관이나 자동차 등의 단계를 건너뛰어 일찍부터 소리를 이용한 테크놀로지에 집중했죠. 그들이 이용한 소리는 육체적인 귀에 들리지 않는 것이었습니다.

그들의 문명은 루마니아Lumania라고 불렸는데 그 이름은 전설로 회자되다가 훗날 다시 사용된 적이 있죠. 루마니아인들은 육체적으로는 아주 호리호리하고 허약했으며 심령적으로는 전혀 재능이 없는 인종이었습니다. 재능이 없게 된 이유는 선천적인 통제 시스템이 온갖 방식으로 신체 내 에너지의 흐름을 차단하여 원래는 고도로 발전되었던 텔레파시 능력까지 훼손시켰기 때문입니다.

그들은 자신들의 문명 지역을 에너지장으로 감싸서 다른 집단과의 접촉을 끊어버렸습니다. 하지만 고도의 테크놀로지가 그들을 멸망시키게 내버려두지 않았습니다. 그들은 시간이 갈수록 자신들의 실험이 실패로 돌아갔음을 깨달았죠. 그래서 일부는 사후에 성공적인 문명을 이루었던 이전 모 집단에게 돌아갔습니다. 당시 그 집단은 물리적 우주 내에 있는 다른 태양계로 이주한 상태였죠.

대다수 루마니아인들은 자신들의 도시를 떠나 주변을 감싼 에너지장을 파괴한 후, 미개인 집단과 합류하여 그들과 관계를 맺고 자녀를 낳았습니다. 루마니아인들은 폭력을 견뎌내지 못하는 데다가 폭력적으로 반응할 수도 없었기에 얼마 살지 못했죠. 하지만 그들은 자신들의 돌연변이 후손이 신경 통제 시스템 없이도 폭력에 대해 혐오감을 갖게 될 것이라고 생각했습니다.

결국 루마니아 문명은 멸망하고 말았죠. 그 후 돌연변이 후손 중 일부가 수많은 동물을 데리고 유랑 생활을 하게 되었습니다. 그들과 동물 무리는 서로를 돌보며 지켜주었는데, 바로 이러한 관계에서 반인반수에 관한 수많은 전설이 생겨난 것입니다.

다시 루마니아 문명의 초기로 돌아가봅시다. 최초의 위대한 고대 문명의 생존자인 루마니아인들은 자신들의 기원을 잠재의식적으로 분명하게 기억하고 있었습니다. 덕분에 그토록 빠르게 놀라운 기술 발전을 이룰 수 있었죠. 하지만 창조력의 건설적인 계발보다는 폭력의 회피만을 추구한 탓에 그들은 한쪽으로 치우친 경험을 하게 되었습니다. 폭력에 대한 두려움에 내몰린 나머지 자신들의 경험을 육체적으로 자유롭게 표현하는 것마저 억제했던 것이죠.

그들 문명이 허약했던 까닭은 폭력이 존재하지 않았기 때문이 아니라 표현을 위한 에너지와 자유가 자동적으로 차단되었기 때문입니다. 그들은 폭력의 사악함을 잘 알고 있었지만 자신의 방식대로 학습할 수 있는 개인의 권리를 부정했습니다. 그럼으로써 개개인이 자기 나름대로 창조적인 방식을 이용하여 폭력성을 건설적으로 전환하는 것이 불가능하게 되고 말았죠. 어찌 보면 자유 의지까지 내버린 셈입니다.

아기는 어머니의 자궁에서 나온 뒤 얼마 동안 질병이나 심령적 재난으로부터 보호를 받는 동시에 전생의 정체성과 환경을 기억함으로써 새로운 환경에서 오는 스트레스를 완화시킵니다. 마찬가지로 루마니아인들은 몇 세대에 걸쳐 지나간 문명에 대한 잠재의식적인 기억에 의지하여 새로운 문명의 기반을 다져나갔습니다. 그러다 마침내 기억이 희미해지자 그들은 폭력으로부터 자신들을 보호하게 되었는데, 아쉽게도 두려움 자체에 대해서는 아무런 대책도 세우지 않은 것입니다.

거친 자연의 힘에 폭력적으로 반응하지 못했기에 그들이 느낀 온갖 인간적인 두려움은 더욱 클 수밖에 없었습니다. 공격을 당하면 싸울 것이냐 도망갈 것이냐를 놓고 고민할 필요조차 없었죠. 오직 달아나야만 했으니까요.

아이러니하게도 그들은 남성적인 신을 믿었습니다. 자신들을 보호해줄 만큼 강력하고 능력 있는 남성적인 신 말입니다. 세월이 갈수록 그들이 생각하는 신도 루마니아인의 믿음과 함께 진화했습니다. 루마니아인은 자신들이 감히 표현할 수 없는 자질을 신관에 반영시켰죠.

바로 그 신이 먼 훗날 선민을 보호해주는 분노의 신 '여호와'로 나타났던 것입니다. 자연의 힘에 대한 극단적인 두려움은 인간을 양육해주는 자연의 본모습을 보지 못하게 했습니다. 루마니아인은 대지의 거친 힘으로부터 스스로 자신들을 보호하지 않았기에 그것을 신뢰할 수도 없었습니다. 결국 그들의 엄청난 기술력과 위대한 문명은 지하 세계에 뿌리를 내리게 됩니다. 그들이 바로 최초의 혈거인이었죠. 동굴은 그들의 도시를 출입할 수 있는 통로였습니다. 동굴은 원래 미개한 토착민이 거주하던 곳이 아니었습니다. 도시가 폐허화되고 오랜 세월이 지난 후 미개한 토착민이 그런 동굴을 발견하게 된 것입니다.

여러분이 자신의 조상으로 여기는 석기 시대의 혈거인들은 천연 동굴이 아닌 인공 동굴과 한때 루마니아인들이 살았던 폐허화된 도시를 피난처로 삼았습니다. 그리고 혈거인들이 만들었던 일부 도구는 그들이 발견했던 물건을 조악하게 본뜬 것이었습니다.

| 563번째 대화 |

루마니아인은 외부인을 정복하거나 문명을 널리 보급하는 일 없이 역량을 내부에만 집중하면서 다른 한편으로는 수세기에 걸쳐 변경에 전초 기지를 건설하고 그곳을 통해 다른 토착민을 감시했습니다. 이런 기지는 지하에 건설되었죠. 복잡하면서도 아름답게 설계된

지하 통로를 통해 도시나 대규모 정착지와 연결했습니다. 높은 심미안을 지닌 종족이었던 그들은 통로의 벽을 각종 그림과 조각상으로 아름답게 꾸미기도 했습니다. 또한 통로에는 사람이나 화물을 실어 나르기 위한 각종 에스컬레이터 시스템이 설치되어 있었습니다. 그러나 곳곳에 퍼져 있는 수많은 기지로 이동하기 위해 그런 화려한 터널을 건설한다는 것은 비실용적인 일이었죠. 왜냐하면 대개 그런 기지에 사는 공동체는 자립 생활을 하는 소수의 사람들로 구성되었으며, 일부 기지는 상업과 활동의 중심지로부터 상당히 멀리 떨어져 있었기 때문입니다.

기지는 수많은 지역에 퍼져 있었지만 상당수는 현재의 스페인과 피레네산맥에 자리 잡고 있었습니다. 그렇게 된 데에는 여러 가지 이유가 있는데, 그중 한 가지는 산맥에서 생활하는 거인족과 관계가 있죠. 루마니아인은 소심한 성격 탓에 기지 생활을 꺼렸으며 가장 용감하고 자신감 넘치는 이들이 그 일을 떠맡았습니다.

동굴은 외부로 나가는 출입구였습니다. 동굴 내벽은 바깥에서는 안을 들여다볼 수 없지만 안에서는 바깥을 투명하게 내다볼 수 있는 물질로 만들었습니다. 그런 동굴을 피난처로 사용했던 토착민은 큰 위험 없이 밖을 관찰할 수 있었습니다.

루마니아인들은 여러분의 귀에는 들리지 않는 소리에 반응할 수 있었습니다. 폭력에 대한 특이한 두려움이 그들의 모든 신체 메커니즘을 경이로운 수준으로 끌어올렸던 것입니다. 그들은 항상 깨어서 주변을 경계했죠. 설명하기 힘든 사실이지만 그들은 일정한 주파수대에 맞춘 생각을 특정한 목적지에서 갖가지 방식으로 모종의 형상이나 색깔, 이미지로 전환할 수 있는 놀라운 기술을 갖고 있었습니다. 그들의 유별난 언어는 음조, 음파, 어간에 있어서 여러분이 이해할 수 없을 정도로 정밀하고 복잡다단한 변화를 나타내죠. 사실 그러한 커뮤니케이션 능력은 루마니아인의 최대 강점 중 하나였습니다.

루마니아인이 그렇게 높은 발전을 이룬 것도 항상 경계심을 늦추지 않을 만큼 폭력에 대한 두려움이 깊었기 때문입니다. 그들은 스스로를 보호하기 위해 대가족으로 뭉쳐서 살았습니다. 자녀들은 부모와 아주 긴밀한 관계를 유지했고 부모가 잠시라도 곁을 떠나면 불안해했죠.

이런 이유에서 기지로 파견된 사람들은 극도의 불안감에 시달렸습니다. 그들은 인원이 제한되어 있었고 대부분 문명의 중심지로부터 단절되어 있었죠. 그래서 텔레파시 능력을 보다 왕성하게 계발하고 지상의 대지와 정신적으로 깊은 교감을 나누어 미세한 진동이나 발자국 소리, 사소한 움직임이라도 평소와 다르면 즉각적으로 감지할 수 있었습니다.

당시에는 지표면을 엿볼 수 있는 구멍이 곳곳에 나 있어서 지상을 쉽게 관찰할 수 있었죠. 그런 구멍에는 지상은 물론 별도 정밀하게 촬영할 수 있는 카메라가 설치되었습니다. 또한 루마니아인은 지하 가스층과 지각 내부에 정통했으며 지진과 단층을 주의 깊게 관찰하고 예측했습니다. 그들은 다른 인종이 지구를 떠난 것만큼이나 성공적으로 지구 속에 들어갔던 것입니다.

이 두 번째 문명은 세 문명 가운데 가장 흥미로운 이야기를 갖고 있습니다. 첫 번째 문명은 여러분과 거의 동일한 발전 경로를 거쳤고 현재 여러분의 문명이 직면한 수많은 문제를 똑같이 경험했습니다. 그들은 주로 현재의 소아시아 지역에 자리를 잡고 개방적인 태도로 다른 지역으로 진출했죠. 이들이 바로 내가 앞에서 언급한 다른 은하계의 행성으로 가버린 인종으로서 루마니아인의 기원이기도 합니다.

세 번째 문명을 이야기하기 전에 두 번째 문명에 대해 좀 더 말해둘 것이 있습니다. 다름 아니라 루마니아인이 그림에 적용했던 커뮤니케이션 원리와 창조적 커뮤니케이션에 활용되었던 지하 통로에 대한 이야기입니다. 우선 그들의 커뮤니케이션 능력은 여러분보다 훨씬 우수했습니다. 이를테면 다양한 예술 형태들이 여러분에게는 거의 알려지지 않은 형식으로 연결되어 있죠. 그 개념 자체가 여러분에게는 생소한 것이기에 설명하기가 무척 어렵군요.

동물 그림을 예로 들어 보겠습니다 여러분은 이를 단순한 시각적 사물로 인식할 것입니다. 하지만 위대한 종합 예술가였던 루마니아인에게 있어 그림 속 선은 단순한 시각적인 선이 아니었죠. 시각적 형상을 무한대로 다양하게 구분하고 구별함으로써 각각의 의미를 띤 특정한 소리 체계를 전달했습니다.

관찰자는 자신이 원하기만 하면 시각적인 이미지를 떠올리며 자동적으로 그 형상을 소리로 나타낼 수 있었습니다. 그래서 겉보기에는 간단한 동물 그림 같은 것도 실상은 그 동물의 전체 역사나 배경에 대한 설명을 담을 수 있었습니다. 그림의 객관적 기능 외에 곡선, 각도, 직선 따위는 일련의 복잡하고 다양한 음조, 음색, 그리고 의미 체계, 즉 무형의 문장을 전해주었죠.

선들 사이의 간격도 소리의 중지, 아니면 경우에 따라서 시간상의 간격을 나타냈습니다. 색깔도 커뮤니케이션을 위한 언어 속에 포함되었죠. 이는 여러분의 문화에서처럼 감정의 변화를 나타냈지만 다른 한편으로는 직선, 각도, 곡선의 객관적인 의미가 전해주는 메시지를 한층 강화하거나 일정한 방식으로 수식함으로써 표현을 세련되게 하고 뜻을 명확하게 만드는 기능을 갖고 있었습니다.

그림의 크기 역시 나름대로 메시지를 담고 있었죠. 어떤 면에서 매우 정형화된 예술이면서도 섬세함과 풍부한 여백은 표현의 정밀성과 자유를 꽃피웠습니다. 분명 그림 자체가 고도로 축약된 언어였습니다. 훗날 제3의 문명인이 이 기술을 발견함으로써 루마니아인의 그림을 본뜬 잔재들이 아직도 남아 있죠. 하지만 해석의 열쇠는 완전히 실종되었기 때문에 여러분이 보는 것은 의미 체험의 다양성을 전해주는 다감각적 요소가 배제된 단순한 그림일 뿐입니다. 고대 문명의 잔재는 분명 남아 있지만 여러분은 그것을 다시 살려낼 수 없습니다.

나는 이 자리에서 일부 동굴, 특히 스페인과 피레네산맥, 아프리카 등지의 일부 석기 시대 동굴이 인공 구조물이라는 사실을 밝혀두고자 합니다. 당시 루마니아인은 고도로 발달된 소리의 기술을 이용하여 물질을 운반했습니다. 지하 터널을 뚫거나 천연 동굴을 확장하고 연결하는 데에도 이러한 기술을 사용했죠. 동굴 벽에 남아 있는 그림은 지극히 정형화된 정보를 담고 있었습니다. 마치 오늘날 관공서 앞 게시판처럼 당시 해당 지역에 서식하거나 거주하는 동물과 지성적 존재의 유형을 묘사했던 것입니다. 이런 그림은 훗날 여러분이 언급하는 초기 석기인의 모델로 활용되었습니다.

그들의 커뮤니케이션 능력과 창조적인 재주는 여러분의 것보다 훨씬 활기차고 신속하며 생생하게 의미를 전달하는 힘을 갖고 있었습니다. 여러분은 어떤 말을 들으면 그에 상응하는 시각적 이미지를 마음속에 떠올리죠. 하지만 루마니아인은 소리의 의미를 즉각적으로 소화하여 생생하고 실감나는 이미지를 자동으로 만들 수 있었습니다.

특정한 소리는 시공간 상의 크기, 형태, 방향, 기간을 기막힐 정도로 정교하게 구별하는 데 사용되었습니다. 다시 말해 소리는 자동적으로 훌륭한 이미지를 불러일으켰죠. 이런 이유에서 내적인 시각과 외적인 시각은 쉽게 분간되었습니다. 그들에게는 대화 도중에 명확한 의사소통을 위해 눈을 감고 언어의 교류에 수반하는 즉각적이며 변화무쌍한 내적 이미지를 즐기는 것이 매우 자연스런 일이었습니다. 그들은 무엇이든 아주 빨리 배웠으며 학습은 신나는 체험이었습니다.

다감각적 재능으로 한 번에 여러 가지 감각을 동시에 활용함으로써 학습효과를 높일 수 있었기 때문이죠. 하지만 이 모든 장점과 신

속한 지각력도 한 가지 약점을 보완해줄 수는 없었습니다. 폭력성을 직시하며 정복하지 못한다는 것은 외향적인 특성을 심하게 억제하고 있음을 뜻했죠. 그런 분야의 에너지가 차단됨으로써 루마니아인은 자신의 힘을 느낄 수 없었습니다.

여기에서 말하는 힘이란 꼭 육체적 힘을 의미하는 것은 아닙니다. 어쨌든 그들은 폭력과 마주치는 것을 회피하는 일에 상당한 에너지를 사용한 탓에 자신들의 공격성을 다른 분야로 이끌어낼 기회를 스스로 저버렸습니다.

| 565번째 대화 |

내가 루마니아인에 관한 이야기를 상세하게 설명하는 이유는 그들의 삶이 현재 여러분의 심령적 유산의 일부를 차지하고 있기 때문입니다. 다른 두 문명은 여러모로 훨씬 성공적이었지만 루마니아인이 그런 실험을 시도했던 강력한 열망은 아직도 여러분의 내면에 쉽게 폭발할 수 있는 상태로 남아 있죠. 그들은 비록 폭력성의 문제를 해결할 수 없었으나 그 열망만큼은 여전히 여러분의 심령적 환경에 경종을 울리고 있습니다.

시간의 속성상 루마니아인은 과거와 마찬가지로 여전히 존재하고 있습니다. 심령적 환경 속에서는 종종 유출이 일어납니다. 이것은 우연히 일어나는 일이 아니며 분리되어 있는 듯 보이는 양쪽 세계 간에 모종의 교감이 이루어질 때 발생하죠. 그런데 여러분의 문명과 루마니아의 문명 사이에는 심심찮게 그런 유출이 있었습니다. 예를 들어 지구상의 갖가지 옛 종교들은 루마니아인의 공격적인 신관을 선택해왔습니다. 루마니아인이 가까스로 생각해낸 힘과 폭력의 개념이 반영된 그 신은 백성이 비폭력으로 자신들을 보호할 수 없을 때 그들을 보호하도록 되어 있었던 것입니다.

현재도 그런 유출이 이루어지고 있습니다. 덕분에 여러분도 비록 초보적인 형태이기는 하지만 루마니아인의 다차원적 예술관과 커뮤니케이션 개념을 살펴볼 수 있게 된 것입니다. 물론 가능성의 무한한 차원 중에는 루마니아인이 비폭력 실험에서 성공을 거두고 전혀 다른 신인종을 탄생시킨 현실 세계가 포함되어 있습니다.

이 모든 이야기가 여러분의 귀에는 이상하게 들릴 것입니다. 왜냐하면 아직 여러분의 존재 개념이 너무나 제한되어 있기 때문이죠. 가능성의 현실이라든가 가능한 인간이나 신에 대한 개념이 여러분에게는 굉장히 비이성적인 이야기로 들릴 것입니다. 하지만 지금 이 책을 읽고 있는 여러분은 여러분의 가능한 '나' 중 하나일 뿐입니다. 다른 가능한 '나'들은 다른 '나'가 실재할 수 없다고 생각하며 존재 자체에 의문을 제기할 것입니다. 그럼에도 다른 가능한 현실 세계는 단순히 사변적이며 철학적인 의문으로 끝날 문제가 아닙니다. 현실의 본질에 대해 관심을 갖고 있다면 다른 가능한 현실은 바로 여러분 자신과 관련된 개인적인 문제가 될 것입니다.

루마니아인의 갖가지 자질이 여전히 여러분의 심령적 환경 속에 남아 있듯이 그들의 도시는 현재 여러분의 땅에 공존하고 있습니다. '나'의 다른 가능한 정체성이 현재 여러분이 받아들인 '나'의 정체성과 공존하고 있듯이 말입니다.

16

선택된 행위만큼 효과적으로 이행되는 또 다른 세계가 있다

일상생활 속에서 여러분은 순간순간 수많은 선택을 해야 합니다. 재채기를 할 수도, 창가로 갈 수도, 문가로 갈 수도, 팔꿈치를 긁적일 수도, 물에 빠진 아이를 구할 수도, 공부를 할 수도, 자살을 할 수도, 다른 이를 해칠 수도, 상대방에게 오른쪽 뺨을 돌려댈 수도 있습니다.

이같이 현실은 여러분이 선택한 행동으로 이루어지는 것처럼 보입니다. 여러분이 거부한 행동은 잊혀지고 무시되죠. 걸어가지 않은 길은 비현실로 남는 것처럼 보이겠지만 실상 모든 사념은 현실화되고 모든 가능성은 철저히 탐사되고 있습니다. 여러분은 육체의 현실이 일련의 육체적인 행위들로 이루어진다고 생각합니다. 바로 이러한 평가 기준 때문에 비육체적인 행위를 무시하는 것이죠.

한 가지 예를 들어봅시다. 여러분이 책을 읽고 있는데 전화벨이 울립니다. 친구가 오후 5시쯤에 만나자고 합니다. 여러분은 잠시 생각할 것입니다. 마음속에 몇 가지 심상이 떠오르겠죠. 안 된다고 말하고 집에 있는 모습, 두 번째는 안 된다고 말하고 다른 곳으로 가는 모습, 세 번째는 좋다고 말하고 약속을 지키는 모습입니다. 이 모든 행위는 당시로는 분명한 현실성을 갖습니다. 그것들은 모두 육체적으로 현실화될 수 있습니다. 여러분이 결정을 내리기 전까지 그 행위들은 똑같은 실체성을 갖습니다. 여러분이 그중 하나를 선택하는 것은 단지 세 가지 육체적 현실 중에서 하나를 자신의 현실로 받아들이는 것에 불과합니다.

다른 가능한 행위 역시 비록 여러분에게는 선택되지 않았어도 여전히 실체성을 지닙니다. 이는 여러분에게 선택된 행위만큼이나 효과적으로 이행되죠. 선택되지 못한 행위 가운데 강한 미련, 즉 감정적 에너지가 느껴지는 행위가 있다면 여러분이 선택한 행위보다 훨씬 강렬한 실체성을 지닐 수 있습니다.

모든 행위는 처음에는 정신적인 행위입니다. 그것이 바로 현실의 본질이죠. 이 말은 아무리 강조해도 지나치지 않습니다. 그리고 모든 정신적인 행위는 실체적입니다. 선택받지 못한 행위는 분명히 존재하며 부정할 수 없습니다.

여러분은 단지 그것을 육체적인 사건으로 받아들이지 않았기 때문에 그것의 힘이나 영속성을 감지하지 못하는 것입니다. 그러나 여러분이 인지하지 못한다고 해서 그것의 실체성이 파괴되는 것은 아니죠. 의사가 되고 싶지만 현실에서는 다른 직업을 갖고 있다면 다른 가능한 현실 속에서 여러분은 의사입니다. 지금 있는 곳에서 쓰지 않는 능력이 있다면 다른 곳에서는 쓰이게 마련입니다. 이런 개념이 여러분에게 불가능하게 들리는 까닭은 연속적인 사고 성향과 3차원적 사고방식 때문입니다.

이러한 사실은 영혼의 실체성을 부인하기보다는 오히려 엄청난 보탬이 됩니다. 그 점에 있어서 영혼은 순간마다 어딘가에서 가능성을 현실화하고, 자신의 성취를 이룰 수 있는 차원을 스스로 창조해 나가는 무제한적이며 다차원적인 창조적 행위입니다.

이처럼 여러분의 존재를 이루는 태피스트리는 3차원 지성으로 결코 가늠할 수 없는 구조를 갖고 있습니다. 가능한 자아는 분명 여러분의 정체성, 즉 영혼의 일부분입니다. 여러분이 그것과 접촉할 수 없는 까닭은 단지 자신의 육체적 사건에 초점을 맞추고 현실의 척도로 받아들였기 때문입니다.

여러분은 삶의 어느 시점에서든지 다른 가능한 현실을 감지하고 자신이 내린 육체적 선택의 배후에 있는 다른 가능한 행위들의 반향을 느낄 수 있습니다. 어떤 이들은 꿈속에서 종종 이런 일을 무의식적으로 치르기도 합니다. 꿈속에서는 정상적인 활동 의식의 엄격한 가정이 통제력을 잃어버리기 때문에 자신이 다른 가능한 삶을 들여다보고 있음을 깨닫지 못한 채 육체적으로 선택하지 않았던 활동을 실행하는 것이죠.

개인적으로 가능한 자아가 존재하듯 여러분이 선택하지 않은 경로를 거치고 있는 다른 가능한 지구가 존재합니다. 여러분도 때로는 상상을 통해 선택하지 않은 길로 잠깐씩 나들이를 해볼 수 있습니다.

아까 전화를 받은 상황으로 되돌아가봅시다. 여러분은 친구에게 갈 수 없다고 대답합니다. 그런데 약속을 하고 친구를 만나는 자신을 상상한다면 그 순간 차원의 급격한 이동을 경험할 수 있죠. 운이 좋아서 환경이 잘 맞아떨어진다면 마치 자신이 그러한 상상 속 모습을 육체적으로도 선택한 것 같은 강력한 현실감이 밀려들기도 합니다. 그래서 무슨 일이 일어났는지 스스로 깨닫기 전에 집을 떠나 친구를 만나러 가는 행동을 취하고 있는 것처럼 느낄 수 있죠.

그때 우리는 순간적으로 가능한 다른 현실을 충만하게 체험할 수 있습니다. 그러한 사건은 상상력을 통해 다른 현실을 인지할 수 있게 된 결과이지 결코 환각에 빠지는 것이 아니죠. 이는 혼자서 시도해보는 것이 가장 바람직하겠지만 어떤 환경에서든지 시도할 수 있는 간단한 훈련법입니다.

하지만 이러한 시도는 한계가 있을 수밖에 없으며 여러분 대신 그러한 행위를 실행에 옮긴 다른 자아는 여러 가지 중요한 측면에서 여러분이 아는 자아와 현격한 차이를 갖습니다. 어쨌든 개개의 정신적 행위는 전혀 새로운 현실 차원의 문을 엽니다. 말하자면 여러분의 사소한 생각 하나하나가 세계를 탄생시키는 셈입니다.

이것은 결코 뜬구름 잡는 이론이나 학설이 아닙니다. 이 말을 들을 때 여러분은 내면으로부터 엄청난 창조력과 사색을 불러일으킬 수 있어야 합니다. 존재는 결코 헛되게 살지 않고 관념은 사멸되지 않으며 능력은 사장될 수 없습니다.

각각의 가능한 현실 세계는 또 다른 현실 세계를 창조하고, 현실화된 하나의 행위는 현실화되지 못한 무수한 행위를 낳고, 그 행위 역시 각기 나름대로 현실화되게 마련입니다. 모든 현실 세계는 열려 있습니다. 편의상 임의로 구분한 것뿐이며 사실 모든 현실은 동시에 존재하고 서로를 뒷받침하며 보탬이 되어 주고 있습니다. 그러므로 여러분이 현재 하는 일은 다른 가능한 자아들의 체험에 어느 정도 반영되며 반대의 경우도 마찬가지입니다.

자신을 개방하고 받아들이는 만큼 다른 가능한 자아들의 다양한 체험으로부터 많은 혜택을 얻으며 그들의 지식과 능력으로 도움을 받을 수 있습니다. 꿈속에서는 거의 무의식적으로 이러한 교류를 하고 있죠. 그래서 대부분의 경우 여러분이 현실화시킨 영감은 사실 자아의 다른 부분이 품었다가 현실화하지 못했던 생각입니다. 여러분은 그들 대신 아이디어를 실행에 옮긴 셈이죠.

마찬가지로 여러분이 흥미롭게 생각했지만 행동으로 옮기지 않은 아이디어는 다른 가능한 자아들에게 선택되었을 수 있습니다. 개개의 가능한 자아들은 자신들이 여러분 자신이라고 여기고 오히려 여러분을 가능한 자아 중 하나로 생각할 것입니다. 하지만 다른 모든 가능한 자아는 내면의 감각을 통해 심리적 게슈탈트 속에서 여러분이 맡고 있는 역할을 잘 인식하고 있습니다.

사실 영혼은 결과가 아닌 존재의 과정입니다. 바꾸어 말하면 존재하는 모든 것은 과정이 끝난 어떤 결과가 아니죠. 가능한 사람들이 있는 만큼 가능한 신들도 존재하는데 그러한 신들도 소위 존재하는 모든 것의 정체성 내지는 영혼의 일부분을 이룹니다. 마치 여러분의 가능한 자아들이 여러분의 영혼, 즉 실체의 일부분을 구성하듯이 말입니다.

여러분은 자신의 생각과 욕망을 통해 무수한 가능한 신들을 창조해왔습니다. 그들은 각기 다른 수준에서 실체성을 갖는 독립적·심령적 존재입니다. 존재하는 모든 것은 그 자신과 의식의 본질뿐만 아니라 자신의 모든 가능한 자아를 인식하고 있습니다.

존재하는 모든 것의 본질은 내면 감각을 통해서 혹은 미약한 교류, 영감, 직관을 통해서만 직접적으로 체험할 수 있습니다. 그것의 불가사의하고 복잡한 실상은 결코 말로 설명할 수 있는 것이 아닙니다.

| 566번째 대화 |

가능성은 눈에 보이지 않는 여러분의 심리 환경 속에서 영원히 현존합니다. 여러분은 가능한 현실 세계의 한가운데 존재합니다. 가능성은 결코 현실과 동떨어진 것이 아닙니다. 어떤 면에서 여러분이 헤엄치고 있는 바다와 같습니다. 여러분은 그 안에 있고 가능성은 여러분 안에 있습니다.

때때로 이전과 다른 결정을 내렸다면, 예를 들어 다른 배우자를 선택했거나 다른 지역에 살았다면, 부치지 않았던 편지를 부쳤다면 어떤 상황이 빚어졌을지 궁금할 것입니다. 여러분은 이제껏 그런 자잘한 궁금증을 통해서만 가능성의 본질에 의문을 품어보았겠죠.

여러분과 관계를 맺고 있거나 함께 결정을 내린 모든 개인은 여러분과 깊이 연결되어 있습니다. 비록 무의식이기는 하지만 텔레파시 구조로 서로 긴밀히 연결되어 있는 심리적 상관관계입니다. 그리고 여러분의 세계에서 현실화되지 않은 관계는 그 세계의 다른 층에서 현실화되고 있습니다.

마음속 환경은 여러분이 생각하는 것처럼 그렇게 외로운 곳이 아닙니다. 여러분이 느끼는 내면의 고독은 에고의 끈질긴 경계 근무에서 비롯된 현상입니다. 그것은 자신의 일상적인 활동과 무관해 보이는 정보를 전해받아야 할 이유가 없다고 생각하죠.

여러분의 관점에서 의식이 진보한다는 것은 자신의 정체성이 다르게 물질화된 부분을 좀 더 인식하는 것을 의미합니다. 가능한 자아는 다른 가능한 자아를 인식함으로써 모든 것이 참다운 정체성의 다양한 표현임을 깨닫게 됩니다.

가능한 자아들이 자유의지, 독자적인 판단력, 개인성을 상실한 채 초자아 속에서 사라지거나 파묻히거나 무無로 돌아가는 일은 없습니다. 여러분의 현실뿐만 아니라 미지의 다른 현실 속에서 온갖 가능한 행위와 발전 양상을 자유롭게 표현하는 것이야말로 그들의 진정한 정체성입니다.

여러분은 지금 앉아서 책을 읽는 동안에도 자신의 미미한 정신적·감정적 행위에 영향을 받는 무수한 우주적 가능성의 네트워크 한가운데에 자리 잡고 있습니다. 퍼스낼리티의 사고와 감정은 물리적인 방향뿐만 아니라 현재의 수준으로는 이해할 수 없고 다른 차원에 속한 눈에 보이지 않는 방향으로 퍼져나갑니다. 동시에 여러분은 자신과 연결된 다른 가능한 현실로부터 전달되는 신호 중에서 자신의 현실 속에 실현해보고 싶은 가능한 행위를 선택하죠. 이는 다른 가능한 현실 속에 있는 자아들 역시 마찬가지입니다.

여러분은 독창적인 아이디어를 생각해낼 수도 전달받을 수도 있습니다. 또한 다른 가능한 자아들로부터 힌트를 얻은 현실화되지 못한 가능한 행위를 억지로 실현할 필요도 없죠. 다만 여러분과 다른 가능한 자아들 사이에는 자연스런 자력이, 즉 동시 발생적인 추진력과 관련된 전자기적 연결 관계가 형성되어 있습니다. 그것은 다른 현실의 가능한 자아들과 여러분에게 동시에 작용하는 에너지를 뜻합니다. 다시 말해 꿈 상태에서 매우 강력하게 나타나는 통합적이며 감정적인 반응과 연관된 심령적 교섭 관계를 말하는 것이죠.

이런 상태에서는 에고의 작용이 잠잠해지면서 전체적 자아의 다양한 부분들 간에 많은 커뮤니케이션이 이루어집니다. 그러다 꿈속에서 자신이 선택하지 않은 가능한 다른 길을 만날 수도 있죠. 여러분은 그런 것이 단순히 환각이라고 생각할지 모르지만 오히려 다른 가능한 현실 세계에서 일어났던 실제 사건을 인지하는 것이기도 합니다.

하나의 사건은 다수의 가능한 자아들에 의해 현실화된 것일 수 있습니다. 또한 여러 가능한 자아 중에는 여러분과 공통점이 많은 자아가 있게 마련입니다. 이처럼 여러분은 복잡한 심리적 게슈탈트 속에 포함되어 있으며, 앞에서 언급한 교류 관계가 존재하기 때문에 어느 정도는 자아의 다른 가능한 부분들이 소유한 능력과 지식을 이용할 수 있는 것입니다.

그러한 교류 관계는 끊임없이 유출이 일어날 여지를 만듭니다. 일단 다른 가능한 세계를 알게 되면 침입적인 은근한 충동을 분별하는 방법을 터득할 수 있죠. 그런 충동은 여러분의 현재 관심사나 활동과는 무관해 보이면서 마치 여러분 자신의 것이 아닌 듯한 낯선 느낌과 함께 갑자기 의식 속에 밀려들기도 합니다.

또한 그것은 대개 갖가지 단서를 제공합니다. 이를테면 이제껏 음악에 전혀 문외한이었는데 어느 날 갑자기 바이올린을 사고 싶은 이상한 충동을 느끼는 경우가 있죠. 그러한 충동은 여러분의 정체성에 속한 다른 가능한 부분이 그 악기를 소유하고 있음을 암시하기도 합니다. 그렇다고 해서 당장 바이올린을 사라는 이야기는 아닙니다. 바이올린을 빌려서 새로운 모험을 한다는 생각으로 충동에 따라 보라는 말입니다. 만일 그런 충동이 다른 가능한 자아에게서 나온 것이라면 바이올린을 아주 빨리 익힐 수 있을 것입니다. 물론 가능한 자아는 여러분의 과거뿐만 아니라 미래에도 존재할 수 있습니다. 과거의 불쾌한 측면을 부정적으로 되씹는 것은 매우 어리석은 행동이죠. 자신의 가능한 자아 중 일부는 아직도 그 과거에 참여하고 있습니다.

질병이나 재난의 가능성에 지나치게 신경을 쓰는 것 역시 현명하지 못한 자세입니다. 그렇게 함으로써 일어날 필요가 없는 가능성의 부정적인 네트워크를 스스로 만들기 때문이죠. 시간은 일반적인 가능성과 마찬가지로 여러분의 의지와 분리되어 있는 것이 아니기에 이론적으로는 자신이 알고 있는 과거를 바꿀 수 있습니다.

과거는 갖가지 방식으로 존재하며 여러분은 그중 오로지 한 가지만 체험했을 뿐입니다. 만약 현재 마음속에서 자신의 과거를 바꾼다면 그것은 내용뿐만 아니라 영향까지, 그리고 나아가 다른 사람들까지 변화시킬 수 있습니다.

자신에게 부정적인 영향을 미친 사건이 있다고 가정해보죠. 여러분은 그것을 마음속에서 지워버릴 수 있을 뿐만 아니라 훨씬 유익한 사건으로 바꿀 수도 있습니다. 이러한 시각화는 아주 실감나게 감정을 불어넣어 수없이 되풀이해야 합니다. 결코 자기기만이 아닙니다. 비록 여러분이 체험한 과거 속에는 포함되지 않더라도 자동적으로 실제 일어났던 가능한 사건이 됩니다.

앞에서의 과정이 제대로만 이루어진다면 여러분의 관념은 원래의 사건과 관련된 다른 사람들에게 텔레파시적으로 영향을 미치게 됩니다. 그들에게는 새로운 버전의 과거를 받아들이거나 거부할 수 있는 선택권이 있지만 말입니다.

이 책은 기법을 소개하는 책이 아니기 때문에 더 이상 세부적으로 들어가지는 않겠습니다. 단, 육체적으로 인지하거나 체험하지 못한 사건도 그렇게 할 수 있었던 사건처럼 확실한 근거를 가지며 눈으로는 볼 수 없는 심리 환경 속에서 분명히 실재한다는 사실을 기억하기 바랍니다.

여러분은 현재 헤아릴 수 없을 정도로 많은, 가능한 미래의 사건들의 토대를 만들고 있습니다. 자신에게서 비롯된 생각과 감정, 습관적으로나 특징적으로 받아들이는 생각이나 감정의 속성은 가능한 미래에서 육체적으로 경험할 사건들을 선택하는 패턴을 형성합니다. 유출과 상호 교섭이 있기에 지금의 패턴을 지속할 경우 마주치게 될 미래의 불운한 사건에 주파수를 맞추는 것이 가능합니다. 예를 들어 미래에 대한 꿈은 경각심을 심어주어 그런 사고를 예방하게 합니다. 그러한 꿈은 실제로 사고를 당한 가능한 자아가 보내온 메시지인 것이죠.

그러므로 우리는 꿈속에서 미래의 가능한 자아가 보내온 메시지를 받아 삶을 완전히 바꿀 수도 있습니다. 정체성은 끊임없이 형성되는 과정 중에 있습니다. '나'를 나누는 구분은 사실 모두 환상에 불과합니다. 하나의 정체성에 속한 가능한 자아들은 서로 도움의 손길을 내밀 수 있습니다. 이들은 내면의 교류를 통해 자신들의 정체성을 이해하고 있습니다.

이러한 교류는 전체적인 문명이 관련된 또 다른 모험으로 이어집니다. 개개인이 자신의 가능한 운명을 갖고 있듯이 문명, 나라, 그리고 태양계도 여러 가지 가능한 운명을 갖고 있기 때문입니다. 지구 역시 수많은 가능한 방식으로 발전해왔으며 모든 현상을 아우르는 무의식적인 교류 관계가 존재하고 있습니다.

원자와 분자도 나름대로의 방식으로 자신이 거쳐온 형태에 대한 지식을 갖고 있습니다. 마찬가지로 문명을 구성하는 한 사람 한 사람은 자신의 종족이 현실의 다른 차원에서 겪은 실험과 시도 성공, 실패에 대한 지식을 내면 깊은 곳에 간직하고 있죠.

가능한 다른 현실 중에는 기독교가 그다지 번창하지 못했거나 남성이 주도권을 잡지 못하고 물질이 지금과는 다른 방식으로 구성된 현실도 있습니다. 그 모든 가능성은 여러분 주변에 널려 있습니다. 나는 그것을 가능한 한 사실대로 묘사하고자 하지만 일단 여러분에게 친숙한 개념으로 설명할 수밖에 없습니다. 진리를 이해하기 위해서는 어느 정도 여러분 자신의 개념 패턴을 통해 걸러야 하니까요.

여하튼 여러분은 무수한 영향과 사건에 둘러싸여 있습니다. 이 중 일부를 3차원 현실 속에서 지각하면 그것이 다른 사건의 일부분임을 알지 못한 채 그저 그것만을 사실로 받아들이죠. 그러나 더 이상 아무것도 보이지 않고 현실성을 찾을 수 없다고 여겨질 때 사건과 사건 사이, 사물과 사물 사이, 그리고 내면을 들여다볼 줄 아는 훈련이 필요합니다. 아무 의미도 없는 것처럼 보이는 사건을 주의 깊게 살펴보십시오. 큰 불가시적 사건의 단서일 수 있습니다.

| 567번째 대화 |

인류는 아직 물질의 본질도 제대로 이해하지 못하고 있습니다.

여러분은 물질의 일정한 단계만 지각할 뿐입니다. 여러분의 용어를 빌어 간단하게 표현하자면 여러분이 볼 수 없는 물질의 형태가 존재합니다. 그것은 특정한 활동 영역에 반응하는 이들에게는 물리적인 것으로서 분명히 실재하죠.

가능성의 관점에서 볼 때, 여러분은 특정한 행위를 선택하고 그것을 물리적인 사건이나 사물로 전환시켜 인지하고 있습니다. 하지만 선택받지 못한 사건 역시 여러분을 통해 다른 형태로 투사되는데 여기에는 원자와 분자의 작용이 관련되어 있죠. 원자와 분자도 일정한 단계가 유지되는 기간에만 여러분의 우주 속에 존재하기 때문입니다.

하지만 원자와 분자의 활동은 특정한 진동 리듬을 유지하는 동안에만 감지할 수 있습니다. 예를 들어 과학자들이 원자를 조사한다 하더라도 진정한 본질을 알아낼 수는 없습니다. 그들은 단지 원자가 여러분의 세계 속에서 활동하는 특징을 관찰할 수 있을 뿐입니다. 그것의 진정한 실체는 절대로 파악할 수 없죠.

빛에 스펙트럼이 있듯이 물질에도 스펙트럼이 있습니다. 그리고 여러분의 물질세계는 다른 세계에 비해 그다지 밀도가 높지 않습니다. 여러분의 물리적 차원에서는 가능한 차원의 다양성을 파악하는 것이 불가능합니다. 이것은 여러분이 익히 아는 중량과는 관계없을 수 있지만, 여하튼 어떤 세계는 여러분의 세계보다 무겁거나 가볍습니다.

모든 가능한 행위는 여러분 자신의 행위만큼이나 실질적이며 일관되게 물질세계에 나타납니다. 하지만 여러분은 일방적인 사고 패턴에 익숙해져 있어서 다차원적인 존재의 극히 일부만 지각하며 자신이 아는 것이 사물이나 행위의 전체라고 생각합니다.

모든 사건은 하나의 행위에 속한 차원이기 때문에 육체적인 사건을 다른 가능한 사건과 분리하는 것은 불가능한 일이죠. 마찬가지 이유에서 여러분이 알지 못하는 가능한 여러분 자신과 현재 여러분을 분리하는 것도 불가능합니다. 가능한 사건은 언제나 내면의 통로를 통해 연결되어 있습니다. 모든 것은 진행 중인 한 가지 행위의 표현이기 때문에 그것들을 나누는 차원은 환상일 뿐입니다.

육체적인 두뇌만으로는 이러한 연관성을 제대로 통찰할 수 없습니다. 다만 두뇌의 내면의 파트너인 마음은 때때로 언어로 표현하기 힘든 갑작스런 직관이나 통찰을 통해 사건의 보다 위대한 측면을 감지하기도 합니다. 앞에서 여러 번 이야기한 대로 시간은 여러분이 생각하는 식으로 존재하지 않습니다. 원자의 근본적인 실상을 밝혀내야만 시간의 참된 본질을 이해할 수 있습니다.

원자는 일정한 시간 동안에만 존재하는 것처럼 보입니다. 말하자면 사라졌다가 나타났다 하는 셈이죠. 원자는 예측가능한 패턴과 리듬으로 파동치고 있습니다. 과학자들은 그러한 파동의 특정한 시점에서만 원자를 감지하기 때문에 원자가 일관되게 존재하는 것으로 생각하고 공백기를 발견하지 못합니다.

비육체적인 투사기, 즉 파동 치지 않을 때 원자는 다른 현실 세계에 나타납니다. 물론 그 세계의 관점에서는 원자가 전 파동기의 상태로 꾸준하게 나타나는 것처럼 보이죠. 원자는 수많은 파동 시점에서 이렇게 다른 세계에 나타나지만 여러분의 세계에서는 그런 시점이나 그때 존재하는 행위와 우주, 세계를 인지하지 못합니다.

이런 공백기의 행위는 근본적이며 은밀한 미지의 심리적 수준에서 벌어지고 있습니다. 의식 중에 육체적으로 치우친 부분은 원자의 작용 가운데 한 측면에 대해서만 반응하지만 그밖의 파동 시점에서 의식의 다른 부분은 전혀 다른 현실 세계에 초점을 맞추고 있습니다. 이처럼 의식의 각 부분은 원자의 작용 중 각기 특정한 측면에만 반응하고 파동기의 현상만 기억하며 원자의 공백을 인지하지 못합니다.

원자의 파동 자체는 사실상 동시에 이루어집니다. 물론 지금까지 나는 편의상 파동 간에 시간적 간격이 있는 것처럼 설명했죠. 하지만 모든 가능한 세계는 동시에 존재하기에 근본적으로 원자 역시 모든 세계 속에 동시에 존재합니다.

우리는 이제까지 여러분이 눈치 채지 못할 정도로 지극히 잘고 부드럽게 이루어지는 파동에 대해 이야기했습니다. 하지만 파동 가운데에는 지극히 느리고 광대하며 긴 것도 존재합니다. 그런 파동은 여러분과 밀접한 관련이 있는 현실보다 전혀 다른 현실 세계에 영향을 미칩니다. 그런 시스템의 의식 체험은 여러분의 의식 체험과는 전혀 다른 성격을 갖고 있죠. 그런 파동 중 하나는 수천 년에 걸쳐 이루어집니다. 현실에서는 수천 년을 마치 순간처럼 경험하며 그에 따른 무수한 사건들을 현재 발생하는 것으로 인지합니다.

그러한 존재들의 의식은 수많은 가능한 자아와 현실 세계의 의식을 포함하고 있습니다. 그들은 그런 현실을 다중적인 현재로서 아주 분명하고 생생하게 체험합니다. 그것은 무한한 시점 중 어느 때나 변화될 수 있죠. 다시 말해 무한함이란 하나의 불명확한 경로로 존재하는 것이 아니라 의식의 행위에서 비롯된 무수한 가능성과 그것의 가능한 조합들로 구성됩니다.

다중적인 현재를 갖춘 존재들은 여러분의 특정한 세계를 인식할 수도 그렇지 않을 수도 있습니다. 또한 여러분의 세계가 그들의 다중적인 현재 속에 포함되어 있을 수도 그렇지 않을 수도 있습니다. 아니면 여러분의 퍼스낼리티는 자신도 미처 깨닫지 못하는 사이에 그들의 다중적인 현재의 일부분이 될 수도 있습니다. 그리고 여러분 역시 극히 제한된 방식으로 자신의 가능한 현실을 다중적 현재로 체험하고 있죠. 눈 안에 눈이 있는 것이 무한대로 반복되는 이미지를 생각해보면 이를 이해하는 데 도움이 될 것입니다

선악의 본질, 그리고 종교의 상징

568번째 대화

기독교의 도그마는 그리스도의 승천을 이야기할 때 하늘로 수직 상승하는 모습을 암시하며 영혼의 발전까지도 종종 그런 이미지로 언급합니다. 성장이 곧 상향을 의미하는 반면 종교적 징벌의 공포, 즉 지옥은 더 이상 갈 데가 없는 밑바닥의 이미지로 표현되죠. 그러므로 기독교 관점에서 볼 때 발전은 단선적인 방향으로 전개되는 것이어서 그것이 수평적 관점에서 고려된 적은 거의 없죠. 인류가 유인원에서 단선적인 방향으로 진화해왔다는 일반적인 진화 개념도 앞의 사고방식에 힘을 실어줍니다.

그러나 정작 이러한 메시지는 인간이 자신의 근원적 가정에 따라 현실을 이해하기 위한 표현에 불과합니다. 사실 발전은 모든 방향으로 전개되고 있습니다. 영혼은 각 층마다 새롭고 높은 발전을 의미하는 일련의 계단을 올라가지 않습니다. 영혼은 자신의 중심에 서서 동시에 수많은 방향으로 능력을 탐구하고 확장시키죠. 따라서 가능한 현실 세계를 통해 영혼의 본질을 밝혀낼 수 있으며 그것을 이용하여 현재의 종교 관념을 근본적으로 뜯어고쳐야 합니다. 이런 맥락에서 선악의 본질은 매우 중요한 쟁점일 수밖에 없습니다.

악은 존재하지 않습니다. 하지만 여러분은 분명 사악한 영향력처럼 보이는 것에 직면해 있죠. 사람들은 신이 있으니 악마도 반드시 있고, 선이 있으니 악도 반드시 존재한다고 말해왔습니다. 이는 사과에 위가 있으니 반드시 아래도 있다고 말하는 것과 같습니다. 위나 아래가 모두 사과의 일부분임을 이해하지 못한 채 말입니다.

다시 본론으로 돌아가죠. 여러분은 생각, 감정, 정신적 행위를 통해 현실을 창조합니다. 그중 일부는 육체적으로 물질화되고 다른 것은 또 다른 가능한 현실 세계에서 현실화됩니다. 따라서 여러분은 끝없는 선택의 기회를 부여받습니다. 그러나 선택된 개개의 정신적 행위는 자신이 책임져야 할 현실임을 반드시 이해해야 합니다. 이는 여러분이 지금과 같은 특별한 현실 세계 속에 들어와 있는 이유이기도 합니다. 이를테면 악마가 있다고 믿는 사람에게는 틀림없이 실재하는 악마가 창조됩니다.

그 악마는 믿는 사람으로부터 에너지를 공급받기 때문에 자기 나름대로 일정한 의식을 갖게 되며, 믿지 않는 사람에게는 아무런 힘도 실재성도 가질 수 없습니다. 앞에서 언급한 대로 지옥을 믿는 사람은 실제로 그런 환경을 체험하지만 영원히 그런 것은 아닙니다.

어떤 영혼도 영원히 무지할 수는 없는 법이죠. 하지만 그런 믿음을 가진 사람들은 의식과 영혼, 그리고 존재하는 모든 것의 본질을 신뢰하지 못합니다. 그들은 두려움을 통해 자신들이 생각하는 악의 힘에 집중하고 있는 셈입니다.

악마의 관념은 두려움의 집단 투사입니다. 이는 많은 사람에 의해 만들어지기에 대중적인 성격을 띠지만 또 언제나 그것을 거부하는 이들이 있기에 제한되어 있습니다. 일부 옛 종교들은 악마의 환각적인 본질을 이해하고 있었고 이집트 시대에서조차 단순하고 왜곡된 선악관이 일반 대중 사이에 널리 퍼져 있었죠. 당시 사람들은 악의 개념이 없는 신관을 이해할 수 없었던 것입니다. 예를 들어 폭풍우는 엄청난 파괴력을 동반하면서도 지극히 창조적인 자연 현상입니다. 그런데 옛사람들은 폭풍우의 파괴적인 측면만 발견했습니다. 어떤 이들은 그런 겉모습과는 상관없이 그것의 창조성을 직관적으로 이해할 수 있었지만 그 관점을 동료 인간들에게 제대로 납득시킬 수가 없었습니다.

빛과 어둠의 대조 역시 여러분에게 대립적인 인상을 심어줍니다. 사람들은 낮이 더 안전하다고 느꼈기 때문에 빛을 선으로 인식했습니다. 자연히 어둠은 악으로 치부되었죠. 하지만 이러한 집단적 오류, 즉 도그마의 배후에는 모든 영향력의 근본적인 창조성에 대한 힌트가 숨어 있습니다.

십자가형과 그에 따른 수난 드라마는 당시의 현실에서는 충분히 이해될 수 있는 것이었죠. 그것은 가장 심오한 직관과 통찰력의 원천인 내면의 실재로부터 육체의 현실 세계로 표출된 사건이었습니다. 또한 인류 내면의 자아가 영혼의 불멸성에 관한 비육체적 지식을 육체적인 방식으로 최대한 잘 전달한 사건이기도 했습니다. 하지만 근원적 가정이 다른 현실 세계에서는 그 드라마를 결코 이해할 수 없죠.

상향과 하향, 빛과 어둠의 상징도 지각 메커니즘이 다른 특정한 현실에서는 아무 의미를 지닐 수 없습니다. 여러분의 종교가 진실을 핵심으로 삼아 체계를 잡는 동안 근원적 가정 체계에 적합한 상징이 조심스럽게 선택되었습니다. 하지만 상징 자체는 내면의 자아가 선택한 방편에 불과합니다. 그것은 본래부터 내면의 실상에 속한 것이 아니었습니다.

수많은 가능한 세계들이 여러분의 세계와는 전혀 다른 지각 메커니즘을 갖고 있습니다. 사실 어떤 세계는 여러분에게는 완전히 이질적인 인식 게슈탈트에 토대를 두고 있죠. 그에 반해 여러분의 에고는 집단의식의 결과물입니다. 대체적으로 여러분은 한 번에 하나의 에고만 인식합니다. 하지만 어떤 세계의 개인들은 다수의 에고를 의식합니다. 그들의 전체인 심리 구조는 여러분의 심리 구조보다 훨씬 풍요롭게 이루어져 있습니다. 이것을 의식하지 못하는 그리스도는 그러한 세계에 나타나지 않을 것입니다. 이들 중에는 여러분에게 낯선 종류의 인식 체계, 이를테면 빛의 개념이 존재하지 않는 세상이 있습니다. 그곳에서는 열의 무한한 변화가 빛이 아닌 감각의 관점과 합쳐지죠.

이 세계에서는 그리스도의 드라마가 여러분의 세계에서 나타난 것과 같은 방식으로 전개되지 않습니다. 이러한 상황으로 인해 여러분의 종교는 3차원적 가정의 한계를 좀처럼 벗어나지 못하고 있습니다. 비록 불교는 실제 본질에 좀 더 근접하고 있지만 말입니다. 여러분의 종교는 영혼의 영원한 실체성과 독특한 특성에 대해서 제대로 이해하지 못하고 있습니다. 부처는 그리스도와 마찬가지로 자신이 아는 것을 여러분의 관점에서 해석해놓았습니다. 지금의 육체적인 현실뿐만 아니라 다른 가능한 육체적 현실의 관점에서 말입니다.

모든 종교의 배후에 숨겨진 수련법은 인간을 상징과 설화로부터 분리된 이해의 영역으로, 즉 육체 세계의 내면과 외면을 동시에 통찰하는 내적 깨달음으로 이끌어줍니다. 아직 발견되지 않은 수많은 사본, 특히 스페인의 옛 수도원에 소장된 사본에는 수도사들이 옛 라틴어 사본을 필사하는 동안 은밀히 비법을 지켜온 교단 내의 비밀 조직에 대한 이야기가 적혀 있습니다.

아프리카와 오스트레일리아에는 글자를 배우지 못했는데도 그런 비법을 알고 있는 종족이 있었습니다. 그리고 소위 '이야기꾼'이라는 이들이 비법을 암기하고 그리스도 탄생 전에 유럽 북부에까지 그 지식을 퍼뜨렸죠. 당시 사회는 그런 이야기꾼 덕분에 사람들이 생각했던 것보다 더 한층 기독교를 받아들일 만큼 성숙해 있었습니다. 그리스도의 개념은 이미 기원전부터 유럽 전역에 널리 퍼져 있었던 것이죠. 하지만 많은 중요한 개념이 유실되었습니다. 사람들이 쉽게 이해할 수 있는 아주 간단한 실제적인 삶의 방법을 강조했으면서도 그 이유는 잊혀졌죠.

드루이드들The Druids은 이야기꾼들로부터 개념을 빌려 왔고 이집트인 역시 마찬가지였습니다. 사실 이야기꾼들은 여러분이 아는 어떤 종교보다도 오랜 역사를 지니고 있죠. 그들의 종교는 수많은 지역에서 자연스럽게 생겨났고, 특히 아프리카와 오스트레일리아의 중심부에서 요원의 불길처럼 성장했습니다.

이야기꾼들의 다양한 조직은 오랜 세월에 걸쳐 유지되었습니다. 그들은 잘 훈련된 덕분에 메시지의 순수함을 훌륭하게 보존할 수 있었습니다. 하지만 메시지를 문자화하는 것은 잘못이라고 믿었기에 기록으로 남기지 않았습니다. 또한 지구의 자연적인 상징을 사용했고 그렇게 하는 이유를 분명히 이해하고 있었죠. 이들 이야기꾼은 석기 시대에 혼자 힘으로 생존했으며 모두 지도자였습니다. 그들의 능력은 혈거인이 생존하는 데 도움이 되었습니다. 하지만 당시 이야기꾼들 간에 육체적인 의사소통은 거의 이루어지지 않았고, 그중 어떤 이들은 다른 이야기꾼이 존재하는 것조차 알지 못했습니다.

이렇듯 그들의 메시지는 최대한 순수함을 유지하고 왜곡되지 않았기 때문에 그 내용을 들은 많은 이들이 오랜 세월에 걸쳐 우화나 이야기로 번안했던 것입니다. 현재는 유대교 경전의 많은 부분이 초기 이야기꾼들에게서 전래된 메시지의 자취를 담고 있지만 원래의 뜻은 왜곡되고 말았습니다.

의식은 물질을 형성시키며 반대의 경우는 있을 수 없습니다. 따라서 생각은 두뇌가 있기 전이나 없어진 후에도 존속합니다. 아기는 말을 배우기 전에도 일관성 있게 사고하지만 자신의 관점을 물질 우주에 전할 수 없죠. 그러므로 내면의 지식은 언제나 존재하는데, 육체 세계에서도 통하기 위해서는 물질화되어야만 합니다.

이야기꾼들은 내면의 지식을 처음으로 육체 세계에 전한 사람들이었습니다. 그들은 주변을 둘러보고 외부 세계가 자신을 이끈 내적 현실로부터 비롯된다는 사실을 알고 그것을 다른 이들에게 알렸습니다. 그들은 겉보기에 고체로 보이는 주변의 자연물이 사실은 수많은 미세 의식들로 구성되어 있음을 알고 있었죠.

그들은 자신들의 창조력으로 관념이 물질화되며 물질의 재료 자체도 의식을 가진 살아 있는 존재임을 깨달았습니다. 나아가 자신들과 환경 간의 자연적인 소통을 꿰뚫어 봄으로써 자신들의 행위로 주변 환경을 변화시킬 수 있음을 알았죠. 윤회 과정 중에 있는 이야기꾼들은 특정한 삶 속에서 자신들의 능력을 사용할 수도 그렇지 않을 수도 있습니다.

| 569번째 대화 |

한번 이야기꾼이 되면 언제나 이야기꾼으로 남습니다. 어떤 삶 속에서 그러한 재능은 퍼스낼리티의 다른 모든 측면을 뒷전으로 밀어버릴만큼 강력하게 사용하기도 하지만, 또 다른 삶에서는 아주 소극적으로 사용할 수도 있죠. 여하튼 이야기꾼들은 생생하게 느끼고 생각을 투사하는 비상한 재주를 갖고 있었습니다.

그들은 커뮤니케이션을 통해 상대방에게 강한 인상을 불어넣을 수 있었습니다. 내적 현실에서 외적 현실로 쉽게 옮겨 갈 수 있을 뿐만 아니라 상징의 사용법을 본능적으로 알고 있었습니다. 특히 무의식 단계에서 대단히 창조적이었죠. 그들은 자신들은 물론 다른 이들이 꿈이나 트랜스 상태에서 이용할 수 있는 심령적인 구조물을 끊임없이 만들었습니다. 종종 다른 이의 꿈에 나타나 내적 현실을 조작할 수 있도록 도와주기도 했죠. 이야기꾼들은 꿈꾸는 자들이 쉽게 관계를 맺을 수 있는 이미지, 현재 여러분의 의식과는 분리된 다른 의식으로 통하는 다리 내지는 출입구가 되어 줄 이미지를 만들었습니다.

가령 각종 신과 저승의 상징은 모두 이야기꾼에게서 비롯된 것이죠. 원래 종교적 상징과 가정 체계는 물질세계뿐만 아니라 무의식 세계에도 존재합니다. 현재의 물질 구조를 벗어나면 더 이상 집 같은 것이 필요하지 않지만 우리는 꿈이나 트랜스 상태를 통해 접한 다른 현실 속에서 때로는 그런 지상의 구조물을 발견할 수 있습니다. 그것은 그 세계의 감각 자료들이 여러분에게 의미있는 방식으로 전환된 결과입니다. 말하자면 사후에도 지상의 구조가 자신에게 더 이상 필요 없음을 깨달을 때까지는 그런 구조물을 계속 창조할 수 있습니다. 그러므로 이야기꾼들은 각성 의식 상태에서만 활동하지 않습니다. 그들은 깨어 있든 잠들어 있든 자신의 의무를 쉼 없이 수행합니다.

사실 수련생들은 많은 정보를 꿈 상태에서 암기하고 전수받습니다. 꿈 여행이나 다른 현실로의 현장 답사를 통해 문자화되지 않은 사본에 대한 강의가 이루어지는 것이죠. 그러한 수련은 여전히 계속되고 있습니다. 그에 따라 이야기의 구조가 바뀔 수 있습니다. 이를테면 이야기꾼들은 기독교의 신이나 성인의 이미지를 매우 실감나게 활용합니다. 꿈꾸는 자는 멋지고 웅장한 하렘이나 눈부신 들판, 창공을 교실로 이용할 수 있습니다. 어떤 이야기꾼들은 자신의 능력을 꿈 상태에서만 발휘하며 깨어 있는 상태에서는 능력이나 체험을 대부분 의식하지 못합니다. 그러한 꿈이나 꿈의 환경을 단순한 환각이라고 할 수는 없습니다. 왜냐하면 그것들은 여러분에게 아직 위장 상태가 인지되지 않는 객관적인 현실을 나타내기 때문입니다.

이집트의 종교는 이런 이야기꾼들의 활동에 토대를 두고 있기에 그들의 훈련에 많은 관심을 기울였습니다. 하지만 그 실상이 일반 민중에게는 아주 왜곡된 모습으로 전파되어 종교의 본래 통일성이 퇴색되었죠. 그러나 그때는 전혀 새로운 방식으로 내적 현실을 측량하고자 하는 시도가 있었습니다. 꿈 상태나 여러분과 가까운 존재의 다른 차원에서는 개인적으로 이미지를 창조하고 상징을 사용하게 되어 있습니다. 하지만 모든 일은 객관적인 환경, 즉 그런 활동을 가능하게 만드는 자체의 규칙을 가진 활동 영역 내에서 벌어집니다.

이야기꾼들은 그러한 규칙에 익숙하기에 종종 안내자로서 활동합니다. 그들은 이집트에서 사원을 통해 권력층에 참여하기도 했지만 대부분 혼자 활동하는 경우가 훨씬 많았습니다. 비록 혼자 활동한다 하더라도 시간의 동시성 덕분에 갖가지 표현을 통해 여러분의 시대에 동시에 말하고 있는 것입니다.

육체 현실의 규칙에 따르면 사물은 고정되어 있고 지속성을 가집니다. 하지만 다른 현실의 규칙은 그와는 전혀 다른 내용을 갖고 있죠. 경우에 따라서 정신적 활동은 전혀 다른 경로로 이루어지며 시간의 연속성은 존재하지 않습니다. 또한 지각 구조는 심리적 분류법에 근거를 둡니다.

외부에서는 그런 세계가 지각되더라도 전혀 무의미하게 보일 것입니다. 여러분의 시각으로는 행위가 발생하는 시점을 발견할 수 없습니다. 그 세계에서는 명확한 규칙도 여러분은 거의 이해하기 어려울 것입니다. 물론 이야기꾼들은 수많은 세계의 규칙을 잘 알고 있습니다. 그런 세계는 대부분 여러분의 현실과 어느 정도 연관되어 있습니다. 내면의 우주는 무수히 존재합니다. 그 속에서 가장 발전된 최고의 게슈탈트 의식만이 무한한 내면의 우주를 전체적으로 인지할 수 있죠.

여러분과 가까운 수많은 현실 세계에 대해 일종의 차트가 존재하는데, 나는 언젠가 여러분도 그것을 쓸 수 있기를 기대합니다. 그렇게 되기 위해서라도 루버트는 좀 더 집중적으로 훈련을 받아야 하죠. 특정한 조건에서 다른 세계로 출입할 수 있는 일치점이 존재합니다. 각각의 세계가 반드시 따로따로 존재하는 것은 아닙니다.

보통 공조점이라고 불리는 지점에서는 하나의 위장이 다른 위장

속에 합쳐집니다. 지점 중 일부는 여러분의 세계에서 지리적인 위치를 점유하지만 어떤 경우에든 의식의 동조는 필수적인 예비 조건입니다. 그러한 출입은 유체 이탈 상태에서만 이루어질 수 있습니다. 개개인은 꿈속에서 이야기꾼들이 가진 정보에 접근합니다. 수면 패턴 내에서 이루어지는 인접의식 상태는 뇌파계로도 측정되지 않는데 여러분의 의식은 이런 인접 통로를 통해 여행을 하는 것입니다.

의식 중 육체에 치우친 부분이 계속 몸속에 남아 있는 동안 의식의 직관적인 부분은 활성화됩니다. 뇌파의 패턴으로도 자아의 일부가 떠나버린 곳은 추적할 수 없죠. 비록 그 부분이 여행을 떠나거나 돌아오는 시점에는 뇌파계에 일정한 패턴이 나타나지만 휴지기 자체는 어떤 방식으로도 측정할 수 없습니다.

이런 현상은 매일 밤 수면 중에 발생합니다. 여기에는 수동적인 영역과 적극적인 영역이라는 두 가지 활동 영역이 관련되어 있습니다. 전자의 경우에 의식의 일부분은 수동적으로 정보를 받아들입니다. 그러다 다음 단계에서는 적극적으로 움직이죠. 참여와 사례를 통해 주어진 개념을 생생하게 인식하는 것입니다. 이때가 수면 시간 중에서 최고의 보호력이 발휘되는 부분으로 심신이 활력을 되찾으며 이야기꾼들이 스승이나 안내자로 나서는 시기이기도 합니다.

의식이 육체로 돌아오는 동안 자아의 다른 층, 즉 육체 의식과 잠재의식은 수면 중에 얻은 정보를 해석하면서 자신에게 의미 있는 방식으로 꿈을 구성합니다. 이때 일반적인 가르침이 특정한 사안과 관련된 실제적인 충고로 전환되는 것입니다.

수면 상태는 각기 분명한 여러 단계로 나뉘면서 현재 퍼스낼리티에게 갖가지 유익을 제공하죠. 각 단계는 의식의 다른 층에게 보내는 신호이기도 합니다. 그런 신호는 육체적인 변화를 수반하는데 그 중 일부는 나이와 관련되어 있습니다.

의식이 외적 현실에서 내적 현실로 옮겨 가는 동안 여러 가지 특수한 단계와 명확한 변화가 일어납니다. 그런 변화는 마구잡이로 이루어지는 것이 아니며 의식이 수많은 목적지로 이동하는 경로를 분명하게 예측할 수 있습니다. 시대마다 이야기꾼들은 꿈꾸는 자에게 다른 환경의 조작 방법을 가르쳐왔습니다. 그중에는 현재 퍼스낼리티에게 유익하게 쓰일 정보를 갖고 돌아오는 방법도 있죠. 의도, 목적, 발전에 따라 개인이 그러한 여행을 인지하는 수준이 달라지게 마련입니다. 어떤 이들은 아주 많은 정보를 기억해내기도 하지만 대개는 고정관념으로 인해 체험을 잘못 해석해버립니다.

이야기꾼이 꿈을 꿀 경우, 내적 현실에서 어려움을 겪는 다른 꿈꾸는 자들을 도와줄 수 있습니다. 이러한 활동은 수호천사의 관념과도 많은 연관성을 갖죠. 훌륭한 이야기꾼은 내적 환경 외에 육체의 현실에서도 심령적인 틀을 창조하며 어떤 현실에서나 영향력을 발휘합니다. 수많은 예술가, 시인, 음악가는 사실상 이야기꾼으로서 한 세계를 다른 세계의 관점에서 풀이하며 양쪽 세계 모두에서 강한 생명력을 갖고 존속하는 심령적 구조물을 만들어냅니다. 여러 현실에서 동시에 인지될 수 있는 구조물 말입니다.

| 570번째 대화 |

깨어 있는 의식 가운데 초점이 맞추어지지 않아서 거의 인지되지 못하는 의식 상태가 있습니다. 그러한 의식은 자신의 상태를 알며 각기 다른 현실과 관계를 맺죠.

여러분의 일원적인 의식 상태에서는 전체적인 자아의 다른 부분이 관련된 의식의 다른 단계를 체험할 수 없습니다. 하지만 그러한 의식 단계도 여러분의 현재 의식처럼 각기 나름대로 현실을 창조하고 있습니다. 여러분이 그것을 인지하더라도 다른 활동 영역이나 차원이라기보다는 단순한 다른 장소로 비쳐지죠. 그 현실을 탐사하는 동안 여러분은 자기 현실의 근원적인 가정 체계로 그것을 인지합니다. 이를테면 따스함과 안락함을 따스하고 안락한 거처나 건물의 이미지로 혹은 두려움을 악마의 이미지로 해석하는 것이죠.

경우에 따라 깨어 있는 상태에서 자신도 모르게 의식의 기어를 바꿈으로써 순간적으로 다른 영역을 체험할 수 있습니다. 이런 경우 대개는 방향 감각을 상실하게 되죠. 훈련을 통해 이런 상황에 침착하게 대응하는 이들도 있지만 대개 숙련자들도 자신이 고향 의식의 가치관으로 차원이 다른 체험을 해석하고 있다는 사실을 깨닫지 못합니다.

사실 거의 모든 사람이 특별한 의식 상태를 체험하고 육체의 현실만 있는 것이 아님을 직감하고 있습니다. 대부분의 꿈은 마치 여러분이 다녀오고 나서 잊어버린 여행지에서 가져온 살아 움직이는 엽서입니다. 의식이 다시 육체 현실에 치중하는 동안 심층적인 체험을 이해가능한 형태로 전환하기 위한 시도가 바로 꿈입니다. 꿈속의 이미지는 고도로 암호화되어 있어 근본적으로 해독 불가능한 사건에 대한 신호이기도 합니다.

꿈은 여러 현실 속에 작용하며 살아 있거나 죽은 사람 모두가 참여할 수 있는 의식의 다양한 단계를 효과적으로 분석해 보이는 일종의 다차원적인 예술 작품입니다. 이야기꾼들의 활동은 바로 이러한 꿈을 만들어가는 데 도움을 주죠. 그런 맥락에서 보면 영감이나 계시도 대개는 꿈의 일부분입니다.

육체적인 초점에서 벗어나면 훨씬 쉽게 이야기꾼들의 이야기를 듣고 그들의 가르침을 현실 차원에서 해석하며 이미지를 창조하고 심신의 건강을 유지하는 방법을 터득할 수 있습니다. 안전장치가 가장 활성화된 수면 중에 수많은 현실을 나누는 장애물이 사라져 다른 가능한 현실을 인지하게 됩니다. 또한 자신의 현실 세계에서 실현하고 싶은 가능한 행위를 선택하거나 이를 꿈 상태에서 시도하기도 합니다. 이러한 활동은 개인적으로뿐만 아니라 국가적·지구적 차원에서 집단적으로 행해지고 있습니다.

의식은 각기 다른 단계에서 사건을 인지합니다. 그것을 인지하고 싶다면 초점을 다른 차원으로 변화시키는 법만 터득하면 되죠. 의식의 단계에 따라 체내의 호르몬 분비와 내분비 샘의 하나인 송과선松果腺의 활동을 비롯하여 미세한 화학적·전자기적 작용에 변화가 일어납니다.

여러분은 거의 인지하지 못하지만 깨어 있는 상태에서 수면 상태로 들어가기까지 다양한 의식 상태를 경험합니다. 우선 의식은 육체적인 정보에서 온갖 일상적인 걱정과 관심사에서 벗어나 내면으로 초점을 돌리게 됩니다. 그 후에는 깨어 있는 것도 수면도 아닌 미분화된 상태에서 다른 차원의 메시지를 쉽게 전달받을 수 있는 개방적이고 수용적인 의식 수준에 도달합니다.

이때 의식은 마치 떠다니는 듯한 기분에 빠집니다. 때로는 자신이 광대하게 넓어지거나 어딘가에 떨어지는 것 같은 육체적인 감각이 일어나기도 합니다. 그 두 가지 감각은 모두 여러분이 스스로 미분화된 의식의 경계를 인지하고 체험의 일부를 육체적인 표현으로 해석하고 있음을 뜻합니다. 이를테면 광대하게 넓어지는 감각은 심령적 확장에 대한 육체적 표현이며, 떨어지는 느낌은 의식이 몸속으로 갑작스레 돌아왔음을 나타냅니다.

이는 초점 전환 과정 중에 충격을 완화하고 확장을 지속해나가는 의식단계로 몇분 혹은 몇십 분간 이어질 수 있죠. 이 시기에 암시를 주면 아주 큰 효과를 볼 수 있습니다. 그 다음에는 마음이 앞의 두 단계에서 버리지 못했던 끈질긴 육체적 관심사에 열중하는 활동 단계가, 즉 꿈과 비슷하지만 진정한 꿈이 아닌 상태가 이어집니다.

이러한 활동이 아주 격렬하면 잠에서 깨어날 수 있습니다. 이것은 아주 생생하고 강렬하지만 대개 짧게 끝나버립니다. 그 후에는 미처 나뉘지 않은 또 다른 단계가 이어지는데 이 상태에서는 다른 차원과의 커뮤니케이션에 초점이 맞추어지면서 목소리, 대화, 이미지가 분명하게 나타납니다. 개인은 이런 내면의 자극에 따라 의식의 깊은 차원으로 들어가면서 커뮤니케이션 내용으로 가벼운 꿈을 만들어내죠.

이 과정에서 더욱 심층적인 보호 구역으로 들어가면 다른 현실 및 가능성의 문턱을 밟게 됩니다. 이때는 육체의 시간 감각을 초월한 체험을 하게 되는데, 단 몇 분 만에 몇 년의 체험을 할 수도 있습니다. 그러다 다시 육체의 현실로 돌아오는 때가 바로 급속 안구 운동이 일어나는 수면 구간입니다. 이때 체험한 내용을 활용하기 위해 육체적인 관점에서 해석하여 꿈 드라마로 제작하는 것이죠.

이와 거의 똑같은 변동과 단계는 깨어 있는 동안에도 반복됩니다. 다만 에고적 자아가 의도적으로 그런 체험의 영역을 멍한 상태로 감추어버리기 때문에 인지할 수 없는 것이죠. 하지만 그러한 단계는 무의식적으로 벌어지며 수면 상태에서와 똑같은 화학적·전자기적인 호르몬 변화를 수반합니다. 여러분은 자신의 의식이 무슨 일을 벌이는지 인식하지 못하는 것입니다. 자신의 주관적인 현실을 여행하는 데 필요한 시간과 노력을 아끼지 않을 만큼 단호한 사람만이 그러한 차원을 인지할 수 있죠.

물론 개개인은 직관적으로 체험의 일부분이 항상 자신의 의식을 비껴가고 있다는 사실을 알고 있습니다. 가령 어떤 이름이 갑자기 생각나지 않을 때 잠재의식으로는 그것을 항상 기억하고 있음을 아는 느낌과 똑같습니다.

이야기꾼들의 목적은 여러분이 그런 다차원적인 삶의 수많은 측면을 상호 연관 짓고 이해하며 그 지식을 표면 의식으로 끌어올릴 수 있도록 돕는 데 있습니다. 이처럼 자기 체험의 심오한 차원을 느끼고 감지하며 직관하는 법을 터득해야만 존재하는 모든 것의 본질을 살펴볼 수 있습니다. 육체적 삶 속에 작용하는 의식의 상태를 보다 깊이 인식함으로써 그것이 다른 영역에 작용하는 모습도 관찰할 수 있는 것입니다. 가능한 현실이 그저 가능한 것으로만 보이는 까닭은 여러분이 그것을 미처 의식하지 못하기 때문입니다.

모든 의식의 단계는 여러분이 처한 현실의 일부분이며 이에 대한 지식은 아주 유용하게 쓸 수 있습니다. 이를테면 의식의 기어를 바꾸어 당면한 체험으로부터 한 걸음 물러나 보다 바람직한 시각에서 살펴볼 수 있습니다. 또한 특정 문제나 의문이 수면 상태에서 해결되도록, 멀리 있는 친구와 대화를 나누거나 말로는 전하지 못했던 중요한 메시지를 전할 수 있도록, 현실에서 화해하지 못한 사람과 현실의 다른 층에서 화해할 수 있도록 암시를 걸 수도 있죠. 수면 의식의 단계에서 몸이 치료될 것이라고 암시를 걸며 이야기꾼에게 건강을 유지하기 위한 심리 지도를 해달라고 요청할 수도 있습니다. 목표가 분명하고 그것의 유익함을 논리적으로 확신한다면 그러한 꿈의 유도는 얼마든지 가능합니다. 꿈은 그 자체로 목표의 현실화를 촉진할 수 있기 때문입니다.

여러분은 무의식적으로 이 많은 일들을 수행하고 있습니다. 종종 시간을 거슬러 올라가 특정한 사건의 결말을 다르게 짓거나 예전에 하지 못했던 말을 하기도 하죠. 한 가지 의식 상태를 제대로 이해하면 다른 의식 상태에 도움이 됩니다. 가벼운 최면 상태에서 꿈에 대해 질문을 던지면 꿈에서 본 상징의 의미를 알 수 있습니다. 그리고 상징을 토대로 자신에게 맞는 암시문을 만들어 이용하기도 합니다. 꿈에서 본 샘물이 휴식을 상징한다면 지치거나 울적할 때 샘물을 생각해보십시오. 물론 현실의 또 다른 단계에서는 실제로 그런 샘물을 창조하고 있는 셈이죠.

수면 상태의 최고 보호 구역에서 여러분은 언어나 이미지가 배제된 순수한 느낌과 앎을 체험합니다. 현재 퍼스낼리티는 그런 체험을 꿈으로 해석하기 위해 어쩔 수 없이 육체적인 정보에 친숙한 의식의 영역으로 돌아가는데, 이때 창조적인 종합화와 다각화가 이루어집니다.

꿈의 이미지는 자아의 다양한 층에서 의미를 지닙니다. 어떤 단계에서는 여러분이 체험한 진실을 나타내지만 또 다른 단계에서는 체험이나 문제의 갖가지 영역에 보다 구체적으로 적용되는 진실을 상징합니다. 그렇게 해서 하나의 상징이 수많은 상징들로 변형되면서 표면 의식은 다양한 꿈 이미지로 혼돈을 겪게 되죠. 왜냐하면 꿈의 내적인 조직과 통일성은 이성적인 마음이 추적할 수 없는 의식의 다른 영역에 감추어지기 때문입니다.

무의식과 잠재의식 영역은 그러한 통일성을 에고보다는 훨씬 잘 인식할 수 있습니다. 왜냐하면 에고는 일반적으로 꿈 자료의 자잘한 찌꺼기만을 받아들이기 때문입니다. 이야기꾼은 역사적인 인물, 예언자, 친한 친구, 그 외 퍼스낼리티의 주의를 끌 수 있는 모습으로 가장하여 나타나는 경우가 있습니다. 하지만 원래 체험에서는 이야기꾼의 참된 면목이 나타나게 마련이죠. 꿈을 만드는 것은 일상적이며 객관적인 삶을 창조하는 것만큼이나 기교가 필요한 작업입니다. 이는 다른 관점에서 이루어지는 삶 자체입니다.

창조 행위는 의식의 고유한 자질이다

우리는 수많은 방향으로, 즉 내면과 외면에 동시에 의식을 동조시킬 수 있습니다. 정상적인 의식의 변화를 주의 깊게 살펴보면 이러한 사실이 더욱 분명하게 드러나죠. 여러분은 끊임없이 관심의 범위를 넓히거나 좁히고 있습니다. 때로는 다른 모든 것을 배제한 채 한 가지 대상에만 집중하여 자신이 어디에 있는지조차 잊어버리기도 합니다.

과거의 사건을 지나치게 의식하고 반응하다 보면 상대적으로 현재 벌어지고 있는 상황을 의식하지 못하는 경우가 있습니다. 여러분은 이 모든 변화를 당연한 것으로 받아들이고 크게 신경 쓰지 않죠. 예를 들어 독서 삼매경에 빠져서 주변 환경을 잊어버린다 해도 책에서 눈을 뗐을 때 자신이 앉아 있던 서재가 사라졌을까 봐 걱정하지는 않습니다. 또한 백일몽을 꾸는 동안 의식이 현재 순간으로 안전하게 되돌아갈 수 있을지 의심하는 일도 없습니다.

이 모든 것은 의식의 기동성과 간편한 조작성을 알려주는 작은 사례입니다. 꿈의 상징은 여러분이 다양한 의식 수준에서 대상을 지각하는 방식을 나타냅니다. 상징의 변화무쌍한 이미지는 일종의 도로 표지판같이 사용할 수 있죠. 이를테면 불은 물질화된 상징이어서 현실 속의 불길, 즉 육체를 태워버릴 수 있는 불은 근본적으로 여러분이 육체적인 의식으로 현실을 지각하고 있음을 알려주죠. 하지만 불의 심상은 자동적으로 다른 종류의 의식이 관련되어 있습니다. 열기를 갖고 있지만 실제로 뭔가를 태우지는 않는 정신적인 불은 또 다른 것을 상징하죠. 이처럼 모든 상징은 어떤 느낌을 나타내려는 시도입니다. 말로는 적절하게 표현되지 않는 한없이 다양한 느낌을 말이죠. 의식의 갖가지 단계에서 그러한 상징은 각기 다른 표현 방식으로 언제나 여러분을 따라다닙니다.

그럼 특정한 느낌을 예로 들어 의식의 다양한 수준에서 어떻게 표현되는지 알아보죠. 기쁜 마음으로 시작해봅시다. 이러한 느낌을 갖고 있을 때는 기분이 우울한 상태일 때에 비해 전혀 다른 방식으로 주변 환경을 인지합니다. 기쁨은 사물 자체를 바꾸어 버립니다. 다시 말해 사물을 밝게 바라봄으로써 이전보다 훨씬 생생하고 명료하게 사물을 창조해냅니다. 그리고 창조에 대한 피드백으로 환경 자체도 기쁨을 더욱 크게 만드는 듯 보이죠.

하지만 그가 바라보는 것은 여전히 육체적이며 물질적인 대상에 불과합니다. 이제 그가 백일몽을 꾸기 시작한다고 가정해보십시오. 그의 마음속에서는 과거, 현재, 미래에 대한 상상을 통해 사람이나 사건, 사물의 이미지, 곧 상징이 펼쳐집니다. 그의 기쁨은 이제 더욱 자유로이 상징을 통해 표현되는 것입니다.

기쁨은 미래로 뻗어나가고 과거에 새로운 빛을 던져주면서 육체적인 관점에서 밝혀질 수 있는 부분보다 훨씬 넓은 영역을 드러냅니다. 이번에는 백일몽을 꾸는 사람이 트랜스 상태나 깊은 수면 상태로 빠져 들었다고 상상해보십시오. 그는 기쁨을 나타내는 지극히 상징적인 이미지를 보게 될 것입니다. 그것은 논리적으로 연결이 잘 안되지만 당사자는 연결성을 분명하게 직관합니다. 그는 백일몽 상태일 때보다 훨씬 깊은 정신적 체험을 하면서 기쁨을 표현하고 다른 이에게 나누어줄 수 있는 꿈을 꾸게 됩니다.

하지만 그는 여전히 육체에 치우친 상징을 다루고 있습니다. 그는 매우 유쾌한 꿈의 도시나 사람의 이미지를 만들 수도 있습니다. 감정을 자신과 관련된 상징으로 나타내는 것이죠. 넘쳐흐를 듯한 즐거움은 신나게 뛰노는 동물, 하늘을 나는 사람, 또는 매우 아름다운 풍경의 이미지로 표현될 수 있습니다. 논리적인 연결성은 그다지 찾아볼 수 없지만 전체적인 에피소드는 그러한 감정으로 연결되어 있을 것입니다.

그런 좋은 감정과 느낌은 자연히 심신의 회복 기능을 새롭게 하고 활력을 불어넣기 때문에 그동안 육체는 커다란 혜택을 입게 됩니다. 기쁨은 그리스도, 부처, 성인이나 예언자의 이미지와 연결될 수도 있습니다. 그런 상징은 다양한 단계에 따라 장면을 변화시키는 의식의 특징이며, 그 체험은 일종의 창조로 볼 수 있습니다. 창조적 행위는 다양한 단계를 거치는 의식의 고유한 자질이죠.

그러나 이 단계를 넘어서면 상징은 희미해지고 불분명해집니다. 그래서 상징이 더 이상 필요 없는 의식의 경계로 들어갑니다. 영혼은 이 단계에서 상징과 표상이 완전히 배제된 채 순수한 느낌만으로 거대한 실재를 인식하기 시작합니다.

바로 이때 직접적인 체험이 이루어집니다. 기쁨을 다시 예로 들자면 이전에 기쁨을 나타내던 모든 정신적 상징이나 이미지가 사라지는 것입니다. 그것이 기쁨의 체험으로부터 나왔다가 나중에 사라지는 까닭은 본래의 체험이 아닌 체험의 부산물이기 때문입니다. 그 후 영혼은 말로 설명하기 힘든 조건 속에서 기쁨의 실재를 탐구하기 시작합니다. 그러면서 이전에는 전혀 이해하지 못하던 방식으로 지각하고 표현하며 실현하는 법을 배웁니다.

물리적 사물은 너무나 명백한 상징입니다. 하지만 오히려 그 점 때문에 여러분은 그것이 상징이라는 사실을 전혀 깨닫지 못하고 있습니다.

의식은 다양한 수준에서 다양한 종류의 상징을 다루고 있습니다. 상징은 내면의 현실을 표현하는 방법이죠. 영혼은 한쪽 방향에서 가능한 한 많은 상징들을, 즉 변화하는 상징 체계인 삶을 통해 내면의 현실을 표현합니다. 그 각각의 상징은 어느 정도 자신의 의식을 갖고 개체성을 띠게 됩니다. 그럼으로써 영혼은 탐구되어야 할 새로운 내면의 현실을 지속적으로 창조하는 것입니다. 그리고 정반대 방향으로 온갖 상징과 기호 들을 벗어 던지고 전혀 다른 방식으로 자신의 직접적인 체험을 탐구하는 데 의식을 이용합니다. 상징 없이 직접적으로 체험을 인지할 때, 영혼은 현재 여러분으로서는 결코 이해할 수 없는 일종의 가치 실현을 통해 자신을 완성합니다.

이러한 시도는 여러분이 깨어 있든 잠들어 있든 지속적으로 전개됩니다. 일단 그 활동을 인식하면 다양한 의식 단계에 있는 자신을 발견하고 때로는 자신이 진보하는 과정을 추적해볼 수 있습니다. 특히 꿈을 통해서 말이죠. 육체는 현재 여러분에게 가장 친숙하면서도 가장 명백한 상징입니다.

여러분은 대부분의 의식 단계에서 몸의 개념을 사용합니다. 유체이탈을 통해 육체를 떠났을 때조차 사실은 이전보다 육체성이 좀 더 희박한 또 다른 몸의 개념을 이용합니다. 그 몸 역시 나중에 버려지지만 형체 관념은 여러분의 모든 종교 문헌이나 사후 이야기에 단골 메뉴로 등장할 정도로 아주 중요한 상징이죠. 몸은 그러다 어느 시점에서 다른 상징과 함께 사라집니다.

다시 여러분 식대로 표현하자면 상징이 만들어지기 이전의 시기가 있습니다. 여러분의 현실 관념과 너무나 동떨어져 있어서 수면 상태 중 최고의 보호 구역에서만 기억될 수 있는 시기 말입니다. 지금 여러분에게는 상징이 없으면 존재도 없는 것처럼 보이도록 되어 있습니다. 그리고 그런 논리가 자연스럽게 보이는 까닭은 상징 지향적인 의식을 지니고 있기 때문이죠.

사후에 이루어지는 의식의 단계에서도 여전히 상징을 다룹니다. 비록 더 자유롭게 상징을 사용하며 그 의미를 더 깊이 이해하겠지만 말이죠. 여하튼 의식의 높은 단계에서는 상징을 더 이상 사용하지 않고도 창조가 완벽하게 이루어집니다.

여러분으로서는 그런 의식 단계를 인지할 수 없습니다. 다만 깨어 있든 잠들어 있든 자신에게 상징이 나타나는 방식을 파악하고 그것이 표현하려는 느낌을 알아낼 수는 있죠. 어떤 개인적인 상징은 의식의 다양한 단계에서 빈번하게 나타나 탐구의 진척도를 가늠할 수 있는 잣대가 되기도 합니다.

루버트는 꿈 상태에서 몸을 떠날 때 탐구의 기회를 제공하는 이상한 집이나 아파트 안에 있는 자신을 발견하고는 합니다. 집이나 아파트의 모양은 언제나 다르지만 상징 자체는 언제나 그가 의식의 일정 지점에 도달했으며, 또 다른 의식 상태에 들어갈 준비가 되어 있음을 알리는 표지판인 것입니다. 여러분 개개인은 이와 똑같은 용도로 사용되는 지극히 개인적인 특정한 상징을 갖도록 되어 있습니다. 하지만 자기 탐구를 하려는 노력이 없다면 이런 상징적인 표지를 전혀 이해할 수 없습니다.

그런 상징 중 일부는 여러분을 평생 따라다니고 또 어떤 것은 극심한 전환기에 특징을 바꿈으로써 방향감각을 상실하기도 하는데, 똑같은 이치가 육체적인 삶에 그대로 적용됩니다. 예를 들어 강아지는 여러분에게 자연스런 기쁨이나 자유를 상징할 수 있습니다. 그런데 강아지가 죽임을 당한 사건을 목격한 이후에는 전혀 다른 상징이 될 수 있죠.

앞의 사례는 누구나 쉽게 알 수 있는 명백한 경우에 속합니다. 하지만 똑같은 상징의 변화가 꿈속에서 이루어지는 경우가 있습니다. 꿈속에서 강아지가 사고로 죽는 광경을 목격할 수 있는데, 이때 그 체험은 각성 상태에서 강아지에 대한 여러분의 의식적인 느낌을 변화시킵니다. 어떤 경우에는 악마나 사나운 동물, 간단한 사물로 두려움을 상징화할 수 있죠. 그러나 그러한 상징이 무엇을 의미하는지 알게 되면 꿈을 해석할 때나 자신의 의식 상태를 가늠할 때 그 지식을 이용할 수 있습니다.

상징은 의식의 다양한 단계에 따라 변화합니다. 그 과정에서 논리적인 연결성을 찾을 수는 없으며, 다만 화가가 색깔을 바꾸어가며 그림을 그리듯 직관적인 창조력에 따라 상징이 바뀝니다.

모든 상징은 내면의 현실을 나타내므로 상징을 조작하는 것은 곧 내면의 현실을 조작하는 것입니다. 여러분이 일으키는 외적인 움직임은 자신과 관련된 모든 내적 환경에서 이루어지는 것입니다.

상징이란 곧 에너지로 충전된 심령 입자로서 그 속에는 인력과 확장의 특성을 지닌 물리적 사물도 포함되어 있습니다. 다시 말해 상징이란 직접적인 앎을 통해서 인지되지 않는 내면의 현실과 실물을 나타내며, 직접적인 앎은 상징화를 통하지 않은 즉각적인 인식과 이해를 의미합니다.

상징 역시 의식의 다양한 단계에 따라 다르게 나타납니다. 그 중 어떤 것은 육체 현실의 근원적 가정, 즉 원리에 따라 물리적인 사물처럼 안정성과 지속성을 추구합니다. 또한 어떤 것은 꿈속에서와 같이 빠르게 변화하며 느낌을 보다 즉각적이며 민감하게 표현하기도 하죠. 의식의 다양한 단계는 마치 물리적 사물이 육체의 환경 속에 나타나듯 제각기 상징을 나타내는 나름대로의 환경을 갖고 있습니다.

일정한 수준을 갖는 꿈속 환경에서는 불안정하고 지속성이 없는 듯한 정신적 사물이 등장합니다. 앞에서 말한대로 꿈의 환경에서는 불안정하고 지속성이 없는 듯한 정신적 사물이 등장하죠. 앞에서 말한 대로 꿈의 우주는 육체의 우주만큼이나 객관적인 세계입니다. 그 안의 사물이나 상징은 육체의 삶을 나타내는 육체적인 사물만큼이나 꿈의 삶을 충실하게 나타냅니다. 그러므로 상징은 여러분의 환경뿐만 아니라 그 안에 머무는 여러분의 의식 상태까지 가르쳐줍니다. 평범한 꿈속에 나타나는 사물은 육체적인 사물처럼 지속적인 것으로 보이며 여러분은 그것을 당연하게 받아들입니다. 그 상태에서는 아직 여러분의 의식이 육체 지향적이기 때문입니다. 여러분은 그러한 꿈속 이미지에 자신의 육체적인 상징체계를 반영하고 있는 것입니다.

꿈 의식의 다른 상태에서는 집이 눈앞에서 갑자기 사라질 수 있습니다. 또 현대식 건물이 돌연 허름한 판잣집으로, 아이가 튤립 꽃으로 변하기도 합니다. 그 상징들은 분명 평범한 꿈의 상징과는 다른 방식으로 움직입니다. 그런 환경에서는 지속성이 근원적인 가정으로 성립되어 있지 않고 논리성도 적용되지 않습니다.

그런 식으로 작용하는 상징은 다른 의식의 단계와 전혀 다른 내면의 환경에 들어서 있음을 알려주는 단서인 경우가 있습니다. 그때는 느낌과 체험의 표현이 사물을 연속적으로 고정시키는 경직된 가정의 틀에 제한되어 있지 않습니다. 느낌은 저절로 새롭고 유동적이며 즉각적인 방식으로 바뀌어 표현됩니다. 의식의 선율이 한층 빨라진 셈이죠. 그때는 현실화를 위해, 몇 시간 혹은 며칠을 기다릴 필요가 없습니다. 체험은 시간으로부터 자유로워집니다. 그러한 의식의 영역에서는 시간에 구애받지 않고 책 한 권을 집필하거나 삶의 계획을 정밀하게 조사할 수도 있습니다.

여러분이 알고 있는 시간은 이러한 의식 단계를 이루는 데 도움이 되는 수많은 요소 가운데 하나에 불과하죠. 과거, 현재, 미래는 내면 환경의 일부분으로서 그 안에 존재합니다. 하지만 마치 여러분의 세계가 공간 속에 펼쳐지듯, 의식 상태와 내면 환경은 각각의 방식으로 펼쳐지므로 그러한 내면 환경에서는 일단 자신의 길을 찾는 것이 중요합니다. 물론 그런 단계에서도 잠들기 전에 적절한 자기 암시를 건다면 자신을 인식하는 것은 그리 어려운 일이 아닙니다.

| 572번째 대화 |

상징의 변화는 각성 의식의 다양한 단계에서도 관찰할 수 있습니다. 눈을 감았지만 잠들지 않고 그저 쉬고 있는 상태에서는 종종 마음의 눈앞에 이미지와 영상이 나타날 수 있죠. 거기에는 육체적인 사물, 즉 나무, 집, 사람 같은 이미지도 있지만, 다른 한편으로는 아주 빠르게 바뀌어 마치 이 형상에서 저 형상으로 흘러가는 것처럼 보이는 이미지도 있을 것입니다. 전자와 같이 확인할 수 있는 이미지 또한 만화경처럼 끊임없이 다른 이미지로 순간순간 바뀌어 버리죠.

여러분에게는 그런 내적인 영상이 아무런 논리성이 없는 것처럼 보일 것입니다. 하지만 그것은 육체적 자극으로부터 주의력을 돌렸을 때 나타나는 의식의 특성을 상징합니다. 의식의 상태가 변화함에 따라 상징의 형태 역시 변합니다.

그 이미지는 눈을 감기 직전에 경험한 생각과 느낌 혹은 이전에 가장 많은 주의력을 쏟았던 대상을 나타낼 수도 있습니다. 눈을 감는 순간 생각과 느낌은 그러한 상징체계를 통해 자신을 표현합니다. 다만 자신의 제한된 시각으로는 그 이미지들이 이전에 품었던 생각이나 느낌과 논리적으로 서로 연결되지 않는 것처럼 보이기에 그것이 상징하는 바를 쉽게 발견하지 못하는 것이죠.

여하튼 상상 속에서는 현실에서보다 훨씬 많은 표현의 자유를 누릴 수 있습니다. 그래서 만일 직장을 잃는 것에 대한 두려움을 느꼈다면 눈을 감았을 때 서로 무관해 보이는 일련의 상징으로 그 두려움이 표현될 수 있습니다.

처음에는 땅속 구멍이 보이다가 돌연 그것이 길거리에서 뛰어노는 개구쟁이, 작은 상자, 하늘을 나는 검은 지갑 등으로 차례차례 바뀌고, 다시 어둡고 음산한 장면이 보이다가 오래 전에 잊어버린 옛날 책의 주인공이 나타났다가 사라지기도 합니다. 중간에 희망을 상징하는 대립적인 상징, 예를 들어 봄에 피는 꽃, 음식이 푸짐하게 차려진 테이블, 새 옷, 그 밖에 개인적으로 풍요의 의미를 지닌 상징이 나타나기도 합니다. 이 일련의 이미지 가운데 직장을 잃는 것에 대한 상징은 그 어디에서도 찾아볼 수 없을 것입니다. 오히려 그것을 잊어버린 듯이 보일 수 있죠.

그런 일련의 상징을 통해 여러분의 느낌이 완벽하게 표현되는 것입니다. 각각의 이미지는 표면 의식에서는 느끼지 못하는 의식 깊은 곳의 감정 흐름에 따라 나타났다가 사라지는 것입니다. 따라서 찬찬히 생각해보면 이미지의 근원을 추적해볼 수 있지만 대개는 무심히 흘려보낼 뿐입니다.

눈을 감고 조용히 누워 있다 보면 상징이 시각적인 특성을 잃어버리면서 점차 다른 특성이 두드러지게 나타나기도 합니다. 어쩌면 역겨운 냄새를 맡을 수도 있죠. 또한 두려움이 불쾌한 육체 감각으로 바뀌어 갑자기 높은 곳에서 떨어지거나 뭔가 섬뜩한 것이 자신을 만지는 듯한 감각을 느끼는 경우가 있습니다.

이러한 상징의 변화를 체험하면 의식이 트랜스 상태에 들어갔음을 알아야 합니다. 이 상태에서 잠에 빠지면 앞에서의 두려움을 상징하는 두세 가지 꿈들, 곧 꿈의 맥락에서 해결 방 안을 찾으려는 꿈들을 만들어낼 수 있습니다. 물론 절박한 직장 상황이 꿈속에 나타나지 않을 수도 있죠. 하지만 무의식에게는 이미 문제가 제출된 상태입니다. 이후 수면 중 보호 구간 내에서 내적 자아의 고차원적인 센터들이 퍼스낼리티의 3차원적인 부분을 돕습니다. 그리고 아주 자유로운 자아는 상황을 좀 더 분명하게 통찰하고 꿈꾸는 자아에게 행동 방침을 제시해줍니다. 그러면 꿈꾸는 자아는 제시받은 해결책을 상징적인 꿈의 상황에서 표현한 꿈들로 만듭니다.

최종적이며 구체적인 해석은 각성 자아와 보다 인접한 꿈의 영역에서 이루어지는데, 이때 상징은 좀 더 구체적이면서도 협소한 시야를 가지게 됩니다. 각성 의식에 가까울수록 상징은 더욱더 제한되고 편협해지며 가치가 떨어집니다. 상징이 구체적이고 정확할수록 그다지 의미가 없는 것이죠. 잠을 자는 동안 가장 중요한 꿈 작업을 통해 만들어진 상징은 지극히 강력한 에너지를 갖고 있으면서 의미가 압축되어 있는 것입니다. 그래서 겉보기에 서로 무관해 보이는 꿈들을 연결해주며 본래의 힘을 유지한 채 꿈의 여러 지층을 지나는 동안, 각기 다른 위장으로 점점 더 구체화되면서 그만큼 쉽사리 왜곡될 수 있습니다.

각성 상태에서도 의식은 파동을 멈추지 않습니다. 마음 상태를 관찰하되 해석하지 않는 습관을 기른다면 의식이 앞에서와 같은 방식으로 체험을 상징화하는 과정을 발견할 수 있습니다 육체적인 사건조차 심령 속에서는 명확한 상징 그룹으로 기억됩니다. 이러한 기억은 체험을 나타내지 않고 다만 담고 있을 뿐이며 여러분의 삶과 관련한 개인적인 상징 은행을 나타냅니다.

각성 상태의 상징과 꿈속의 상징은 불가분의 관계입니다. 그리고 대부분 각각의 상징이 하나의 체험에 국한되지 않는 다양한 이미지를 전하기 때문에 하나의 상징은 특정한 체험뿐만 아니라 그와 비슷한 여러 체험을 상기시키죠. 개인적인 상징 은행과 관련된 연상 작용은 각성 상태는 물론 꿈속에서도 정확하게 작용합니다. 다만 꿈속에서는 훨씬 더 자유롭게 과거와 미래에서 자료를 구할 수 있죠. 다시 말해 꿈속에서는 과거와 미래의 상징을 인식함으로써 더욱 훌륭하게 상징체계를 이용할 수 있습니다. 이러한 상징은 그때그때 다양한 강도를 가지며 그룹을 이룹니다.

이 다차원적 상징은 시각적인 방법 외에 수많은 방식으로 나타납니다. 그것은 여러분의 육체 현실 외에 여러분과 관련된 모든 현실에 영향을 미칩니다. 그러므로 각성 상태에서의 상징은 이보다 위대한 상징의 나머지에 불과합니다.

개인적인 상징 은행은 여러분이 이 세상에 태어나기 전부터 존재했습니다. 그 속에는 소위 과거 생에 대한 상징도 포함되어 있는데, 이 상징 은행은 반드시 활성화되어야 합니다. 이를테면 태아는 세상에 태어난 순간부터 시각적인 이미지를 갖습니다. 그것은 처음 눈을 뜨는 순간에 활성화되는 내면의 시각적 이미지, 즉 상징이죠. 그것은 학습 메커니즘으로써 아기에게 도움을 줍니다. 아기는 외적 이미지가 내적 패턴과 일치될 때까지 눈을 제대로 활용하기 위해 계속해서 애를 씁니다. 이것은 매우 중요한 활동이지만 아직 과학자들은 제대로 이해하지 못하고 있습니다.

눈을 뜨면 내적 메커니즘이 활성화됩니다. 그래서 육체적으로 눈에 뭔가 이상이 있으면, 가령 선천적인 시각 장애인이라면 그때는 특정한 메커니즘이 활성화될 수 없죠. 그 퍼스낼리티는 어떤 이유로 인해 시각 장애인으로 태어나길 선택한 것입니다. 그러나 원래 그러한 선택을 이끌어낸 조건이 바뀐다면, 즉 내적인 발전이 이루어지면 육체적인 눈도 치료를 받고 내적인 (학습) 메커니즘에 발동이 걸릴 수 있습니다. 그에 따라 온갖 종류의 행위들이 나오게 되죠. 하지만 상징 은행을 이용하지 않는 한 그것들은 잠재적으로 작용할 수 있을 뿐입니다. 언어를 배우기 전에라도 생각은 할 수 있습니다. 과거 생의 지식으로 길을 찾아갈 수 있는 것이죠.

똑같은 나라에 연속적으로 태어난 사람은 남보다 훨씬 빨리 말하는 법을 터득할 수 있습니다. 하지만 어떤 아기는 새로운 언어를 배우기 전에 과거 생의 언어로 생각하는데, 이 모든 것이 상징의 사용과 관련이 있습니다.

소리 자체도 상징입니다. 여러분은 정적의 한 시점에서 소리가 생겨나 커진다는 사실을 알고 있습니다. 그러나 아직 이해하지 못하는 것이 있습니다. 지각이 이루어지지 않는 정적의 시점에서 소리가 깊어지면서 만들어지는 침묵 역시 여러분이 아는 그 어떤 소리보다 깊은 의미와 다양성을 갖고 있다는 사실입니다. 다양한 침묵도 일종의 상징이죠. 말로 표현되지 않은 생각 역시 분명한 소리를 갖고 있습니다. 그 소리는 육체적인 귀에는 들리지 않지만 현실과 지각의 다른 수준에서는 아주 또렷하게 들을 수 있습니다.

들판에 서 있는 나무 역시 여러분이 지각하지 못하는 소리입니다. 꿈속, 특히 기억해낼 수 없는 심오한 꿈속에는 그런 소리를 자동으로 지각하여 시각적 이미지로 표출해내는 의식의 영역이 존재합니다. 그것은 일종의 속기법과 같은 작용을 일으킵니다. 그런 맥락에서 일정한 소리를 갖고 무의식적으로 자신이 아는 우주를 재창조할 수 있으며, 하나의 다차원적인 상징이라도 여러분이 아는 모든 현실을 담아낼 수 있는 것입니다.

| 573번째 대화 |

육체적인 냄새, 장면, 소리 들은 모두 한데 뭉뚱그려져서 여러분의 육체감각을 구성합니다. 하지만 다른 수준에서는 따로 분리되죠. 그때는 냄새도 나름대로의 시각적인 실재를 가지며 시각적인 자료 역시 다른 감각을 통해 지각될 수 있습니다.

상징은 자유롭게 합쳐지거나 분리되며 사건 하나하나가 각각의 상징을 가지듯이 조합하는 방법 역시 개인마다 다릅니다. 상징은 수많은 방식으로 표현되거나 지각될 수 있습니다. 이를테면 화음으로, 감각의 조합으로, 일련의 이미지로 말입니다. 여러분은 의식의 다양한 단계를 통해 그런 갖가지 표현 양식을 가진 상징을 지각합니다. 그러므로 다차원적인 상징은 의식의 상태에 따라 전혀 다른 실제로 나타납니다.

마음속 생각은 결코 비밀이 될 수 없죠. 여러분의 생각은 텔레파시 커뮤니케이션을 통해서도 명백하게 드러나지만 무의식중에 육체적인 지각 수준을 넘어선 영역에서 인지될 수 있는 가상 이미지를 형성합니다. 다시 말해 여러분의 생각이 다른 현실 속에서는 사물로 나타난다고 할 수 있습니다. 마치 무에서 육체의 현실 속에 나타나 성장하는 나무나 꽃처럼 생명력을 갖고 육체의 현실 세계로부터 다른 현실 세계에 태어나 성장합니다. 여러분의 생각은 다른 세계에서 자연적인 재료, 즉 창조의 원료가 되는 것입니다. 하지만 여러분은 생각의 씨를 심었으면서도 그 실체를 인지하지 못하고 있죠.

말하자면 여러분의 생각은 나름대로 법칙에 따라 움직이고 있습니다. 여러분은 그 생각이 자기 것이라고 주장하지만 그것의 활동 원리를 이해하지 못하죠. 다른 현실 세계의 의식은 여러분의 생각을 변화무쌍한 자연 현상으로 이해하고 조작합니다. 그 의식은 그런 현상의 근원이나 여러분의 현실을 전혀 의식하지 못하며 여러분처럼 자신의 감각에 인지되는 자료만 실재의 증거로 받아들입니다. 외계에서 비롯된 현상이라는 사실을 전혀 눈치 채지 못한 채 말입니다.

이쯤 되면 여러분 중에는 육체의 현실 세계가 외계의 쓰레기로 이루어진 것이 아닐까하고 걱정하는 사람이 있을지 모르겠군요. 하지만 여러분은 육체의 현실 세계를 직접 만들어가고 있으니까 그런 걱정은 접어 두기 바랍니다. 여러분이 지각하는 육체의 자료들은 개인이나 집단의 사고, 느낌, 감정 등이 물질화된 결과입니다. 이런 점에서 여러분의 세계는 앞에서 언급한 다른 세계에 비해 훨씬 창조적이죠.

물론 다른 세계 속에도 매우 혁신적인 의식 집단이 있게 마련입니다. 그들은 정체성을 유지하면서 개인 간의 내면 작용을 훨씬 깊고 폭넓게 이루고 상징 은행을 창조적으로 상호 교환하며, 정신적이고 심령적인 상징을 훨씬 용이하게 이용하기 때문에 창조적인 이미지와 감각자료 간의 연관성을 분명하게 통찰합니다. 그들은 주어진 감각 자료를 의도적으로 변화시키면서 실험을 하죠.

사실 여러분은 퍼스낼리티의 특정한 수준에서는 육체의 현실뿐만 아니라 다른 현실에서 상징을 사용하는 방식을 알고 있습니다. 앞에서 누누이 이야기했듯이 어떤 현실도 폐쇄된 차원으로 남아 있지 않습니다. 다시 말해 여러분의 사고, 이미지, 느낌 따위는 다른 현실 세계의 감각 자료를 변화시킬 수 있습니다.

또한 여러분의 세계에서도 앞에서 언급한 세계에서 개발된 혁신적인 패턴을 어느 정도는 인지할 수 있습니다. 현실들 간에는 끊임없이 유출이 이루어지고 있으니까요. 여러분이 경험하는 의식의 다양한 단계 속에는 다른 수많은 세계와 상호 관련을 맺을 수 있는 영역이 포함되어 있습니다. 또한 그중 어떤 단계는 특정한 종류의 의식에게는 고유한 것일 수 있죠. 그래서 이런 특정한 단계를 지날 때 그 단계에서의 고유한 방식으로 상징을 사용합니다.

상징의 형태는 항상 유동적이며 변화무쌍해야 합니다. 그렇지 못한 상징은 본래의 체험을 밝혀 주기보다는 오히려 에워싸서 은폐시키는 수단으로 사용될 수 있습니다. 이러한 속임수에는 늘 두려움이 관련되어 있죠.

두려움은 의식의 갖가지 단계에서 상을 일그러뜨리는 렌즈처럼 상징이 갖고 있는 본래의 특징을 왜곡시키며 의식의 자유로운 흐름을 가로막습니다. 반면에 폭발력 있는 상징은 은폐되고 갇혀 있던 것들을 풀어주는 해방자의 역할을 맡고 있죠.

여러분은 상징의 공격성이나 그것과 창조성 사이의 관계에 대해 이해하지 못하고 있습니다. 공격성과 창조성은 결코 대립적인 관계가 아니며, 공격적인 추진력이 없다면 상징은 기동력을 상실하고 일정한 환경 속에 영원히 발이 묶여버릴 것입니다. 의식의 창조적이며 공격적인 측면이 있기에 상징을 사용하고 체험의 다양한 단계를 거칠 수 있는 것이죠. 이해할 수 없는 현실 세계로 여러분을 밀어 넣는 것이 바로 사고의 공격적인 속성입니다.

탄생의 상징 배후에는 공격성과 수동성이 버티고 있는데, 이 둘은 탄생에 없어서는 안 될 요소죠. 또한 죽음의 상징 속에도 두 요소가 자리 잡고 있지만 사람들은 이 사실을 잘 이해하지 못합니다. 공격성과 창조성이 균형을 이루지 못할 때, 의식이 지나치게 한쪽 방향에 치우칠 때, 또는 상징의 흐름이 특정한 심리 환경으로 인해 지나치게 빨라지거나 느려질 때 의식은 활력을 잃고 타성적으로 변합니다. 간단히 표현하자면 상징이 활성화와 비활성화 사이의 어정정한 상태에 빠지는 시기가 다가오는 것입니다. 물론 이러한 상태는 수많은 방식으로 나타납니다. 그 시기에 상징은 목적을 상실하고 개인의 체험에서 사라지면서 무력한 공백기가 이어집니다.

이러한 공백기는 수많은 현실 세계에 존재하며 여러분은 다양한 단계에서 마주치고 있습니다. 예를 들어 어떤 의식 상태에서는 아무런 체험도 일어나지 않고 어떤 심리적 풍경이나 상징도 나타나지 않지만, 충분한 지각력을 갖추고 있다면 자신이 그러한 상태에 빠진 순간을 포착할 수 있죠. 아무것도 경험할 수 없고 자기 외에 아무런 의식의 흔적도 발견할 수 없는 의식 상태 말입니다. 그런데 이러한 공백은 심리적 심령적 수준뿐만 아니라 육체적인 수준의 텅 빈 공간으로 실재합니다.

그런 공간은 새로운 상징을 심을 수 있는 텃밭으로, 즉 새로운 창조적 개념과 구상을 전해 받을 수 있는 통로로 활용됩니다. 어떤 이에게는 그런 공터가 캄캄한 공간으로 비쳐지지만 내면의 현실을 탐구하는 여행자에게는 외부에서의 입력을 수동적으로 기다리는 빈 그릇 같은 공간이죠. 상징 중에는 이처럼 수동적인 방식으로 활성화되기를 기다리는 것이 있습니다.

그런 공백은 잠재적인 상태에 놓여 있는 미래의 체험을 상징합니다. 무력함의 공백은 다른 상징이 그 안에 순조롭게 나타나게 한다는 점에서 어느 정도는 창조력을 발휘하는 셈이죠.

알파파 상태는 미분화된 상태여서 그곳에서는 자신이 원하는 대로 에너지를 사용할 수 있습니다. 또 그것은 내적 자아와 외적 자아 사이에 보존된 에너지의 저장층이자 심층적인 수준의 신호와 재력이 들어오는 영역입니다. 알파파는 바로 이러한 조건 덕분에 육체 조직을 다루는 데 특별한 효용이 있습니다. 이와 관련해서 무의식 작용이 매우 중요합니다. 물론 알파파 상태에 들어가기 전에 어떤 의도를 품었느냐에 따라 이후에 벌어질 체험의 종류가 결정되며 특정한 영역으로 주의력이 집중됩니다.

알파파 상태에서는 의식하지 못하더라도 자신에게 필요한 정보를 구할 수 있기 때문에 아무 목적 없이 알파파의 영역을 탐구하는 것은 유익합니다. 알파파 영역을 탐구하는 법을 터득하면 다른 활동을 위한 발판으로 이용함으로써 유체 이탈 시 육체를 잘 관리할 수 있죠. 의식이 육체를 떠났을 때, 알파파의 의식 상태는 육체를 훌륭하게 유지시켜줍니다.

전생에 대한 기억은 알파파 상태보다 더 깊은 곳에 저장되어 있죠. 원한다면 알파파 상태에서 전생에 대한 정보를 찾아낼 수는 있지만 그렇다고 마구잡이로 찾아 헤매도 된다는 뜻은 아닙니다. 그보다 한층 깊은 의식 수준으로부터 지침을 구하거나 좀 더 훈련을 쌓아 직접 들어갈 줄 알아야 합니다.

19

레오나르도 다 빈치가 피카소를 알 수 있었던 이유

| 574번째 대화 |

여러분이 보통 얼떨결에 지나쳐버리는 각성 의식 상태에서 한발 벗어난 또 다른 의식 단계가 있습니다. 앞으로 이 단계를 A-1이라고 부르겠습니다. 그 상태는 정상적인 의식에 근접해 있으면서도 아주 조금 떨어져 있습니다. A-1 상태는 평상시에는 발휘할 수 없는 아주 확실한 효용을 갖고 있죠. 즉, 많은 능력을 사용할 수 있다는 뜻입니다. 여러분이 익히 아는 육체 자료를 바탕으로 현재 순간을 수많은 방식으로 체험할 수 있죠.

각성 의식 상태에서는 자신의 몸을 볼 수 있습니다. A-1에서는 다른 사람의 몸속으로 들어가 치료하기도 하고 자기 육체의 상태를 점검할 수도 있죠. 여하튼 그 상태에서는 자신의 능력에 따라 내면에서 아주 분명한 의식을 갖고 물질을 조작할 수 있습니다.

A-1은 보다 명쾌한 관점에서 육체적 사건을 바라보는 일종의 전망대 역할을 합니다. 또한 각종 육체적인 압력에서 잠깐 해방되어 자유로운 위치에서 완화시키기도 하죠. 그래서 해결하기 어려워 보이던 문제들이 해결될 때도 있습니다. 암시는 훨씬 큰 효과를 발휘합니다. 이미지를 만들기가 한결 쉬워지고 그런 형상의 기동력이 훨씬 커지죠. 그런 면에서 A-1은 여러분의 현실 의식과는 한발 떨어진 의식 상태지만 매우 중요한 단계입니다.

이는 보다 깊은 의식 상태로 통하는 일련의 단계 가운데 첫 번째 계단으로 활용할 수 있습니다. A-1에 들어가는 방법은 간단합니다. 좋아하는 음악에 귀 기울일 때, 재미난 활동에 빠져 있을 때 평소와 다른 느낌을 받을 수 있습니다. 여기에는 자신만의 독특한 육체적 단서가 수반되죠. 손가락을 일정한 방식으로 두들기는 등 독특한 몸짓 말입니다. 아니면 어느 한 곳을 뚫어지게 혹은 멍하니 바라볼 수도 있죠.

이런 육체적인 단서는 평상시 의식과 A-1을 구분하는 데 도움이 됩니다. 일단 그것을 알아내는 법만 익히면 그 상태를 유지하며 쓰임새를 실험해볼 수 있죠. 그러나 A-1은 보통 내면의 지각과 육체 환경, 물질 조작에 사용된다는 점에서 여전히 육체 지향적인 상태입니다. 다만 그 단계에서는 정상 의식 상태로는 성립되기 힘든 여러 가지 독특한 관점에서 현재의 순간을 지각할 수 있죠.

이를테면 내장 기관이나 손의 관점에서 현재 순간을 지각하고 체내의 각 부분에 공존하는 내면세계의 평화와 혼란을 경험할 수 있습니다. 이러한 통찰은 자신의 육체를 구성하며 살아 있는 재료에 대한 깊은 이해, 경탄, 일체감을 가져오죠. 훈련을 쌓으면 육체 환경뿐만 아니라 체내 환경까지 직관할 수 있습니다.

그리고 훈련을 통해 어느 수준에 이르면 마음을 즉각적으로 살펴볼 수 있죠. 마치 체내의 오장육부를 들여다보듯 명료하게 자신의 생각을 자각하는 것입니다. 이 경우, 확인가능한 상징을 통해 생각을 지각하고 분류하여 그중 뒤죽박죽이 된 잡초 같은 생각을 버릴 수 있습니다. 마음을 개인적인 사고와 정신적인 지형을 나타내는 강렬한 이미지로 해석한 다음, 그중 마음에 들지 않는 이미지를 긍정적인 이미지로 바꿀 수도 있죠. 그렇다고 해서 내면의 풍경이 언제나 햇빛 찬란한 이미지로 구성되어야 한다는 의미가 아니라 균형을 잘 잡는 것이 중요하다는 뜻입니다.

어두운 내면 풍경을 보면 자연히 경각심을 갖고 그것을 바꾸기 위해 노력하게 되죠. 내가 언급한 모든 사항은 여러분이 충분히 이룰 수 있는 일입니다. 예를 들어 앞에서 설명한 방식으로 육체적인 상태를 교정하여 병의 원인을 알아낼 수 있습니다.

마찬가지 방식으로 느낌을 조사할 수 있습니다. 그것은 정상적인 의식에서와는 다른 방식으로 나타나 훨씬 기동력 있게 움직일 것입니다. 생각은 나무나 꽃, 집이나 풍경처럼 고정된 구조물로 나타나는 데 반해 느낌은 물이나 바람, 기후, 하늘, 변화하는 색깔처럼 기동성 있는 사물로 나타나죠. 또한 아주 작은 소인이나 광점의 형상으로 자신 또는 다른 사람의 몸속에 들어가 체내 환경을 인지할 수도 있습니다. 그렇게 함으로써 신체 에너지를 조종하고 특정 부분을 치료하여 필요한 부분을 변화시킵니다. 또한 A-1에서는 나름대로의 방식으로 자신이나 다른 이들의 사고 패턴을 감지합니다.

그런 통찰은 자신이나 다른 이들의 마음속에 늘 나타나는 단어나 문장을 보거나 습관적인 사념이 표현된 단어를 들어서 혹은 사념이 상징적으로 영상화된 앞에서 언급한 내면의 풍경을 봄으로써 이루어집니다. 그러한 통찰을 통해 사념이 어떤 과정으로 육체 질환을 가져왔는지 알게 됩니다.

느낌의 패턴 역시 앞에서와 같은 방식으로 통찰할 수 있어야 합니다. 그러한 패턴은 빠르게 움직이는, 어둡거나 밝은 색깔 또는 엄청난 힘을 가진 특정한 감정 자체로 인식될 수 있죠. 느낌이 아주 강렬하여 하나의 감정이 여러 가지 위장 형태로 감지되는 경우도 있습니다. 생각과 감정 둘 다 관련된 경우에는 질병과 관계있는 것을 확실하게 분간할 수 있습니다. 그런 방식으로 육체, 사념, 감정의 수준에서 자신의 상태를 조정합니다.

A-1은 창조성, 집중, 공부, 기분 전환, 휴식, 명상을 위한 틀로 이용할 수 있는데 이 상태에 대한 이미지는 일종의 큼지막한 방이나 유쾌한 풍경 따위로 상상하는 것도 유익합니다. 일단 시도해보면 자연스럽게 그 상태에 맞는 자신만의 상징을 발견하게 되죠. 물론 이 상태를 의식의 다음 단계로 나아가는 계단으로 이용할 수도 있습니다. 그 다음 단계는 더 깊은 트랜스 상태지만 그 역시 아직 현실 세계와 연결된 차원입니다.

또 A-1을 통해 인접한 다른 의식 단계로 통할 수도 있습니다. 말하자면 정상적인 현실과 같은 수준에 있으면서 두 발자국쯤 떨어져 있는 곳 말입니다. 그 단계에서는 소위 대체 현재 순간이라는 것을 인지하고 파악하게 됩니다.

그때 여러분은 자신이 아는 현재로부터 몇 걸음 옆으로 비켜서서 전에 언급했던 다른 가능성을 탐구하십시오. 자신의 장래가 관련된 문제를 해결하고 미래에 영향을 미칠 결정을 내려야 할 때 이 상태에서 커다란 도움을 얻을 수 있습니다. 상상이 아닌 실재 차원에서 여러 대안을 시도해보고 가능한 결과를 연구함으로써 말입니다.

그런 가능성 모두 여러분이 어떤 결정을 내리느냐에 관계없이 분명한 현실입니다. 세 가지 대안 중 하나를 선택해야만 하는 상황이라고 가정해봅시다. 이때 가칭 A-1-a의 상태에서 첫 번째 대안을 시도해보면 선택을 내린 순간이 대체 현재 순간이 되고 그럼으로써 현재가 바뀝니다. 그러면 여러분은 현재가 변화된 방식과 그로 인해 미래에 영향을 미칠 행위와 사건을 정확히 감지할 수 있죠.

A-1-a 상태에서 선택을 할 때마다 같은 과정을 거칩니다. 나아가 자신의 선택이 체내에 미칠 육체적 영향을 인지합니다. 앞에서 설명한 방식으로 체내에 들어가 치료하되 그때는 자신이 내린 결정이 어떤 영향을 미칠지 매우 민감하게 인식할 수 있습니다.

마찬가지 방식으로 정신적·정서적 측면을 탐구하고, 주의력을 외부, 즉 대체 현실에서 비롯된 환경으로 돌릴 수도 있습니다. 이때 정신적으로 사건이 나타나게 되어 있는데, 그것을 직접 체험하거나 단순히 목격하는 것으로 끝날 수 있습니다. 그 체험은 순간적으로 자신을 잊게 할 만큼 아주 생생하고 강렬하지만 A-1-a에서는 매우 드문 경우에 속하죠

상황에 따라 똑같은 방식으로 다른 사람에 대한 결정의 결과를 구체적으로 알아볼 수 있습니다. 우선 A-1-a 상태에서 첫 번째 결정에 대한 결과를 살펴본 후, A-1 상태를 거쳐 정상적인 의식 상태로 돌아가야 합니다. 그리고 한동안 휴식을 취한 뒤 다시 A-1-a로 돌아가 두 번째 결정의 결과를 살펴보는 거죠. 세 번째 결정에 대해서도 이와 같은 과정을 밟고 나서 모든 정보와 경험을 토대로 각성 의식 상태에서 결정을 내리면 됩니다.

A-1-a와 인접한 또 다른 의식 단계가 있는데 이를 A-1-b라고 부르겠습니다. 이 상태는 대체 현재에서 출발하여 다른 수많은 목적을 위해 사용할 수 있습니다. 하지만 이 단계에서는 평범한 개인의식으로 들어가기가 쉽지 않습니다. 이것은 집단적인 현재와 가능성, 인종과 민족의 문제, 문명의 움직임 등과 관련되어 있기에 정치인들에게 가장 유익한 의식 단계일 것입니다. 이 수준은 가능한 과거를 조사하는 일에 이용할 수 있습니다. 이를테면 사라진 문명이나 옛 유적지의 역사를 공부하는 일에 매우 유용하죠. 단, 그런 것이 존재했던 가능한 과거를 조사한다면 말입니다.

그다음 인접한 A-1-c는 방금 언급한 단계의 연장선에 있는 것으로 그보다 한층 폭넓은 행동의 자유, 기동성, 체험을 누릴 수 있습니다. 이 상태에서는 지각되는 사건에 직접 참여할 수 있죠.

이 이상까지 알아보는 것은 불필요한 일입니다. 왜냐하면 대개는 그런 단계에 들어가지 않고 여러분의 현실과 그다지 관련이 없는 다른 현실로 통하기 때문이죠.

앞에서 언급한 상태 중 가장 실용적이며 들어가기 쉬운 단계는 A-1-a지만 그 앞 단계인 A-1 역시 무시해서는 안 될 단계이며 제한된 범위이기는 하나 나름대로 의식을 확장해줍니다. 그런 기능을 이용하여 '이렇게 저렇게 했다면' 무슨 일이 벌어졌을지 알아볼 수 있습니다. 단, 이 모든 상태는 수평적으로 전개되는 인접한 수준이라는 사실을 기억하십시오.

상하 방향으로 비유하자면 A-1 바로 밑에 A-2가 있습니다. 그것은 A-1보다는 육체 지향성이 희박한 곳입니다. 이 단계에서는 여전히 명석한 의식을 유지하면서 자신이 아는 가능한 세계 속에서 과거를 탐구할 수 있고 윤회적인 과거를 알 수 있기에, 때로는 A-1에서 해결하지 못한 개인적인 질병의 원인이 다른 삶에서 비롯된 것임을 밝혀낼 수 있습니다. 이 단계의 특징은 호흡이 느려지고 체온이 내려가며 알파파 파형이 길어지는 것 등입니다.

하지만 육체 환경과 관계를 맺고 그것을 의식하는 상태도 계속 유지됩니다. 이런 기능은 의도적으로 차단할 수 있지만 꼭 그럴 필요는 없습니다. 눈을 뜨는 경우도 많이 있지만 본래는 눈을 감는 것이 한결 편하고 감수성이 향상됩니다. 그리고 A-1에서 소개한 기법을 따르지 않는다 하더라도 과거 퍼스낼리티의 육체적·정서적 측면이 나타날 것입니다. 개인의 특성에 따라 그런 측면은 다양한 방식으로 지각됩니다. A-2 상태를 이용하여 아이디어의 근원을 발견하거나 잃어버린 물건을 찾을 수도 있죠. 단, 자신과 관련된 가능성의 세계에서 말입니다.

A-2 바로 밑에는 A-3가 있습니다. 이는 A-2의 확장판으로 집단적인 문제, 예를 들자면 땅의 움직임, 행성의 역사, 그 안에 살아온 인종의 지식, 동물의 역사, 가스와 석탄층, 그리고 행성을 변화시켜 온 갖가지 시대와 관련이 있죠.

| 575번째 대화 |

A-4는 물질 형성의 근저에 자리 잡은 수준, 즉 관념과 개념을 지각할 수 있는 단계로 여러분을 데려다줍니다. 비록 그것의 표현물은 여러분이 아는 육체 현실 속에 나타나지 않지만 말이죠.

이 의식층으로부터 수많은 심오한 영감이 나옵니다. 전자기적 정체성을 지닌 이 관념과 개념은 상징적인 풍경으로 나타나는데, 이것은 말로 설명하기 어려운 현상입니다. 그 사념은 가상 이미지화나 가상 물체화를 일으키지 않으면서 두뇌에 생생하게 지각됩니다. 그것을 인식하는 부분은 아직 지상의 과학자들이 완전히 이해하지 못하고 있는 두뇌의 일부분입니다.

그러한 관념과 개념은 분명 의식에서 나오는 것이죠. 하지만 그것은 육체의 현실에서 일어나거나 일어나지 않을 수도 있는 잠재적인 물질 형성의 초기 발전 단계를 나타냅니다. 사람들은 이를 인지할 수도 그렇지 않을 수도 있습니다. 퍼스낼리티의 관심사와 능력은 이러한 의식층 내의 현실을 어떻게, 얼마나 식별하느냐에 따라 달라집니다. 하지만 여기에서 얻어지는 재료는 수많은 가능한 세계를 건설하는 데 쓰일 건축용 벽돌과 같죠. 그 의식층은 다른 수많은 차원에서 접근할 수 있는 공개된 영역입니다. 여러분은 종종 수면 상태에서 그 의식층을 이용할 수 있습니다. 말하자면 놀라운 혁신, 세상을 뒤흔드는 발명품이 모두 이 거대한 저장고 속에 잠들어 있습니다. 강력한 개인적인 전향도 대개는 이 층의 영향력에서 비롯된 결과입니다.

사람들은 이 의식층을 통과하면서도 인지하거나 접촉하지 못할 수 있습니다. 퍼스낼리티의 전체적인 의도나 특징이 지각과 이해의 질을 결정할 것입니다. 앞에서 언급한 영감의 자료는 의식의 다른 단계에서도 구할 수 있지만 그때는 의식적인 욕망이나 강력한 무의식 욕구를 통해 추구해야만 합니다. 그렇지 않으면 그런 잠재력은 사용되지 못한 채 잠들어 있을 수밖에 없죠.

외적 현실에 집중한 외적 자아로서의 에고 혹은 각성 의식부터 시작되는 의식 상태들은 마치 탐구되기를 기다리는 평원 지대처럼 광활한 영역을 갖고 있습니다. 그런 상태 하나하나는 인접 영역에 문호가 열려 있기에 여러분의 관심사와 욕망에 따라 수많은 길을 취할 수 있습니다. 평범한 각성 상태가 육체 자료로 구성된 우주를 인식하듯 다른 의식 상태 역시 각기 나름대로 복잡하고 다양한 현실을 생생하게 인식하고 있습니다. 바로 이런 이유 때문에 일정한 의식 상태에서 가능한 체험을 설명하기란 어려운 문제입니다.

A-5는 퍼스낼리티의 중심 의식을 최소한 이론적으로 접촉할 수 있는 차원입니다. 여기에는 과거 퍼스낼리티뿐만 아니라 미래 퍼스낼리티와의 커뮤니케이션이 포함됩니다. 그러나 이 의식에 도달하는 것은 극히 드문 일이죠. 이는 대다수 채널러들이 이용하는 의식층이 아닙니다. 하지만 이 단계는 어떤 시공간, 어떤 가능한 세계의 퍼스낼리티라도 누구나 이해할 수 있는 가능한 표현 방식으로 커뮤니케이션을 나눌 수 있는 장소이기도 합니다.

A-5에서 뭇 의식들과 커뮤니케이션을 할 수 있는 까닭은 근본적으로 과거, 현재, 미래란 존재하지 않기 때문입니다. 여기에 참여한 이들은 자신의 배경과 개인사를 훤히 꿰뚫어 볼 수 있을 뿐더러 모든 것을 위대한 전체의 일부로 바라보는 거시적인 안목을 얻습니다.

이 단계에서는 다른 시대에 사는 사람들이 시간을 뛰어넘어 눈 깜짝할 사이에 메시지를 주고받을 수 있습니다. 미래가 과거와 이야기를 나눌 수 있는 거죠. 위대한 예술가들은 언제나 이 층을 통해 커뮤니케이션을 나눌 수 있으며 살아 있는 동안 상당 시간은 이 차원에서 활동합니다. 이때 퍼스낼리티 중에서 가장 외적인 부분만이 시대의 필요성에 따라 움직이죠.

이 상태를 활용하는 사람들은 아주 명쾌하게 의사소통하며 커뮤니케이션은 양 방향으로 작용합니다. 이를테면 레오나르도 다 빈치는 피카소를 알고 있었습니다.

역사상 적지 않은 수의 위대한 사람들이 무명으로 살다 갔죠. 그들은 동시대인에게 무시당했고 업적은 제대로 이해받지 못하거나 유실되었습니다. 하지만 A-5 상태에서 그들은 서로의 업적을 이해하고 지식을 나누죠.

물론 그런 위대한 존재만이 A-5 상태에서 커뮤니케이션을 할 수 있는 것은 아닙니다. 위대한 단순성은 모두에게 필요하며, 여러분의 표현을 빌자면 바로 이런 필요에서 수많은 평범한 존재도 이 커뮤니케이션에 참여하고 있습니다. 우주 전체에 걸쳐 끝없는 대화가 이어지고 있으며 이는 가장 의미 있는 대화입니다. 여러분의 과거와 미래에 속한 존재들이 여러분의 현재 세계에 기여하는 셈이죠. 이 단계에서는 과거와 미래의 모든 문제까지 다루고 있습니다. 커뮤니케이션은 대개 수면의 심층적 보호 단계나 자연스런 트랜스 상태에서 마주칠 수 있으며 그에 따라 위대한 에너지가 발생합니다.

이러한 의식 상태에서 전달받은 정보는 반드시 정상적인 각성 의식을 위해 해석되어야 합니다. 그 내용을 육체적으로 기억해야 한다면 말이죠. 대개 각성 자아와 관련하여 기억은 무의식에 남아 있다 하더라도 체험 자체는 개인사의 구조를 완전히 바꿀 수 있습니다. 에고가 알든 모르든 그러한 내면의 커뮤니케이션과 계몽을 통해 재난과 마주칠 인생 행로가 뒤바뀌는 것입니다.

그 체험은 다양한 수준을 통해 상징적으로 해석될 수 있으며 알지 못하는 사이에 환상, 소설, 예술 작품 등의 형식으로 나타날 수 있죠. 또한 의식의 다양한 단계에서 사념체, 에너지 표현체, 개인 잠재의식의 투사체, 집단 잠재의식의 투사체와 같은 현상들을 지각할 수 있습니다. 그 현상들은 상징적인 형태를 띠면서 개개인의 마음가짐에 따라 유익하거나 위협적인 모습으로 나타나며, 지극히 자연스런 현상으로서 대개는 중립적인 의도를 띠게 마련입니다.

그 현상들의 초기 형태에 활동성을 부여하는 존재는 바로 퍼스낼리티 자신입니다. 다시 말해 활동성의 본질은 퍼스낼리티의 내면에서 외부로 투사되어 수동적인 물체화를 이룹니다. 따라서 그 현상을 비활성화시키고 싶다면 주의력을 다른 곳으로 돌리면 됩니다. 그렇다고 해서 그런 현상 자체가 실재하지 않는다는 뜻은 아닙니다. 그저 여러분의 현실과는 다른 종류와 수준을 갖고 있을 뿐이죠.

그것들도 나름대로 에너지를 갖고 있지만 지각자와 상호 관계를 갖기 위해서는 지각자로부터 추가로 에너지를 얻어낼 필요가 있습니다. 그러므로 물체화가 위협적인 것이라면 평화를 염원하면서 주의력을 돌리십시오. 물체화는 여러분의 주의력으로부터 자신의 강도와 속성에 따라 주요한 활동 에너지를 끌어 쓰고 있습니다.

이러한 의식 수준을 여행하는 동안에는 육체적 삶의 근원적인 가정을 품고 있어서는 안 되며 가능한 한 버리는 것이 좋죠. 가정으로 인해 체험을 잘못 해석할 수 있기 때문입니다.

A-5 밑으로도 다른 의식층이 있는데, 거기에서는 의식층들이 서로 합쳐지는 경향이 매우 강해 이제껏 육체적으로 나타난 적이 없는 다양한 종류의 의식체들과의 교신이 가능합니다. 그들은 여러분의 현재나 미래에 육체화하지 않으면서도 수호자이자 후견자로서

지구의 현실 세계와 관련을 맺고 있는 퍼스낼리티죠.

이 단계에서의 거의 모든 체험은 상징적인 양식을 통해서만 기억하게 됩니다. 그렇지 않다면 체험들은 여러분에게 아무 의미를 전해줄 수 없죠. 그 체험들은 한결같이 비육체적인 삶, 비육체적인 의식과 형체, 의식의 물질로부터의 독립성 등과 관련되어 있습니다. 그중에는 영혼이 지극히 아름답고 광대한 비지구의 환경 속으로 가는 유체 이탈의 체험도 포함됩니다.

그런 환경의 소재들은 유체 이탈자의 마음에서 비롯된 것으로 사후 삶에 대한 체험자의 관념을 상징합니다. 이야기꾼들은 체험자가 가장 잘 받아들일 만한 위장을 하고 나타납니다. 신이나 천사, 성 베드로와 같은 모습으로 말입니다. 이것이 그 수준에서 겪을 수 있는 가장 특징적인 체험이죠.

하지만 유체 이탈자의 능력과 이해도에 따라 한층 심오한 메시지가 주어질 수도 있습니다. 그중 커뮤니케이션의 내용을 분명하게 이해하는 이들에게는 비육체적인 이야기꾼의 참된 면목이 밝혀집니다. 그렇게 되면 유체 이탈자는 그 환경 속으로 더 깊이 자신을 투사함으로써 과거와 미래의 역사를 볼 수 있습니다. 의식의 모든 단계는 퍼스낼리티의 목적에 따라 갖가지 커뮤니케이션의 태피스트리로 가득 채워지게 마련입니다.

하다못해 분자 구조물도 자체의 메시지를 내보내지만 여러분이 그 내용을 지각하기 위해 주파수를 맞추지 않는 한 그것은 방해 전파나 무의미한 소음으로 해석됩니다. 이러한 의식 단계는 모두 여러분이 찰나에 도달할 수 있는 곳이죠. 그러나 그것에 전혀 주의를 기울이지 않을 수도 있고, 한 단계를 탐구하는 일에 평생을 보낼 수도 있습니다. 또는 처음의 세 가지 단계는 인식하지 못한 채 네 번째 의식 단계만 집중적으로 체험할 수도 있죠.

모든 단계는 그것이 무엇이며 어떻게 사용하는지를 아는 이들을 위한 것입니다. 수많은 사람들이 무의식적으로 자신을 찾아가고 있습니다. 수평적으로 인접한 다양한 대체 현실은 여러분의 현실과 상당히 동떨어진 시스템이죠. 이들 시스템 중 대다수 현실에서는 삶과 죽음이 일어나지 않으며 시간은 무게로 감지됩니다. 그런 시스템의 근원적인 가정은 여러분의 가정과 판이하게 달라서 그곳에서의 체험은 환상으로밖에 받아들일 수 없습니다.

이런 까닭에 여러분이 그 시스템 속으로 여행하는 것은 쉬운 일이 아닙니다. 어떤 차원에서는 그 세계 자체가 여행을 방해합니다. 이를테면 여러분의 우주에서 반물질로 이루어진 우주로 자신을 투사한다는 것은 지극히 힘든 일이죠. 인접한 다른 의식층에서 그곳으로 들어가는 것은 이론상 가능하지만 여러분의 사고를 이루는 전자기적 구성 성분에 해로운 영향이 미칠 수 있습니다.

여러분은 대개 꿈 상태에서 의식 영역을 발길 닿는 대로 돌아다니다가 아침에 깨어나면 환상적인 꿈을 기억합니다. 꿈 상태에서 의식은 육체를 사용하듯 자신의 모든 지체와 활동력을 사용해야 합니다. 그래서 의식은 수면 상태에서 수많은 의식 방면으로 주의력을 돌려, 갖가지 단계에서 접할 수 있는 현실의 온갖 단편들을 지각하죠. 이러한 작용은 물론 각성 의식 상태로 활동하는 동안에도 의식의 깊은 곳에서 어느 정도 이루어집니다. 내가 언급한 대체 현재란 단순히 어떤 객관적인 현재를 지각하는 대체적인 방법을 뜻하는 것이 아닙니다. 수많은 대체 현재가 존재하며 여러분이 초점을 맞춘 현재는 그중 하나에 불과합니다.

하지만 초점이 바뀌다 보면 순간적으로 다른 대체 현재를 살펴볼 수 있는 상태에 들어가게 됩니다. 전체적인 자아, 즉 영혼은 그 모든 세계에 속한 자신의 현실을 알고 있으며, 영혼의 일부분인 여러분도 그와 같은 발전과 자기 인식의 상태를 이루기 위해 활동하고 있는 것입니다. 이러한 작용에 능숙해지면 다른 의식의 단계 속에서 마구잡이로 휩쓸리기보다는 스스로 의식 상태를 이해하고 그런 활동을 조종할 수 있습니다. 다시 말하지만 의식은 영혼의 속성이며 수많은 방면으로 사용될 수 있는 도구입니다. 여러분 자체가 의식이 아닙니다. 의식이란 여러분 자신과 영혼에 속해 있는 부속물에 불과합니다. 여러분은 의식을 이용하는 방법을 배우는 중이죠. 의식의 다양한 측면을 이해하고 활용할수록 자신의 현실을 이해하게 되며, 그럼으로써 의식 자아는 진정한 의식을 갖추게 됩니다.

그때가 되면 육체의 현실이 수많은 현실 중 하나에 불과하다는 사실을 깨닫고 스스로 원할 때에만 육체의 현실을 지각합니다. 무지로 인해 어쩔 수 없이 육체의 현실만 지각하는 일은 더 이상 없을 것입니다.

| 576번째 대화 |

여기에서 언급되는 다양한 의식 단계들은 평범한 각성 의식과는 아주 동떨어진 것으로 비쳐질 수 있습니다. 하지만 그런 구분은 상당히 인위적인 것이죠. 그런 다양한 단계는 영혼의 갖가지 고유한 속성과 방향을 나타냅니다. 그 단계에 대한 온갖 단서와 힌트는 일상적인 의식 속에도 드러납니다. 정상적인 각성 의식조차 모든 다른 삶의 흔적으로부터 자유로울 수 없으며, 모든 종류의 의식과 무관할 수 없습니다. 다만 여러분이 그런 단서와 정기적으로 마주치지 못하는 이유는 매우 제한된 방식으로 각성 의식을 사용하기 때문입니다.

그런 단서는 언제나 의식 속에 남아 있습니다. 단서를 추적해보면 의식의 다른 방향과 수준을 어느 정도 가늠할 수 있죠. 이를테면 현재의 상황과 전혀 상관없어 보이는 상징이나 이미지 같은 것이 때로는 마음속에 떠오르는데, 보통은 이를 무시합니다. 이때 그것을 인정하고 주의력을 쏟는다면 다른 의식의 층으로, 예를 들어 A-1이나 A-2로 손쉽게 들어설 수 있죠.

그런 과정 중에도 상징과 이미지는 변화하며, 그에 따라 처음 이미지와 그다음 이미지가 전혀 달라지기도 합니다. 하지만 직관적인 차원에서 둘은 창조적이며 연상적인 관련을 맺고 있습니다. 대부분의 경우, 잠시 생각해보면 이미지가 그렇게 변하게 된 이유를 알 수 있으며 더러 정신적인 지형 속에 하나의 이미지가 갑자기 떠오를 수도 있습니다. 이때 잠재의식으로 주어진 최초의 단서를 인정하지 못하면 그런 이미지를 알아볼 수 없습니다. 그런 것을 보고자 하는 의지를 품었을 때에만 아주 투명하게 드러나 보이는 법입니다.

대체 초점이란 자신의 현실과 동시에 존재하는 다른 현실을 인지하기 위해 습관적인 방향이 아닌 다른 방향으로 의식을 돌린 상태를 말합니다. 비물질적인 현실을 지각하기 위해서는 자신의 지각 방식을 바꾸어야 하죠. 이는 정면 응시보다는 곁눈질과 같은 방식으로 현실을 인식하는 것입니다.

대체 초점을 사용하면 공간을 가득 채우고 있는 혹은 자신의 관점대로 채워줄 또 다른 물리적 구조를 지각할 수 있습니다. 꿈속에서 특정한 장소를 방문했다가 3세기 전의 거리를 발견하고도 그것이 무엇을 의미하는지 이해하지 못할 수 있죠. 왜냐하면 여러분은 공간이 한 번에 한 가지 물건으로만 채워지며, 그곳에 다른 물건을 놓으려면 이전 물건을 치워야 한다고 믿기 때문입니다.

그러나 대체 초점 상태에서는 여러분의 지각 방식을 제한하는 근원적 가정을 벗어버릴 수 있습니다. 그때는 자신이 알고 있는 현재 순간에서 한 걸음 옆으로 물러났다가 다시 그곳으로 돌아갈 수 있죠. 의식은 시간 개념에 구속되어 있는 척할 뿐입니다. 대체 초점은 다른 단계의 시간의 흐름 밖에서 일어나는 사건들의 통일성을 지각하고 있습니다. 이를테면 역사적이면서 개인적인 환경을 조사하여 시간의 틀로부터 끄집어내어 각기 다른 시대에서 벌어진 사건들과 뒤섞으며 시간을 초월한 접촉점과 조화를 찾는 것이죠.

여러분은 심지어 수면 상태에서 이러한 일을 수행합니다. 각성 상태에서 그렇게 하지 않는 까닭은 의식이 지나치게 통제되어 있기 때문입니다.

앞에서 언급한 바와 같이 의식은 공백기 없이 지속되는 것처럼 보인다 하더라도 실상은 엄청난 파동을 겪고 있습니다. 각성 의식 상태에서는 다른 종류의 의식, 다른 영역은 없는 것처럼 보입니다. 공백기나 귀환기에서 그것은 스스로 의식을 지워 순간적으로 기능이 정지합니다. 그럼으로써 자신의 변동을 잊어버리기 때문에 다른 특별한 수단을 통해 기억 상실증으로부터 회복되지 않는 한 대체 의식 상태를 인식할 수는 없죠.

의식은 여러분의 현실을 들락거리며 놀고 있지만 여러분은 그것이 나가 있는 시기를 눈치 채지 못하는 것입니다. 현실 밖으로 나간 의식은 몽환이나 환각, 정상적인 수준을 훌쩍 벗어나는 연상 및 직관 과정 속에서 어딘가 다른 곳에 주의력을 쏟습니다.

이때 여러분은 비정상적인 각성 의식으로 다른 종류의 현실을 지각합니다. 다시 현실로 돌아왔을 때는 다른 의식의 흐름을 놓쳐버리죠. 그리고 정상적인 각성 의식은 그러한 공백기가 전혀 없었다는 듯이 활동합니다. 그렇지만 그런 공백은 퍼스낼리티가 어떤 활동을 하고 있는가에 따라 다양한 수준으로 1시간에 15~50여 회씩 반복되죠. 때때로 사람들은 그러한 순간을 포착하기도 합니다. 체험이 너무나 생생해서 정상적인 각성 의식마저 눈치 챌 만큼 강렬한 인상을 남기는 것이죠. 이러한 정지기는 육체 의식에 아주 필요한 것입니다. 그것은 의식에 지극히 밀접하고 교묘하게 짜 넣어져 퍼스낼리티에 심령적·정서적인 색깔을 채색하죠.

정상적인 각성 의식은 이 무한한 의식망을 누비면서 길을 헤쳐 갑니다. 그것은 자신을 기억하지만 항상 모든 것을 기억하지는 않습니다. 물론 과거의 기억은 결코 없어지지 않으며 그저 잠재의식 속으로 물러날 뿐입니다. 그것을 인식하지 못하는 이유는 거기에 의식의 초점이 맞추어져 있지 않기 때문이죠.

퍼스낼리티의 내면세계는 자신이 경험한 모든 꿈을 기억합니다. 내면세계들은 동시에 존재하며 어두운 도시 위의 불빛처럼 심령이라는 시가지의 다양한 구역을 비춰줍니다. 이러한 기억 시스템은 모두 연결되어 있으며 과거 생의 기억 역시 전체 기억 시스템 내에서 완벽하게 작용하고 있습니다.

공백기나 파동치지 않을 때를 포착하면 전체 기억 시스템을 인식할 수 있습니다. 자체 기억 시스템을 가진 의식적인 마음은 그것을 받아들이려 하지 않죠. 그러나 일단 다른 현실이 존재하며 다른 체험이 가능하다는 사실을 깨달으면 자기 자신 안에서 모종의 잠재력을 발동시킵니다. 그리고 그러한 잠재력은 마음, 두뇌, 그리고 지각 메커니즘 내의 전자기적 연결부를 바꾸어놓습니다.

그 힘은 에너지를 모아 활동로를 뚫어주어 대체 현실의 자료에 대한 정상적인 의식의 감수성을 높입니다. 그럼으로써 의식적인 마음은 자신을 해방시키죠. 일종의 변형을 겪음으로써 보다 위대한 기능을 갖게 됩니다. 의식적인 마음은 점차 기억의 문이 닫히기 전에 다른 현실의 체험을 인식하면서 순간적인 공백을 더 이상 비존재의 증거로 보지 않게 되죠.

앞에서 언급한 의식의 파동은 순간순간 일어나면서도 아주 중요한 의미를 지니고 있습니다. 의식적인 마음 역시 이러한 파동 상태를 잘 알고 있습니다. 일단 이 사실을 직시하기만 하면 더 이상 혼돈이나 비존재가 아닌 능력과 힘의 근원을 발견할 수 있죠. 그러면 퍼스낼리티는 자신의 잠재력을 사용할 수 있게 됩니다.

공상이나 환상, 의식의 창조적인 순간은 다른 영역으로 들어갈 수 있는 절호의 기회이자 지름길입니다. 또한 정상적인 상태라도 창조력이 발휘될 때 각성 의식은 다른 영역에서 비롯된 에너지의 지원을 받을 수 있습니다. 정상적인 각성 의식만으로는 창조력을 발휘하지 못합니다. 보통 그것은 공백 상태만큼이나 창조적인 상태를 두려워합니다. '나'가 옆으로 밀려나고 이해 못할 에너지들이 밀려들어 오기 때문이죠.

이러한 체험은 정상적인 의식이 순간적으로 약화되고 휴식을 취하는 파동의 저조기에 일어납니다. 파동 기간 자체도 퍼스낼리티와 관련된 리듬에 따라 변화합니다. 어떤 경우에는 외적 활동이 이루어지는 고조기는 상대적으로 천천히 길게 이루어지고 내면으로 들어가는 저조기는 짧게 이루어지지만 또 다른 경우에는 정반대의 현상이 벌어지죠.

어떤 사람의 경우에는 의식의 공백이 좀 더 뚜렷하게 드러납니다 그런 이들이 상황을 제대로 이해하지 못하면 육체적 사건에 대응하기가 힘듭니다. 또한 의식의 다른 영역을 지각한다 하더라도 양쪽 현실 세계가 실재하는 것임을 깨닫지 못하고 혼란을 겪을 수 있습니다.

또한 의식의 파동은 계절의 변화를 따릅니다. 하나의 의식층에서 벌어진 사건은 각 의식층의 특징에 따라 모든 영역에 반영되어 현실화됩니다. 꿈이 꿈 의식의 연못에 던져진 돌멩이와 같듯이, 그 연못 속에 나타난 일종의 파문과 같은 행위 하나하나는 역시 각자의 위장을 걸치게 되죠. 이와 관련하여 대체 초점은 행위의 수많은 표현을, 생각의 다차원적인 실재를 지각하게 해줌으로써 정상적인 의식을 풍요롭게 합니다.

여러분은 스스로 의식하든 의식하지 못하든 지금도 다른 의식층에서 활동하고 있습니다. 육체적인 삶과 꿈 외에 기억하지 못하는 내면의 삶을 통해서도 배우고 있죠. 특정한 창조적 능력, 치료의 재능은 대개 이런 식으로 단련되어 육체적으로 현실화됩니다.

미래의 생각과 행위 역시 그러한 차원에서는 이미 일어난 일처럼 실재하며 여러분의 발전의 일부분을 이루고 있죠. 따라서 여러분은 과거뿐만 아니라 미래를 통해서, 그리고 대체 삶을 통해서 자신을 형성해가고 있습니다. 이런 위대한 상호 작용은 영혼의 일부이며, 그에 따라 다른 의식층의 관점에서 자신의 현실을 이해하고 변화시키는 것이 가능해집니다.

| 577번째 대화 |

이러한 의식층은 모두 정상적인 활동 의식으로 사용되며 특정한 관점에서 현실을 바라볼 수 있습니다. 그러므로 다른 현실 세계의 퍼스낼리티들은 그들의 독특한 관점에서 여러분의 육체 현실을 바라볼 수도 있습니다. 여러분이 그런 관점에서 자신의 세계를 엿본다면 고향 세계를 알아보지 못할 수 있죠. 그런 관점에서는 여러분의 물질이 지속성을 갖지 않으며 생각도 나름대로 모양을 갖춘 것으로 보입니다. 단, 그것은 여러분이 아닌 그쪽의 관찰자에게만 그렇다는 이야기죠.

이런 의식 상태를 여행하는 중에 그 세계의 퍼스낼리티들은 여러분의 환경에 초점을 맞추고 낯선 데이터를 이해하기 위해 노력합니다. 그러나 그들 대다수는 여러분의 시간 개념을 알지 못하기 때문에 여러분이 시간 간격을 두고 사건을 인식하며 자신의 내면 조직을 인지하지 못하고 있다는 사실을 이해하기 힘들죠.

가능성의 영역과 인접한 다른 영역에서 보면 여러분의 세계는 많은 가능성의 세계 가운데 하나에 불과합니다. 그들의 세계가 여러분에게 인접해 있듯 여러분의 세계도 그들에게 인접해 있습니다. 다시 말해 다른 현실의 퍼스낼리티들 역시 대체 초점을 통해 여러분의 현실을 인식할 수 있습니다. 마치 여러분이 그것을 통해 그들의 삶을 엿볼 수 있는 것처럼 말입니다.

그리스도의 세 가지 퍼스낼리티

| 585번째 대화 |

전체적인 자아는 언제나 깨달음을 유지하고 있으며, 각 퍼스낼리티는 자신에게 속한 모든 삶의 의미를 제대로 이해하고 있습니다. 다차원적인 삶에 관한 지식은 여러분 의식 활동의 배경을 이루고 있습니다. 나아가 개개인은 자신의 의식 활동이 보다 위대한 현실 차원에 의존하고 있다는 사실을 내적으로 알고 있습니다. 그 위대한 차원은 3차원 세계 속에서는 물질화될 수 없지만 그에 대한 지식은 존재의 중심으로부터 외부로 투사되어 접촉하는 모든 것을 변화시킵니다.

그러한 내면의 홍수는 육체 세계의 특정한 요소들을 비상한 광채와 강도로 물들입니다. 그것과 접촉한 요소들은 이전보다 더 위대한 것으로 변모하죠. 내면의 앎은 육체의 지형 속에서 제자리를 찾으며 자신을 육체적인 표현 양식으로 변화시킵니다. 개개인은 이러한 내면의 지식을 갖고 있기에 어느 정도는 세상 속에서 그 증거를 찾게 마련이죠.

외적 세계는 결코 완벽하지는 못하더라도 내면세계를 반영하고 있습니다. 내면의 지식은 여행자가 낯선 나라에 갈 때 갖고 가는 고국에 대한 책에 비유할 수 있습니다. 개인은 그러한 진리를 실현하고자 하는 열망을 품고 이 세상에 태어납니다. 개인의 내면에서 펼쳐지는 드라마는 역사의 무대에 엄청난 힘으로 투사되는 심령 드라마가 되죠. 위대한 종교 사건들은 바로 그런 내면의 종교적 드라마에서 비롯된 것입니다.

내적 드라마 자체는 육체 지향적인 자아가 자신의 근원이나 목적, 삶의 이유도 알지 못한 채 낯선 환경으로 내동댕이쳐진 기분을 느끼면서 일어나는 심리 현상입니다. 내적 드라마는 특히 발전 초기 단계에 처한 에고의 딜레마를 대변합니다. 에고는 육체 현실을 조작하고자 하는 본성상 외부에서 해답을 찾습니다. 하지만 에고는 자신의 지배하에 있지 않으며 이해되지도 않는 자아의 다른 부분들과의 깊고 지속적인 연결성을 감지하고, 자신의 존재 기반이 내면의 자아가 소유한 지식임을 알고 있습니다. 그 결과 에고는 성장하면서 내적 지식의 확증을 외부에서 찾습니다. 내적 자아는 내면의 진리를 에고가 처리할 수 있는 물질 자료로 전환해 그를 뒷받침해주죠. 에고는 이렇게 물질화된 진리를 한결 쉽게 받아들일 수 있습니다.

그런 에고의 소유자들은 다른 대중과는 달리 위대한 깨달음을 얻고 능력을 발휘함으로써 역사에 뛰어난 발자취를 남길 수 있습니다. 그들은 모두가 직감적으로 알고 있는 내면의 진리를 외부로 드러낼 사람으로 대중에게 선택받습니다. 그렇게 선택받은 이들은 동료로부터 비상한 능력과 힘을 전달받고 간직해두었다가 모두가 똑똑히 볼 수 있는 영역에서 활용합니다. 그들은 육체의 현실 안에 직접 영향을 미칠 수 없는 내적 자아의 역할을 대신 열연하지만 그들이 사용한 에너지는 분명 내적 자아에게서 투사된 것입니다.

그 에너지와 접촉한 퍼스낼리티는 사람들이 믿었던 것처럼 위대한 존재가 될 수 있죠. 그는 외적 종교 드라마에 영원한 영웅으로 등장합니다. 마치 내면의 자아가 내적 종교 드라마에 영원한 영웅 노릇을 하듯 말입니다.

그러한 신비로운 투사는 계속 이어지도록 되어 있습니다. 위대한 종교의 힘이 약화되어 영향력이 줄어들면 다시금 내적 드라마가 펼쳐지기 시작하죠. 그렇게 해서 인간의 최고 염원이 육체의 역사 속에 투사됩니다. 시대마다 드라마의 내용은 다르지만 언제나 내면에서 먼저 제작된다는 것은 변함이 없습니다.

드라마는 세상을 감화시키기 위해 대중에게 가장 잘 먹혀 들어갈 수 있는 상징과 사건들로 표현됩니다. 드라마 제작은 아주 정교하게 이루어지죠. 내면의 자아는 에고에게 감동을 주는 것이 무엇인지, 어떤 종류의 퍼스낼리티가 메시지를 가장 잘 의인화시키는지 정확히 알고 있기 때문입니다. 그런 길은 오래전부터 닦여 있고 위인의 도래를 알리는 예언이 나와 있어 그런 퍼스낼리티가 역사 속에 나타나면 사람들은 곧바로 알아봅니다.

위인들은 어쩌다 우연히 여러분 가운데 나타나는 것도, 마구잡이로 선택되는 것도 아닙니다. 그들은 한결같이 그 역할에 수반되는 책임을 엄숙하게 떠맡은 이들입니다. 따라서 정도의 차이는 있지만 자신의 운명을 자각하고 모종의 특별한 체험을 통해 완벽하게 기억을 되살립니다.

그들은 존재하는 모든 것의 인간 대표로서 제구실을 다합니다. 사실 모든 퍼스낼리티는 존재하는 모든 것의 일부이기 때문에 여러분도 어느 정도는 그와 똑같은 역할을 맡고 있습니다. 하지만 종교 드라마에서는 주인공 역할을 맡은 퍼스낼리티는 자신의 내적 지식과 능력에 훨씬 더 정통하고 능숙하며 자신과 만물의 관계를 더욱 깊이 통찰하게 되죠.

586번째 대화

선과 악, 신과 악마, 구원과 천벌에 대한 개념은 심오한 종교적 가치관, 즉 육체 용어로 표현될 수 없는 우주적 가치관을 나타내는 상징입니다.

그런 관념은 내가 이제껏 말해온 종교 드라마의 주제가 되어 왔습니다. 배우들은 거듭거듭 무대로 돌아와 매번 다른 배역을 맡습니다. 그러므로 특정한 종교 드라마에서 열연하는 배우들은 이미 과거의 역사 무대에 등장했던 인물일 수 있죠. 이를테면 오늘날의 예언자는 과거의 드라마에서 배신자였을 수도 있습니다. 배우들의 실재는 그들 자신의 정체성뿐만 아니라 드라마를 관람하는 지상의 관객에게서 투사된 사념과 느낌에 의해 강화된다고 할 수 있습니다.

여기에서 진정 중요한 의미를 가지는 모든 종교 드라마의 핵심은 심령적·심리적 동일화입니다. 어떤 면에서 인간은 자신이 창조한 신과 동일화된다고 말할 수 있습니다. 하지만 인간은 자신의 창의성과 창조력의 위대함을 이해하지 못하고 있죠. 인간과 신이 서로를 창조하고 있다고 말하는 것이 진리에 더 근접한 표현일 수 있습니다. 단, 그전에 개념을 파악하는 일에 좀 더 주의를 기울여야겠죠.

인간과 신은 정확히 어떤 점에서 다를까요? 신의 속성이란 사실 인간의 고유한 속성을 미화하고 강화한 것에 불과합니다. 인간은 신이 영원히 산다고 믿고 있죠. 인간 자신도 영원히 살지만 그 사실은 까맣게 잊어버린 채 신에게 그러한 속성을 부여하는 데만 열중합니다. 역사적이며 종교적인 드라마, 즉 계속해서 되풀이되는 신과 인간의 이야기 배후에는 영적인 현실이 자리 잡고 있습니다.

그리고 드라마상의 배우들 뒤에는 롤플레잉을 초월해 강력한 존재들이 버티고 있죠. 연극, 즉 종교는 유익하기는 하지만 실재의 그림자에 불과합니다. 선악관의 틀 뒤에는 그보다 훨씬 심오한 영적 가치가 숨어 있습니다. 모든 종교가 진리를 붙잡으려고 노력하는 동안, 다른 한편으로는 항상 그것을 피해 가고 있는 것은 아닌지 자신을 돌아보아야 합니다.

홀로 있을 때, 휴식 중이거나 명상 중에 여러분의 내적 자아는 육체적으로 표현될 수 없는 내적 현실의 일부를 종종 감지할 수 있습니다. 이러한 가치관, 직관, 통찰력은 개인의 이해에 따라 주어지기 때문에 그 이야기 역시 다르게 마련이죠. 가령 종교 드라마의 주인공은 자신에게 그러한 내면의 정보가 주어진 방법을 의식하지 못할 수 있습니다. 하지만 주인공으로서는 자신이 아는 것처럼 보일 수 있죠. 도그마의 근원이 그가 이해할 수 있는 표현 방식으로 설명될 테니 말입니다. 역사적인 그리스도는 자신이 하나의 실체를 구성하는 세 퍼스낼리티 중 한 사람이었음을 알고 있었습니다. 그는 다른 두 퍼스낼리티의 기억을 공유하고 있었던 것이죠.

그리스도의 세 번째 퍼스낼리티는 여러분의 기록 속에서는 '그리스도의 재림'으로 예언된 것 외에는 잘 밝혀져 있지 않습니다. 물론 그리스도는 그런 예언이 주장하는 대로 세상의 종말에 재림하지는 않을 것입니다. 그 예언은 당대의 문화적 표현 양식으로 발표된 것이기에 무대가 세워지는 동안 많이 왜곡되었죠.

그리스도가 세상에 나타나는 까닭은 선한 자에게 상을 주고 악한 자를 영원한 불구덩이 속으로 떨어뜨리기 위해서가 아닙니다. 대신 그는 새로운 종교 드라마를 만들 것입니다. 물론 분명한 역사적 연속선상에 등장하게 되죠. 그러나 그는 이전처럼 사람들에게 그리스도로서 알려지지는 않을 것입니다. 영광스런 선포식을 보고 들음으로써 전 세계가 그에게 경배하는 일은 결코 일어나지 않죠. 다만 그는 자신이 도착할 때쯤 아수라장이 되어 있을 기독교를 바로잡고 세계가 절실히 필요로 할 새로운 사상 체계를 정립할 것입니다.

그 무렵 모든 종교는 심각한 위기에 봉착해 있을 것입니다. 그리스도는 내적 자아와 존재하는 모든 것 사이의 관계를 전하며, 종교를 통합하기보다는 오히려 종교 조직을 와해시킬 것입니다. 개인의 내적 자아는 존재하는 모든 것과 인간을 연결해주는 중개자죠. 그런 맥락에서 그리스도의 세 번째 퍼스낼리티는 인간이 자신의 내적 자아와 친밀하게 접촉할 수 있는 방법을 분명하게 설명할 것입니다. 2075년까지는 이 모든 일이 성취될 것입니다.

노스트라다무스가 보았던 세상의 종말은 실상 로마 가톨릭의 붕괴였습니다. 그는 로마 가톨릭이 없는 문명을 상상조차 할 수 없었던 것이죠. 따라서 그의 예언을 읽을 때는 이 점을 염두에 두어야 합니다.

그리스도의 세 번째 퍼스낼리티는 위대한 채널러로 알려질 것입니다. 왜냐하면 그는 참다운 영성을 각성시키는 내면 감각의 사용법을 가르칠 것이기 때문입니다. 전생의 기억이 의식의 표면에 떠오르면서 가해자와 피해자가 역할을 바꾸게 될 것입니다. 사람들은 내면의 능력을 계발함으로써 모든 생명의 신성함을 깨닫고 이해하게 되죠.

인간의 영적 기대를 다시 깨우칠 시기가 도래하기 전에 여러 선구자들이 세상에 태어날 것입니다. 그중 한 사람은 이미 인도의 캘커타 부근에 태어났습니다. 하지만 그의 활동은 비교적 그 지역에 국한될 것입니다. 또 다른 선구자로서 아프리카에 태어날 흑인은 인도네시아에서 활동할 것입니다. 인류의 영적 기대감은 이미 오래 전에 태동되었고 그리스도의 세 번째 퍼스낼리티가 도래하기 전까지는 그러한 새로운 예언자들을 통해 충족될 것입니다.

세 번째 퍼스낼리티는 종교가 오랫동안 의존해온 상징주의로부터 인류를 구원하고 개인의 영적 체험과 영혼의 확장성을 강조하며 정체성의 다차원적인 측면을 밝혀줄 것입니다. 사실 바울로 나타났던 세 번째 퍼스낼리티가 혼자 기독교를 왜곡한 것은 아닙니다. 그 일은 역사적 리얼리티에 따라 일어난 사건이죠. 그는 당시의 시대 상황 속에서 기독교 개념을 다른 무수한 이론 및 종교와 분리하고 분쟁의 소용돌이 속에서 기독교를 유지하기 위해서는 세속적인 권력이 필요하다는 사실을 인정하지 않을 수 없었으며, 그러한 필요성에 따라 왜곡된 개념을 만들어냈던 것입니다. 기독교의 틀을 짜는 것이 그의 일이었죠. 물론 그도 그러한 틀이 사상을 질식시키지 않을까 우려했지만 당시 그로서는 다른 길을 찾을 수 없었습니다.

바울은 회심回心을 체험하기 전까지는 자신이 누구인지 알고 있으면서도 그 사실을 부인하려고 노력했습니다. 비유적으로 보면 바울이라는 퍼스낼리티는 육체에 치우쳐 자신의 내적 지식과 맞싸우는 자아의 전투적인 부분을 상징합니다. 그래서 처음에는 그리스도를 박해했다가 나중에 그리스도를 위해 일하게 된 그의 삶은 극단에서 또 다른 극단으로 옮겨 간 듯한 인상을 주죠. 그러나 내적인 열정이나 불꽃, 즉 그가 오랫동안 감추기 위해 애썼던 내면의 통찰력은 언제나 그의 가슴속에 살아 있었습니다. 그가 감당해야 할 삶의 몫은 육체 현실을 조작하는 것이었기에 그러한 자질이 강력하게 작용했으며 그를 지배하고 있었습니다.

역사적인 그리스도가 죽었을 때 바울은 그리스도가 남긴 영적 사상을 육체적인 표현 방식으로 구체화해야 하는 의무를 지게 되었는데 그는 그렇게 함으로써 기독교의 본래 사상을 질식시킬 조직을 키우게 된 것입니다. 세례 요한이 그리스도 전에 세상에 모습을 드러냈다면 바울은 그리스도 사후에 모습을 나타냈습니다. 이 세 사람은 함께 일정한 주기를 완성한 것이죠.

세례 요한과 역사적인 그리스도는 각자의 역할을 실천했고 그에 대해 만족했습니다. 하지만 바울은 자신의 업적에 만족할 수 없었기에 미래의 그리스도로 다시금 나타나게 된 것입니다. 이 세 퍼스낼리티가 소속된 존재인 그리스도는 이러한 문제를 잘 알고 있었습니다. 하지만 지상의 퍼스낼리티들은 그것을 인지할 수 없었죠. 비록 트랜스 상태나 의식 고양 상태에서는 많은 사실을 알 수 있었지만 말입니다.

또한 바울은 당시 인간의 발달 수준에 맞추어 고려되어야 했던 인간의 전투적인 본성을 상징하기도 합니다. 그리스도의 세 번째 퍼스낼리티가 나타날 즈음에는 그러한 전투적인 자질이 바뀌어 여러분이 아는 식의 전투성은 완전히 없어질 것입니다.

21세기에는 앞에서와 같은 정신적 발전이 이루어져 인간의 내적 본질이 수많은 제약으로부터 벗어나게 되어 있습니다. 새로운 시대에는 지상 천국이 아닌 건전하면서도 올바른 세상이 시작될 것입니다. 인류 스스로 현재의 행성과 어떤 관계를 맺고 있으며 시간 속에서 얼마든지 자유로울 수 있음을 이전보다 훨씬 잘 인식하는 세상 말입니다.

(루버트, 즉 제인은 세스가 세 번째 그리스도의 탄생 시기나 장소, 인도나 아프리카 성자들에 관한 구체적인 정보를 일부러 밝히지 않는 것이라 생각했다. 그 이유는 아마도 괜히 지명이나 시간을 밝혔다가 그러한 때와 장소에서 태어난 모든 사람에 대해 과잉 반응이 일어날 수 있기 때문인 것으로 짐작된다.)

루버트가 옳게 보았습니다만 몇 가지 사실을 더 밝히고 싶군요. 우선 그리스도의 재림에서 비롯된 새로운 종교는 기독교의 모습을 띠지 않을 것입니다. 비록 그리스도의 세 번째 퍼스낼리티가 그것을 창시하겠지만 말이죠. 그 퍼스낼리티는 역사적인 그리스도를 공부하면서 자신과 그와의 관계를 자각하겠지만 그의 내부에서는 세 퍼스낼리티가 한데 뭉쳐져 새로운 심령 존재, 또 다른 심리적 게슈탈트를 형성할 것입니다. 이러한 변형이 발생하면 내면의 능력을 받아들이고 계발함으로써 인간 차원의 변형으로 이어집니다.

그 결과 삶이 완전히 달라질 것입니다. 여러분이 갖고 있는 부분의 문제는 영적인 무지에서 비롯된 것들입니다. 그러므로 일단 자기의 현실을 깨달으면, 다시 말해 그 속에 다른 인종으로서의 삶도 포함되어 있다는 사실을 깨달으면 타 인종을 멸시하는 일은 사라질 것입니다. 또한 수많은 사회적 위치, 말하자면 갖가지 역할에 대한 자신의 체험을 인식하면 특정한 성이나 사회적인 위치를 우월한 것으로 보는 일도 없어지죠. 살아 있는 모든 것과 자신의 연결성을 느끼기 시작하는 가운데 의식의 지속성이 분명해질 것입니다. 그리고 이러한 내면의 변형으로 인해 여러분의 믿음에 토대를 둔 관습과 제도, 즉 사회적·국가적 구조 역시 변하게 되어 있습니다.

그때 인간은 지금으로서는 믿기지 않을 만큼 엄청난 이득을 얻게 되죠. 의식은 지금보다 훨씬 커다란 자유를 누릴 것입니다. 그리고 아이들은 자신의 정체성이 육체에 의존하지 않으며 기존의 시간관념은 환상에 불과하다는 사실을 배우게 됩니다. 또한 그들은 과거의 수많은 삶을 기억해낼 뿐만 아니라 자신의 미래, 즉 노인의 정신과도 동일시될 수 있습니다. 그럼으로써 연륜이 쌓여야 얻을 수 있는 수많은 교훈을 어린 나이에 얻게 되며, 노년이 되어도 젊은 시절의 영적 유연성을 잃지 않을 수 있게 되죠. 하지만 미래의 삶에 대한 지식은 몇 가지 이유 때문에 여전히 감추어져 있을 것입니다.

이러한 변화가 일어날 때, 육체적으로 그것들을 감당할 수 있도록 두뇌 속에서는 새로운 영역이 활성화됩니다. 그때는 두뇌에 대한 지도가 만들어짐으로써 물리적으로 전생의 기억을 일깨울 수 있죠. 이 모든 것이 종교의 의미가 조직적인 제약으로부터 벗어나 개인의 삶에서 살아 있는 일부분이 됨으로써, 또한 문명의 토대가 육체 지향적인 틀에서 심령 지향적인 틀로 바뀜으로써 일어난 영적 변화의 결과입니다 인간적인 체험의 폭이 워낙 넓어지는 덕분에 마치 기존의 인종이 새로운 인종으로 바뀐 것처럼 보일 것입니다. 물론 그렇다고 해서 문제가 전혀 없을 거라는 이야기는 아닙니다. 다만 지금보다는 훨씬 많은 자원을 활용할 수 있게 된다는 뜻이죠. 사회적인 틀도 지금보다 더 풍요롭고 다양하게 변할 것입니다. 이를테면 상대방의 현재 퍼스낼리티는 물론 과거의 퍼스낼리티들과 관계를 맺을 수 있죠. 가족 관계는 가장 많은 변화를 겪게 됩니다. 현재로서는 불가능한 감정적 상호 작용이 이루어질 것이며 무의식 자료를 표면 의식에서 인식할 수 있을 것입니다.

내가 이러한 정보를 밝히는 까닭은 영적 무지가 여러분이 당면한 수많은 문제들의 밑바닥에 자리 잡고 있으며, 여러분의 진정한 한계는 모두 영적인 문제뿐임을 깨닫는 것이 중요하기 때문입니다.

앞에서 언급한 세 번째 퍼스낼리티의 변형은 전 인류에게서 그와 똑같은 자질을 이끌어낼 정도로 강력한 영향력을 발휘할 것입니다. 인류에게도 그러한 자질은 언제나 잠재되어 있었죠. 다만 그것은 앞에서의 영향력을 통해 마침내 육체적 지각의 베일을 벗고 나와 지각의 범위를 새로운 방향으로 넓히게 될 것입니다.

현재 인류는 초점이 없는 상태입니다. 그런 면에서 그리스도의 세 번째 퍼스낼리티는 그러한 초점을 상징할 것입니다. 또한 그의 드라마에서 십자가형은 결코 없을 것입니다. 그 퍼스낼리티는 다차원적인 의식으로 자신의 모든 삶을 인지함으로써 특정한 성, 피부색, 인종 따위에 집착하지 않게 되죠. 그리하여 사상 처음으로 지구의 퍼스낼리티 개념을 극복한 자유로운 퍼스낼리티가 탄생하는 것입니다. 그는 자신의 선택에 따라 그런 다양한 결과를 나타낼 수 있습니다. 하지만 그때도 많은 사람이 자기 현실의 참다운 본질을 받아들이거나 참다운 정체성의 차원이 밝혀지는 것을 두려워할 수 있습니다. 나는 여러 이유에서 앞의 사실과 관련된 구체적인 지명이나 인명을 밝히고 싶지 않습니다. 그렇게 했다가는 사람들이 섣불리 그런 이미지에 매달릴 수 있기 때문입니다.

사건은 결코 예정되어 있지 않습니다. 하지만 앞에서 언급한 사건들의 틀은 이미 가능성의 세계 속에 만들어져 있습니다. 세 번째 퍼스낼리티의 출현은 역사적 그리스도의 드라마에도 영향을 미칠 것입니다. 그 드라마들 간에는 상호 작용이 존재하며, 또한 반드시 존재해야만 합니다.

587번째 대화

현재 외적인 종교 드라마는 내면의 영적 현실의 불완전한 표현물입니다. 종교사에 등장하는 다양한 인물, 신, 예언자들은 특정한 시간 주기 안에 머무는 이들이 투사하는, 집단적 의식 에너지를 흡수하고 있습니다.

그러한 종교 드라마는 육체적으로 표현되어야 하는 내적 현실에 초점을 맞추고 바람직한 방향으로 그 측면을 밝혀주고 있습니다. 이는 여러분의 세계에서만 나타나는 것이 아닙니다. 수많은 드라마가 다른 현실 세계 속에 투영되고 있습니다. 종교는 언제나 내적 현실의 겉모양입니다. 본질적이며 영적인 삶만이 육체적 삶에 의미를 줄 수 있습니다. 다시 말해 종교는 진리와 의미를 찾는 인간의 모든 탐구를 포괄해야 합니다.

외부의 종교 드라마는 내면의 개인적·영적 삶의 본질을 충실하게 반영할 때 비로소 중요성과 가치를 지닙니다. 또한 인간은 종교가 그런 내적 체험을 제대로 표현한다고 느낄 때에만 그것이 유효하다고 생각하죠. 하지만 현재 대부분의 종교는 허용 가능한 특정 부류의 체험을 설정해놓고 다른 체험은 거부하고 있습니다. 그들은 신성의 원리를 인간에게만, 특히 일부 한정된 그룹에만 적용함으로써 스스로 한계를 두는 셈입니다.

앞으로도 한 사람 한 사람의 내적 체험을 자유롭게 표현할 수 있는 교회는 없을 것입니다. 자칫하면 자신들이 신자의 내적 체험을 효과적으로 통제하는 위치에 설 수 있다는 사실을 자각하는 교회도 생겨나지 않을 것입니다. 결국 그렇게 해서 금지된 체험은 무의식적으로 표현되고 힘과 생명력을 결집하여 또 다른 형식으로, 즉 새로운 종교 드라마로 피어나게 됩니다.

드라마 자체는 나름대로 분명한 내적 현실을 표현하고 내적 자아와의 직접적인 체험을 신뢰하지 못하는 이들을 깨우치는 역할을 맡습니다. 불신자들은 상징을 실재로 받아들이다 그것이 실재가 아니라는 사실을 깨달으면 배신감에 사로잡히게 되죠.

그리스도가 아버지와 아들이라는 개념으로 메시지를 전한 까닭은 당대에는 흔히 사용되던 표현 양식이기 때문입니다. 즉, 이는 그가 내적 자아와 육체적 퍼스낼리티 간의 관계를 설명하기 위해 사용한 이야기였습니다. 어떤 새로운 종교도 사람을 진정으로 놀라게 하는 일은 없습니다. 그 드라마는 이미 각 개인의 내면세계에서 전개되어온 것이기 때문이죠.

이제껏 내가 말한 내용은 그리스도뿐만 아니라 부처에게도 똑같이 적용할 수 있습니다. 그들은 모두 내면의 관념을 받아들여 육체적으로 나타내기 위해 노력했습니다. 하지만 그들 자신은 그런 종교적 관념을 모두 합한 것 이상의 존재들이었습니다. 이 점 역시 여러분이 반드시 이해해야 할 부분이죠. 다만 마호메트는 앞의 두 성인보다 부족한 존재였습니다. 그는 폭력성이 강한 관념을 표현했죠. 그는 사랑과 친교보다는 폭력과 살인을 통한 세례와 교류를 우선시했습니다.

이런 외면의 종교 드라마에서 이스라엘 사람들도 일익을 담당했죠. 그들에게 유일신관은 결코 낯선 것이 아니었습니다. 수많은 고대 종교들이 뭇 신들을 다스리는 하나의 절대 신을 내세워왔으니까요. 하지만 고대의 절대신은 이스라엘인이 따랐던 유일신보다 훨씬 관대했습니다. 수많은 종족이 만물에 두루 퍼져 있는 성령을 믿었죠. 그들은 나무의 신, 꽃의 영혼도 언급했지만 그와 동시에 영혼들이 속해 있는 대령大靈의 존재를 받아들였습니다. 이는 모두가 조화롭게 살아간다고 보는 세계관이었죠. 이러한 고대 신앙은 인간이 자연을 관찰하며 자연 스스로 그 비밀을 드러내게 하는 매우 훌륭한 내적 현실관을 대변합니다.

반면에 이스라엘 사람들은 정의롭지만 화를 잘 내고 때로는 잔인한 감독관 신을 생각해냈습니다. 그중 여러 분파가 인간 외의 다른 종족에게도 성령이 깃들어 있다는 사실을 인정하지 않았습니다. 그들의 신관은 앞에서의 고대 신관과는 전혀 다른 관념을 투사하고 있었죠. 인간이 점차 에고를 의식하고 자연을 지배의 대상으로 받아들이면서 자연 현상이 인간의 의지에 따라 평상시와는 다르게 작용하는 식의 수많은 기적에 관한 이야기들이 만들어졌고, 그에 따라 신은 자연과 맞싸우는 인간의 맹방盟邦(서로 동맹 조약을 체결한 당사국—옮긴이)이 되고 말았습니다.

초기 이스라엘 사람들이 믿는 신은 고삐 풀린 에고의 상징이었습니다. 그 신은 막강한 힘을 가지고 분노에 찬 아이처럼 기분 내키는 대로 천둥과 번개, 불로 적들을 파멸시켰습니다. 인간의 에고가 그런 감정적이고 심리적인 문제와 도전 과제를 불러온 것이죠. 자연은 인간과 분리되어 적과 맞싸울 때 사용할 수 있는 도구로 전락한 것입니다.

이스라엘의 신관이 형성되기 전 지구상에는 때때로 그러한 경향이 분명하게 나타난 적이 있죠. 지금은 잊혀진 고대 종교에서도 신에게 호소해 자연의 힘을 움직여 적과 싸운다는 개념이 포함되어 있었습니다. 하지만 그전에는 자연과 일체감을 느끼면서 살았습니다. 그들은 자연을 존재의 확장으로 받아들였습니다. 그들에게는 자신의 일부를 무기로 이용하여 자기 자신을 해친다는 것은 있을 수 없는 일이었죠.

그 시절 인간은 새와 나무, 거미의 정령들과 대화를 하고 비밀을 털어놓았습니다. 내면의 현실에서는 그러한 커뮤니케이션이 통하고 서로를 이해할 수 있음을 알고 있었던 것입니다. 또한 의식의 활동 주기를 잘 이해하고 있었기 때문에 지금처럼 죽음을 두려워하지도 않았습니다.

어떤 면에서 인류는 기존의 심리적 틀에서 벗어나 새로운 도전 과제와 씨름하고 색다른 의식 양태로 들어갈 수 있기를 바랐습니다. 동시에 의식의 활동 과정을 공부하고 싶어 했죠. 이는 평화와 안전을 제공해주는 내적인 자연스러움과의 분리를 의미했습니다. 다른 한편으로는 새로운 창조력을 제공했지만 말입니다.

그로써 내적인 신이 외적인 신으로 변해버렸습니다. 인간은 새로운 의식 영역을 형성하고 색다른 초점과 인식을 얻고자 했습니다. 이를 위해서 내적 현실에 대한 집중을 점점 약화시키고 외부의 육체계로 투사시키는 데 치중했습니다.

그 전의 인간과 다른 모든 생명체는 자신들의 내적 통일성을 자각함으로써 자연환경을 무위로 창조하고 지각했죠. 하지만 새로운 모험을 시작하기 위해서는 그러한 내적 통일성이 존재하지 않는다고 가정할 필요가 있었습니다. 그렇지 않으면 새로운 종류의 의식은 항시 안전과 위안을 찾아 고향으로 줄달음질칠 게 뻔했기 때문이죠. 일단 모든 퇴로를 차단하고 다리를 무너뜨려야 했습니다. 물론 그렇다 하더라도 내면의 현실은 언제나 변함이 없었고 모든 것은 일종의 게임이었죠. 새로운 종류의 의식은 독자적인 초점을 유지하기 위해 내면의 현실을 외면해야 했습니다.

나는 지금 여러분을 위해 역사를 이야기하듯이 이 이야기를 전하고 있습니다. 하지만 여러분은 이 과정이 시간과는 전혀 무관하다는 사실을 명심해야 합니다. 이러한 의식의 모험은 이전에도 있었고 앞으로도 또다시 일어날 수 있습니다.

여하튼 그런 시도로 인해 외적 우주에 대한 인식이 바뀌면서 낯설고 동떨어진 대상으로 보이게 되었습니다. 그에 따라 개인에게 의존하지 않고 자연과 분리된 신의 관념이 외부로 투사되었죠. 신은 영광과 야만성, 힘과 지배욕을 갖추고 새로 부상한, 에고의 투영이었습니다. 그 모험은 불리한 여러 측면에도 불구하고 지극히 창조적인 활동이며, 인간의 주관적인 체험을 윤택하게 함으로써 현실 차원에 도움이 되는 의식의 진화입니다. 하지만 새로운 모험을 보다 효율적으로 진행하기 위해 내적 체험과 외적 체험은 서로 분리된 사건으로 비추어져야만 했습니다. 그리고 인간의 에고가 변하면서 신의 성격도 변했죠. 강력한 내적 변화는 에고의 특성을 뒷받침해주었습니다.

내면의 특성이 외부로 투사되어 에고를 형성하게 된 것은 무수한 별들의 탄생에 비유할 수 있죠. 이는 내면 현실의 주관적 수준에서 예측할 수 없는 결과를 이끌어낼 사건이었습니다. 내면에서 태어난 에고는 자신의 독립성을 자랑하면서 내적인 기원에 대한 확신으로 인해 항상 속을 태우게 되었죠.

에고는 자신의 모체인 내적 자아에 다시 흡수될까 봐 두려워했습니다. 하지만 내적 자아는 에고의 출현으로 인해 새로운 종류의 피드백, 즉 새로운 관점을 제공받고 자신에 대해서만 아니라 이전에는 의식하지 못했던 발전 가능성에 눈뜨게 되었죠. 그리고 그리스도가 탄생할즈음 에고는 신의 투영 이미지를 바꿀 수 있는 위치에 도달해 있음을 확신하게 됩니다.

내적 자아는 지금이나 그때나 끊임없이 성장하는 과정에 있죠. 그래서 개개인의 내면은 그러한 지식을 외면으로 투영했습니다. 인간 종족의 심리적·영적 필요성은 위대한 의미를 지닌 변화를 요구했으며, 그로써 이제껏 내면 깊숙이 묻혀 있던 자비와 이해의 자질이 표면에 떠올랐습니다. 그것은 개인적으로나 집단적으로 표면화되어 새로운 자극을 더하고 자연스럽게 또 다른 방향을 제시했습니다. 드디어 자아의 모든 부분을 통합시키기 시작한 것입니다.

에고가 내적 현실에 대한 자신의 의존성을 깨달으면서 신에 대한 개념은 변하기 시작했으나 그 드라마는 현재의 틀 안에서 진행되어야 했습니다. 이슬람교가 워낙 폭력적이었던 까닭은 기독교에 폭력성이 없다거나 이슬람교에 사랑이 결핍되어 있기 때문이 아니라 기독교가 근본적으로 유순한 종교였기 때문입니다. 하지만 퍼스낼리티가 발전 과정에 따른 자신과의 투쟁을 통해 일부 느낌과 특성을 강조하면서 다른 것들을 부정해왔던 것처럼 외면의 종교 드라마 역시 그런 내면의 열망, 투쟁, 그리고 탐구를 표현해왔습니다.

하지만 이상의 발전 과정을 고려할 때는 모든 현상의 밑바닥에 본질적인 힘의 영원한 측면과 창조성이 자리잡고 있다는 사실을 염두에 두어야 합니다. 다시 말해 존재하는 모든 것은 우리 모두의 근원이 되는 실재입니다. 존재하는 모든 것은 그 본성상 활동성, 의식, 현실 따위의 차원을 초월하면서 그 모든 것의 일부이기도 하죠.

모든 얼굴 뒤에는 하나의 얼굴이 있지만 그렇다고 해서 개인의 얼굴이 그 자신의 것이 아니라는 뜻은 아닙니다. 앞에서 언급한 다가올 종교 드라마는 에고가 자신의 유산을 인식할 수 있는 내적·외적 드라마의 또 다른 단계를 나타냅니다. 에고는 자신을 유지하되 자아의 다른 부분과 훨씬 많이 교류하면서 내적 자아 혼자서는 얻을 수 없는 인식의 기회를 제공할 수 있습니다

그러므로 신의 여행은 곧 외적으로 투영된 인간 의식의 여행이기도 합니다. 다만 존재하는 모든 것은 그러한 모험 속에 깃들어 있습니다. 그것의 의식과 실재는 개인 속에, 인간이 창조한 신 속에 존재하죠. 물론 이로 인해 신은 심령적 현실성을 획득하게 됩니다. 이 말은 신이 실재하지 않는다는 뜻이 아닙니다. 나는 단지 신의 실재성을 규정하고 있을 뿐이죠. 아마 이렇게 말하는 것은 어느 정도 정확한 표현일 것입니다.

"자신이 어떤 신을 선택할지 주의하라. 왜냐하면 인간과 신은 서로를 강화해주기 때문이다."

이러한 협력 관계는 일정한 자기장을 성립시킵니다. 특정한 신을 따르는 사람은 사실 자신의 투영상에 매달리는 셈이죠. 그중 어떤

이미지는 창조적이지만 또 어떤 이미지는 파괴적입니다. 다만 후자의 경우에는 좀처럼 그런 사실을 깨닫기가 쉽지 않을 뿐입니다. 존재하는 모든 것에 관한 개방적인 개념은 인간을 그러한 투영으로부터 해방시키고, 현실의 배후에 있는 영혼과 보다 효과적으로 접촉할 수 있게 해줍니다.

여러분의 세상에는 다른 현실 수준과 의식 단계의 문을 지키는 천사나 악마에 관한 이야기가 예부터 전해내려왔습니다. 그래서 아스트랄체에 대한 측량과 분류가 이루어지고 그 숫자가 밝혀져 왔죠. 그런 세계에 들어가려면 테스트를 받아야 하고 의식을 치러야 한다는 이야기도 있습니다. 하지만 이 모든 이야기는 진실을 왜곡하고 있습니다. 내적 현실을 그처럼 정밀하고 정확하게 표현하려는 시도는 오히려 오류를 불러일으켜 일을 그르치고 때로는 위험하게 만듭니다. 왜냐하면 여러분은 자신의 믿음에 따라 현실을 창조하고 삶을 만들어가기 때문이죠. 그러므로 신중하고 주의 깊게 믿음을 받아들여야 할 것입니다.

앞에서 말한 대로 선하거나 악한 결과는 근본적으로 환상에 불과합니다. 모든 행위는 겉으로 드러난 모습과는 상관없이 보다 거대한 선의 일부분입니다. 물론 목적만 선하면 악행을 저질러도 괜찮다는 뜻은 아닙니다. 아직도 선악의 결과를 받아들이는 의식 수준이라면 선을 선택하는 것이 바람직하죠.

나는 최대한 간단하게 말하려고 노력하고 있습니다. 이 문제에는 말로 설명하기 힘든 아주 심오하고 복잡한 상황이 걸려 있습니다.

대립적인 구도는 오직 여러분의 현실 세계에서만 유효합니다. 그것은 여러분의 근원적인 가정의 일부이기에 그 나름대로 고려해야 하죠.

선악의 대립적인 구도는 다른 한편으로 여러분이 이해하지 못하는 심오한 통일성을 상징합니다. 선악관은 대부분 여러분이 현재 채택하고 있는 종류의 의식에서 비롯된 결과입니다. 의식은 제한되지만 강렬한 정신적 빛에 초점을 맞추어 현실 영역에서 특정한 자극을 감지해냅니다. 그런 다음 자극들을 모아 유사점을 연결하죠. 이때 현실의 일부로 받아들이고 싶지 않은 것이 있으면 지각 자체가 이루어지지 않습니다.

바로 이런 지각의 불성립으로 인해 대립 구도가 발생합니다. 여러분은 자신이 지각하는 대로 세상을 살기 때문에 삶 속에 분명 그런 대립 구도가 나타나죠. 하지만 그동안 이러한 측면은 특정한 이유로 인해 무시되었습니다. 여러분은 에너지를 다루고 존재하는 모든 것과 함께 창조하는 방법에 관해 자신을 가르치고 있는데, 그런 발전 단계나 학습 과정 중에는 대립 구도를 현실로 다루는 상황이 포함되어 있죠.

그런 면에서 선악관은 여러분이 삶의 신성함과 의식의 책임을 깨닫는 데 도움이 됩니다. 또한 대립관은 발전 중인 에고에게 필요한 지침을 제시해주죠. 내적 자아는 대립 구도를 뛰어넘는 전체적인 통일성을 잘 알고 있지만 말입니다.

같은 역사 시기 속에서도 하나의 주요한 종교 드라마가 전개되는 동안에 다른 수많은 부차적인 드라마, 즉 사람들에게 주목받지 못한 영상들이 존재할 수 있습니다. 이것들은 가능한 사건을 의미합니다. 이 드라마들은 모두 실제 외적인 드라마와 교체될 수 있습니다. 그리스도의 시대에는 수많은 퍼스낼리티가 내적 현실의 힘을 느끼고 반응했던 만큼 그런 많은 드라마들이 펼쳐졌습니다. 바꾸어 말해 당시에는 역사적인 그리스도 외에 다른 가능한 그리스도들이 존재했죠. 그들의 드라마는 내적인 사건을 충실히 반영하지 못했지만 분명 당시에는 그런 심령적 상황에 반응하고 종교적 영웅으로서의 매력과 책임을 짊어졌던 사람이 다수 존재했습니다.

그중 일부는 시대 상황을 극복하지 못하고 그 시대의 고통과 열정에 빠지고 말았죠. 그들은 문화를 이용하기는커녕 오히려 문화에 이용당한 사람들입니다. 다양한 문화를 새로운 사상의 도약대로 이용하지 못하고 당대의 역사적 상황 속에서 길을 잃어버린 것이죠. 그중 어떤 이는 역사적 그리스도와 똑같은 패턴으로 활동하면서 심령적인 업적과 치유의 능력을 선보였고 제자까지 거느렸으나 심령적인 초점이 될 만한 능력을 갖고 있지는 않았습니다. '정의의 주'도 그런 사람 가운데 한사람이었는데 지나치게 열정적인 성격이 그의 발목을 붙잡았죠.

(당시 열심당(로마제국의 지배에서 벗어나고자 한 유대인들로 이루어진 혁명군이자 자유의 투사 집단 —옮긴이)의 지도자는 언제나 '정의의 주'라고 불렸다. 그의 신원에 대해서는 논란의 여지가 있지만 일단 그는 기원후 66년에 예루살렘에서 살해당한 유다이거나 그 뒤를 이은 조카인 듯하다.)

그의 경직성은 진정 위대한 종교 해방자가 되는 데 필요한 내면의 자연스러움을 가로막았습니다. 결국 그는 지역주의의 함정에 빠지고 말았죠. 그가 제 역할을 감당했다면 아마도 바울에 도움을 주었을 것입니다. 그는 그리스도의 본체 중에서 바울의 퍼스낼리티에 속한 가능한 자아였습니다.

이 가능한 종교적 영웅들은 드라마상에서의 역할과 존재하는 모든 것 안에서의 위치를 이해했습니다. 그들은 고도의 투시력과 텔레파시 능력을 갖고 내면의 환상과 목소리를 보고 들었죠.

그들은 꿈속에서 서로 접촉했습니다. 바울은 많은 꿈을 기억할 수 있었기에 급기야 그리스도에게 쫓기고 있다고 생각하기에 이르렀습니다. 그가 기독교인을 박해하게 된 원인도 그리스도 드라마와 관련된 일련의 꿈을 되풀이해서 꾸었기 때문입니다. 바울은 그리스도를 꿈속에서는 자신의 뒤를 쫓는 악마라고 생각했던 것이죠. 하지만 그는 무의식에서 꿈의 의미를 알았으며, 그의 회심도 그러한 내면의 체험에 뒤따른 육체적 사건에 불과했습니다.

세례 요한과 그리스도, 바울은 꿈속에서 모두 연결되어 있었습니다. 특히 세례 요한은 그리스도가 태어나기 전부터 자신의 삶을 통찰하고 있었습니다. 반면에 바울은 그의 특별한 의무로 인해 아주 강력한 에고의 힘이 필요했죠. 그로 인해 그는 셋 중에서 자신의 역할에 대해 가장 무지한 사람이었습니다. 물론 육체적인 전향을 통해 내면의 지식이 폭발했지만 말이에요.

열심당은 두 조직으로 나뉘었는데 역사의 시기에 관한 여러 가지 중요한 단서들이 들어 있는 문서가 언젠가는 발견될 것입니다. 바울은 두 열심당 중 한 그룹에 가입한 적이 있지만 그 사실은 은폐되었고 기록으로 남아 있지도 않습니다. 어쨌든 그는 한동안 열심당원으로서 이중적인 삶을 살았죠. 하지만 나중에 기독교인이 되어 로마인에게 반대하는 입장을 취하면서 열심당에도 완전히 등을 돌려버렸습니다. 그는 회심 전부터 자신의 목적과 사명을 눈치 채고 있다가 결국 스스로 발견해낸 해답을 실현하는 데 자신의 모든 열정을 쏟으면서 전폭적으로 헌신하게 된 것입니다.

APPENDIX

Q&A

롭이 세스에게 한 주요 질문과 답을 따로 정리했다.
본문을 읽으며 궁금했던 부분에 대한 좀 더 심도 있는 답을 얻을 수 있을 것이다.

Q1

수백만 명의 이야기꾼들이 있다는 이야기는
정확한 표현입니까, 왜곡된 내용입니까?

왜곡된 내용이 아닙니다. 이야기꾼들은 각자의 성격에 따라 서로 다른 재능을 갖고 있죠. 어떤 이는 다른 이보다 훨씬 많은 능력을 갖고 있고, 다른 이야기꾼에 비해 완성된 존재도 있습니다. 그들 모두는 내면의 정보를 전달하는 데 있어서 나름대로 역할을 담당하고 있습니다. 다만 진정으로 걸출한 이야기꾼은 매우 드뭅니다. 사실 위대한 이야기꾼은 30명도 채 안 됩니다. 그리스도와 부처도 거기에 포함되죠.

이야기꾼들은 비육체적 상태에서도 활기찬 삶을 보내고 있습니다. 그리스도는 그리스도로서의 삶을 살기 전에 이미 수많은 삶을 경험했고, 이는 부처도 마찬가지입니다.

최고의 이야기꾼은 내면의 정보를 해석하고 교신할 뿐만 아니라 여러분의 육체 세계에 연결된 다른 어떤 이야기꾼보다 훨씬 깊은 내면의 현실 세계 속으로 들어갑니다. 그럼으로써 내면의 자료를 더욱 풍요롭게 만들죠. 최고의 이야기꾼은 다른 대다수 이야기꾼에게 필요한 집중적인 훈련이 소용없습니다. 독특한 특성의 조합이 그런 조건을 필요 없게 만들죠.

랄프 왈도 에머슨은 또 다른 수준에서 이야기꾼이었습니다. 이야기꾼들 대부분은 육체가 있든 없든, 깨어 있든 잠들어 있든, 중간 단계이든 또 다른 현실 단계이든 존재의 모든 차원에 걸쳐 왕성한 활동력을 보이고 있습니다. 육체의 자료가 유전자 구조 속에 저장되어 있듯이, 내면의 정보는 퍼스낼리티들의 심리 구조 속에 기록되어 있습니다. 이야기꾼은 이러한 정보를 어느 누구보다 손쉽게 꺼내 쓸 수 있죠. 하지만 그런 정보를 풀어놓는 데에는 자극이 필요하며, 그러한 자극은 각성 상태나 꿈 상태에서 정보의 저장고를 열어젖히고 훈련 과정을 불필요하게 만듭니다.

| Q2 |

최초 이야기꾼의 이름을 말해줄 수 있습니까?

크게 보면 첫 번째 이야기꾼이란 존재하지 않습니다. 여러분이 동시에 열 군데에 가 있고자 하며, 실제로 그 장소 하나하나에 자신의 일부분을 보냈다고 가정해봅시다. 여러분은 10개 방향으로 자신을 나눌 수 있으며 일부분은 제각기 의식을 가지고 있습니다. 여러분은 10개의 장소에 머물고 있는 자신의 존재를 인식하죠. 이때 자신의 일부분 중 어느 것이 가장 먼저 목적지에 도달했느냐고 물어볼 수는 없습니다. 다만 그 모든 부분은 10개의 장소를 방문하기로 결정한 본래의 자아에서 비롯되었다고 말할 수 있을 뿐이죠. 이야기꾼들도 마찬가지입니다. 그들이 나타난 시공간은 그들의 본래 나고 자란 곳이 아닙니다.

| Q3 |

그렇다면 이야기꾼들이 전하는 자료의 출처는 어디입니까? 언제 어디에서 나온 것인가요?

이야기꾼들 정보의 출처는 개인 내면에 있는 실재의 본질에 대한 지식입니다. 이야기꾼들은 정보를 실감 나는 육체 용어로 보존하며 인간이 이를 내면에 묻어버리거나 억누르지 못하게 하고 의식의 주의력을 끌어오는 역할을 맡고 있습니다.

그들은 내면의 비밀을 이야기하고 어떤 문명권에서는 매우 강력한 힘을 발휘하기도 했죠. 때때로 그러한 정보를 꾸준하게 의식적에고적으로 인식했습니다. 바로 그때 그 내용을 암기하게 된 것입니다. 물론 그들은 무의식에서 언제나 그 정보를 접할 수 있다는 사실을 알고 있었습니다.

그들은 기억력을 이용하여 정보를 육체의 두뇌에 각인시켰는데, 그때 그들에게는 오늘날과 마찬가지로 내적인 삶과 외적인 삶 사이에 엄청난 상호 작용이 벌어졌죠. 그들은 꿈에서 얻은 유용한 정보를 잊지 않고 외워두었습니다. 어떤 이야기꾼은 꿈 상태에서 다른 이야기꾼의 가르침을 듣기도 했지만 다른 한편으로 육체 상태에서 얻은 정보를 꿈 상태에서 교환하는 등 양쪽 의식 상태를 폭넓게 활용했죠.

| Q4 |

이야기꾼은 육체 세계를 떠난 동안에도 우리와 함께 일할 수 있습니까?

그들은 그렇게 할 수 있고 그렇게 하고 있습니다. 당신들 두 사람 역시 육체 세계를 떠나 있는 다른 이야기꾼들에게 꿈 상태에서 훈련을 받고 있죠. 그들의 작업 중 상당 부분은 비육체 상태에서 이루어지며 지구의 삶은 매우 중요한 현장 여행과 같습니다.

| Q5 |

지금 이러한 대화도 제인과 나를 위한 이야기꾼 훈련 과정의 일부인가요?

정말 그렇습니다. 퍼스낼리티는 내면의 정보를 정상적인 각성 의식 상태에서 알아볼 수 있어야 합니다. 그런데 육체적으로 마지막 삶을 끝낼 때쯤에는 퍼스낼리티의 모든 부분이 그러한 정보에 익숙해집니다. 그렇지 않으면 또 다른 지상의 삶으로 휩쓸려 갈 수밖에 없죠. 자아의 육체 지향적인 부분도 그때쯤에는 내면의 정보에 익숙해지면서 사념의 리얼리티가 물질을 끊임없이 혁신하고 있음을 인지하게 됩니다. 그런 이들은 임종 시 부딪히는 환각 현상의 본질을 이해하며 완전한 인지력을 갖고 존재의 다른 차원으로 들어갑니다. 이때 알게 된 정보는 다른 이에게 전달되어 육체적으로 활용되죠.

| Q6 |

이전에 지상의 사람들을 인지하는 방법에 대해 설명하겠다고 말한 적이 있습니다. 또한 초감각 감지학습 시간에는 시공간 속에서 우리를 찾아내기 위해 직접 트랜스 상태에 들어간다고 말한 적이 있습니다. 이에 대해 얘기해주시죠.

나는 사람들이 자신을 인지하는 방식과는 아주 다른 방식으로 그들을 인지합니다. 그들의 과거와 미래에 속한 갖가지 윤회적 퍼스낼리티를 보는 것이죠. 하지만 그들의 가능한 자아까지 인지하는 것은 아닙니다. 나는 윤회 측면과 그런 맥락에서 나타난 다양한 표현체를 봅니다. 여러분의 표현대로 말하자면 마치 영화를 시리즈로 보는 것처럼 퍼스낼리티의 다채로운 겉모습을 관찰하는 것이죠. 물론 그들과 교신하는 중에는 특정한 현재 자아에 초점을 맞추어야 합니다.

루버트의 눈은 다차원의 지각 기능을 갖고 있지 않기에 그러한 복합적인 이미지를 지각할 수 없습니다. 반면에 나는 루버트의 눈을 통하든 통하지 않든 복합적인 이미지를 똑똑히 볼 수 있죠. 내가 루버트의 눈을 사용하는 까닭은 현재 자아에게로 초점을 좁혀 주기 때문입니다. 그러한 방식으로 여러분의 세계와 교신하는 데에는 엄청난 노력과 분별력이 요구됩니다. 나는 육체 세계 안에 사는 존재가 아니기에 여러분이 집중하고 있는 정확한 시공간 속 현실로 들어가기 위해서는 뛰어난 분별력이 필요한 것입니다.

나는 사람들의 과거와 미래 경험을 마치 현재 경험처럼 실감나게 관찰할 수 있으므로 그들이 생각하는 것이 이미 벌어졌거나 아직 벌어지지 않았다는 사실을 똑똑히 기억해야만 합니다. 그 모두가 하나로 보이기 때문이죠. 하지만 이러한 활동 패턴은 끊임없이 변합니다. 가령 사람들의 과거와 미래에 벌어진 행동과 생각의 패턴은 미래와 과거 속에서 항상 변천하고 변화합니다. 그래서 내가 분명하게 보았던 특정한 미래의 사건이 실제로 육체 세계에서는 일어나지 않을 수도 있습니다. 생각으로는 현실화 되었기에 분명 가능성 내지는 잠재력으로 존재하지만 명확한 물리적 형태로는 현실화되지 않은 것입니다. 다시 말하지만 어떤 사건도 예정되어 있지 않습니다. 내가 보았던 미래의 가능한 행위 가운데 어떤 것이 실제로 나중에 현실화되는지 알아보기 위해서는 미래의 특정한 날짜에 초점을 맞추고 모든 결과를 확인해야 합니다.

커뮤니케이션 방법은 매우 다양합니다. 이를테면 육체의 현실에 기반을 둔 퍼스낼리티는 중간 세계로 들어가는 출입구를 여러 방식으로 손쉽게 찾을 수 있습니다. 그가 줄 수 있는 정보는 자신의 육체적 체험으로 인해 제한되게 마련입니다. 반면 내 경우에는 육체적 삶의 기억이 여러분의 정신적 정보를 물리적 형태로 표현해내는 데 도움을 주죠. 여기에서는 루버트의 메커니즘도 아주 많은 도움이 됩니다. 그래서 때때로 나는 그의 지각 메커니즘으로 보는 것처럼 방안과 사람들을 살펴볼 수 있습니다. 이 경우, 나는 마치 여러분이 컴퓨터를 사용하듯 지각 데이터를 번역하거나 읽고 사용합니다.

| Q7 |

대화가 시작되기 전에 제인과 어떻게 접촉했나요?

제인의 훈련 중 상당 부분은 꿈속에서 진행되었습니다. 그녀는 종종 유체 이탈을 한 상태에서 여러 이야기꾼들에게 수업을 받았죠. 그때 얻은 정보는 때로 시의 형태로 표면 의식층에 전달되었습니다. 그녀는 집중적인 훈련을 통해 내면에 초점을 맞추었죠. 외적 환경은 그녀가 내면으로 눈을 돌려 해답을 찾게 만들었으며, 강력한 종교적 정신 구조는 초기의 성장이 이루어질 수 있는 내적 환경이 되었습니다.

| Q8 |

제인을 통해 메시지를 전하지 않을 때 우리의 일상을 알아본 적이 있습니까?

나는 그런 일을 습관적으로 하지는 않습니다. 하지만 우리는 심리적 게슈탈트를 통해 서로 연결되어 있죠. 그래서 나는 여러분의 강렬한 느낌이나 반응을 지각할 수 있습니다. 그렇다고 해서 여러분의 모든 일상사를 알고 있다거나 그 느낌을 구체적으로 분류한다는 뜻은 아닙니다. 물론 여러분의 상태를 일반적으로는 알고 있습니다. 루버트는 뭔가 기분 나쁜 일을 당하면 자동적으로 내게 그 사실을 알립니다. 또한 나는 앞에서 언급한 한계 내에서 여러분이 미래에 경험할 일들을 알 수 있습니다. 하지만 여러분이 아침에 무엇을 먹었는가 하는 것보다는 영적 생명력에 훨씬 커다란 관심을 갖고 있죠.

Q9

모든 것이 동시에 존재한다면 끊임없는 창조와 확장이 어떤 도움이 됩니까? 또 우리가 끊임없이 창조하고 있다면 존재하는 모든 것은 지금 이 순간 어떻게 완전한 상태로 존재할 수 있나요?

존재하는 모든 것은 완성된 것도 끝난 것도 아닙니다. 여러분의 3차원 시스템 안에 있는 모든 것은 동시에 발생합니다. 행위 하나하나는 쉴 새 없이 생동하는 우주의 무한한 에너지로부터 또 다른 가능성이나 행위를 창조합니다. 그러므로 전체는 부분의 총합 이상의 것이죠.

동시에 존재하는 모든 것은 끝없이 자기 자신을 창조합니다. 여러분의 특정한 가정들 안에서만 동시성과 끝없음이 서로 모순된 것처럼 보이는 것이죠. 이는 시간과 지속성의 개념에서 비롯된 왜곡된 시각과 관련되어 있습니다. 여러분이 보기에 지속성이 있다는 것은 일정한 시간의 틀 안에서 지속된 상태를 뜻합니다. 즉, 시작과 끝을 전제 조건으로 내세웁니다. 그러나 이러한 가정 밖에서 이루어진 체험은 그러한 지속성에 의존하지 않습니다. 더 이상의 체험이 불가능하거나 무의미한 끝이나 완전이란 존재하지 않습니다. 다시 말하지만 존재하는 모든 것은 무한히 이어지는 동시 행위의 근원입니다.

모든 것은 동시에 일어나죠. 시작이나 끝이 있을 수 없으며 여러분의 표현 방식대로 완전해질 수도 없습니다.

여러분이 가진 발전과 성장의 개념은 완전을 향해 내닫는 행군을 암시하기 때문에 모든 방면에 골고루 퍼져나가는 발전을 상상하기가 힘든 것입니다. 궁극적으로 완성된 신, 즉 존재하는 모든 것은 뭇 피조물의 발전을 억제할 수밖에 없습니다. 왜냐하면 신의 완전성은 더 이상의 발전이 불가능하며 창조가 끝난 시점을 전제로 내세우기 때문이죠. 물론 각 구성 요소에는 주어진 패턴을 변화시킬 자유가 없으며 오직 예정된 운명대로 진행되는 질서도 없습니다. 하지만 그러한 질서는 존재의 무한한 생성을 보장하고, 존재하는 모든 것의 특징인 창조의 자유에서 비롯된 것입니다.

무한한 생성 속에는 여러분이 완벽하다고 일컫는, 즉 창조성이 속으로 잦아들고 모든 체험이 중단되는 상태도 내재되어 있습니다. 언뜻 이러한 구도는 복잡하며 비실제적으로 보일 수 있지만 사실은 한 알의 씨앗처럼 단순한 것입니다.

존재하는 모든 것은 결코 다함이 없으며 동시 행위 속에는 무한함이 담겨 있죠. 현재 여러분으로서는 이해할 수 없는 방식으로 말입니다. 존재하는 모든 것은 가장 미세한 일부분 속에 살아 있으면서 그 속의 분자를 인지합니다. 그것은 자신의 모든 지체, 즉 뭇 피조물에게 자신의 능력을 부여합니다. 이런 능력이 영감, 자극, 기동력, 지표, 원리로 작용함으로써 각각의 피조물은 자기 자신을, 자신의 세상과 시스템을 창조해나갑니다.

각 피조물은 존재하는 모든 것으로부터 부여받은 힘과 재주를 다양한 방법으로 활용합니다. 인류는 그러한 재능을 사용하여 자신의 현실을 만들어가고 있으며 그것을 효율적으로 이용하는 방법을 배우는 중입니다. 겉보기에는 인류가 개인적으로나 집단적으로 실수를 저지르고 건강을 해치며 죽음과 불행을 불러오는 것처럼 보이겠지만 실상은 자신의 천부적인 능력을 이용하여 세계를 만들어가고 있습니다.

피조물을 관찰함으로써 능력을 더욱 잘 이용하는 방법을 배웁니다. 인간은 자신이 육체적으로 물질화시킨 결과물을 관찰하여 자신의 내적 성장을 점검합니다. 결과물, 곧 현실이 여러분의 표현대로 끔찍한 비극이나 테러로 비친다 하더라도 여전히 창조적인 업적입니다.

| Q10 |

이 세상의 고통과 아픔은 어떻게 설명할 수 있을까요?

전투 장면을 담고 있는 명화는 비인도적이면서도 지극히 인간적인 상황을 표현해낸 화가의 놀라운 능력을 보여줍니다. 화가가 그림을 통해 자신의 재능을 발휘하듯이 인류는 실제 전쟁을 통해서도 능력을 발휘합니다.

화가는 여러 가지 이유에서 전쟁 그림을 그렸을 것입니다. 이를테면 비인도적인 모습을 묘사함으로써 사람들에게 경각심을 심어 주어 전쟁을 미연에 방지하고자 한 것일 수도 있고, 스스로 정신적인 혼란과 폭력성에 사로잡혀 그런 특정한 방식으로 자신의 능력을 펼친 것일 수도 있습니다. 또는 파멸과 창조성의 문제에, 즉 창조력을 발휘하여 파괴를 묘사하는 데 매료되었을 수도 있습니다. 전쟁은 파멸을 창조하는 일에 인류의 능력이 사용된 결과입니다. 어떤 경우든 여러분은 창조력을 발휘하지 않을 수 없죠.

질병과 고통은 신이나 존재하는 모든 것, 그 외 제3자가 여러분에게 떠안긴 것이 아닙니다. 그것들은 전부 여러분 스스로 만들어낸 학습 과정의 부산물로 그 자체로는 중립적인 성격을 띠고 있죠. 여러분의 삶, 지구의 현실과 자연, 이 모든 경험이 얻어지는 전체적인 세계도 모두 여러분의 능력으로 창조한 것입니다.

질병과 고통은 창조적 에너지를 잘못 사용한 결과지만 어찌 되었든 창조의 일부분입니다. 건강과 생명력의 근원이 질병과 고통도 만들어낸 것이죠. 하지만 여러분이 고통을 멈추는 법을 터득하지 못하는 한 고통은 영혼에게 아무런 영향을 주지 않습니다. 그것이 바로 고통의 목적이니까요.

여러분의 수준에서는 그 누구도 자신의 힘을 완벽하게 사용할 수 없으며, 그 누구도 다차원적 내면의 정체성을 완전하게 물질화할 수 없습니다. 그런 내면의 정체성은 육체의 행위를 평가할 때 기준이 되는 청사진과 같죠. 여러분은 자신의 모든 잠재력을 최대한 표현하기 위해 노력하고 있으며, 이러한 틀 안에서만 건강한 몸에 건강한 정신을 가지고 정상적인 행성을 유지할 수 있습니다.

창조 에너지를 단순히 여러분이 머무는 행성과 생명을 유지하기 위해 사용한다는 것은 상상할 수도 없는 일입니다. 그러나 여러분에게 주어진 에너지가 엄청나다 보니, 이를 사용하는 데 있어서 엄청난 오류가 있게 마련이죠.

앞에서 언급한 바와 같이 모든 사람은 창조 에너지를 이용하는 방법을 배우는 중입니다. 여러분은 여전히 그런 과정 중에 있기에 종종 힘을 잘못 행사하며, 그로 인한 혼란은 자동적으로 내적인 의문을 불러일으킵니다.

| Q11 |

빛보다 빠른 입자들은 전자기 에너지 또는 EE 단위와 동일하거나 유사한가요?

나는 여러분이 인지하지 못하는 수많은 등급의 물질이 있다고 말한 적이 있습니다. 그런 입자 가운데 대다수가 여러분 세계의 빛보다 빨리 움직이는 구조를 갖고 있죠.

지구상의 빛은 여러분이 알고 있는 스펙트럼보다 훨씬 거대한 스펙트럼의 일부입니다. 다시 말해 여러분의 과학자들은 단지 3차원 시스템 안으로 침투해 들어오는 빛을 연구할 뿐입니다. 물질의 구조에 대한 연구에서도 상황은 똑같습니다.

분명 빛보다 빠른 입자로 구성된 우주가 있으며 이중 어떤 우주는 여러분의 우주와 똑같은 공간을 차지하고 있습니다. 여러분은 단지 그런 입자들을 질량감 있는 형체로 인지하지 않을 뿐입니다. 그러나 이런 입자들이 속도를 늦추면 여러분 역시 그것을 물질로 경험할 수 있죠. 이들 입자 중 어떤 것은 주기적으로 속도를 떨어뜨려 느리게 나타나기도 합니다. 그러한 입자들 내부의 운동부는 외곽의 운동부보다 훨씬 빠른 속도를 지니고 있습니다.

예를 들어 숨결이 육체에서 자동적으로 빠져나갈 때, 각 의식에서 나오는 느낌의 전자기적 리얼리티로부터 전자기 에너지체가 자연스럽게 형성됩니다. 따라서 전자기 에너지체는 의식의 방사물입니다. 사고나 감정의 강도가 그런 에너지체의 특징을 결정짓죠. 그렇게 해서 일정한 유효 범위에 도달하면 에너지체는 육체적으로 현실화됩니다. 그리고 이것은 여러분의 세계에 나타나든 나타나지 않든 잠재적인 물질이나 가상 물질로 존재하죠.

이 중 어떤 것은 보다 빠른 그룹에 들어가지만 자신의 시스템 내에서는 인지 가능한 생명력을 갖고 있습니다. 물론 빛보다 빠른 이 에너지체들은 나름대로 형태를 갖고 있죠. 그런 개체들은 수많은 영역에서 엄청난 다양성을 보이고 있으나, 모두 여러분이 인지할 수 있는 범위를 뛰어넘습니다. 그 개체들을 일괄적으로 분류하는 것은 자칫하면 오류를 불러올 수 있죠. 왜냐하면 그것들은 엄청나게 다양한 체제를 갖추고 있기 때문입니다.

여러분이 그것들을 질량감 있는 물질로 체험하지 못한다 하더라도 그 존재를 전혀 인지하지 못하는 것은 아닙니다. 그것들은 사실 사건, 꿈, 환각 등과 같은 형식으로 해석되고 있죠. 때때로 일정한 범위의 에너지체들은 시간 여행으로 해석되기도 합니다.

모든 에너지체는 육체의 사건에 색깔을 입히는 일종의 대기 상태 혹은 영상을 투영합니다. 여러분의 일부 느낌은 그러한 시스템 내에서 현실화되며 나름대로의 질량과 형태를 갖춥니다. 정상적인 현실을 창조하고 유지하기 위해서는 그것이 필요한 범위 내에서 효과를 발휘할 수 있도록 일상적인 각성 의식에 초점을 맞추어야 합니다.

하지만 여러분의 의식은 육체 세계 외에 다른 영역에서도 현실을 창조할 수 있습니다. 꿈이나 유체 이탈을 통해 의식은 빛보다 빨리 움직이며 특정한 조건에서 일부 에너지체를 인지할 수 있죠.

에너지체는 현실의 아주 간단한 초기 형태입니다. 다시 말해 각각의 환경에 맞게 발아하여 육체의 틀 안에 꽃을 피우기도 하지만 그러한 성장 요건을 전혀 충족시키지 못할 수도 있는 씨앗이죠. 어떤 현실 시스템은 빛보다 빠른 입자의 중심으로 인해 빠르게 움직입니다. 이러한 시스템의 입자들은 머나먼 거리에 있는 외곽을 향해 갈수록 리드미컬한 속도로 느려지다가 결국에는 외곽의 느린 입자들로 인해 어느 정도 중심부의 질량이 한정된 영역에 고정됩니다.

중심부에서 외곽으로 뻗어나가는 에너지체의 행위는 시스템 내에 특정한 위장 양식을 발전시키는 반면, 속도가 느려진 외곽 입자의 활동은 그 세계의 내적인 정체성과 외적인 경계를 형성합니다. 간단하게 말해서 이상이 전자기 에너지체의 활동 양상이죠. 똑같은 상황이 네거티브체나 반물질체에도 적용될 수 있지만 어떤 경우에나 여러분은 인식할 수 없습니다. 하지만 그런 세계의 활동 역시 매우 다양하면서도 많은 변화를 보이고 있죠.

본래 어떤 세계도 폐쇄된 채 남아 있을 수 없습니다. 에너지는 이 세계에서 저 세계로 자유롭게 흐르고 서로에게 스며듭니다. 세계와 세계 사이에 차단되어 있고 에너지의 흐름이 끊기는 것처럼 보이는 까닭은 위장 구조가 있기 때문이죠. 위장 구조는 여러분 자신의 가정의 틀과 한정된 초점 때문에 현실처럼 비쳐지는 것입니다.

다른 세계 속에 있는 그런 물질들의 지속성과 상대적 안정성은 그것들의 내구력을 결정짓는 강도에 따라 여러 가지 변화를 보입니다. 눈에 보이지 않는 전자기 에너지체는 물리적 입자들의 근본이 되는 핵심적인 개체를 나타냄으로써 여러분의 물질을 형성하고 있습니다.

여러분은 육체적으로 인지할 수 없죠. 오직 결과만 볼 수 있습니다. 다만 의식은 빛보다 빠르게 움직일 수 있기에 육체의 느린 입자들의 구속을 받지 않을 때는 그런 다른 현실의 일부를 인지할 수 있지만 수련을 쌓지 않는 한 경험한 것을 제대로 나타낼 수 없습니다. 육체의 두뇌는 사고나 감정을 육체의 유기체에서 사용되기에 적당한 범위와 강도를 가진 전자기 에너지체로 만들어내는 메커니즘입니다. 이런 전자기 에너지체는 물질의 심령적 건축 재료인 셈이죠.

| Q12 |

내적 진동의 접촉은 오라를 읽는 것과 유사합니까?

내적 진동의 접촉은 단순히 오라를 읽는 것보다 훨씬 더 개인적인 체험입니다. 지각 대상의 일부가 되는 것과 같죠.

(내적 진동 접촉이란 내면 감각 중 하나다. 이 감각을 이용하면 눈에 보이는 사물이 직접 되어보는 체험을 할 수 있다. 사람이든 나무든 곤충이든 풀잎이든 자신의 선택에 따라 얼마든지 체험할 수 있다. 자신의 본래 의식을 유지하면서 선택한 대상으로서 뜨거움이나 차가움 같은 감각을 느끼는 것이다. 그러한 감각은 감정 이입과 유사하면서도 훨씬 더 실감나게 이루어진다.)

| Q13 |

동물은 인간의 파편 퍼스낼리티인가요?

어떻게 보면 여러분 자신 또한 자기 본체의 파편인데 스스로는 자신이 2차적인 자아가 아닌 상당히 독립된 존재라고 생각합니다. 개나 다른 동물들은 단순히 인간에게서 떨어져 나온 심령 에너지의 파편이라고 할 수 없습니다. 동물도 인간처럼 아주 다양한 수준의 자의식을 갖고 있죠. 그들의 의식은 여러분의 의식만큼이나 실체적이고 영원합니다. 하지만 특정한 퍼스낼리티가 자신의 에너지 중 일부를 동물의 형태 속에 불어넣는 것을 막을 수단은 없습니다. 이것은 영혼의 윤회전생이 아니죠. 다시 말해 인간이 동물로 윤회할 수 있다는 뜻이 아니라 퍼스낼리티가 자기 에너지의 일부분을 다양한 형태 속에 불어넣을 수 있다는 뜻입니다.

이를테면 윤회가 끝난 개인일지라도 오래 전부터 관계를 맺어온 지구의 자연에 대한 모종의 갈망이 남아 있을 수 있습니다. 그래서 그는 자기 의식의 파편을 동물의 형태 속에 투사함으로써 자연스럽게 지구를 경험합니다. 그렇다고 해서 인간이 동물이 된다거나 그의 영혼이 동물의 몸속에 들어가는 것은 아니죠. 그는 단지 에너지의 일부분을 동물의 에너지에 보탬으로써 동물의 생명과 자신의 생명력을 뒤섞을 뿐입니다.

모든 동물에게 이런 식으로 인간 영혼의 파편이 깃들어 있는 것은 아닙니다. 반려동물을 키워본 사람이라면 잘 알겠지만 동물도 나름대로의 퍼스낼리티와 성격, 그리고 현실을 인지하는 방법을 갖고 있습니다. 어떤 동물은 체험을 게걸스레 집어삼킵니다. 그들의 의식은 우호적인 인간과의 접촉과 감정 관계를 통해 상당히 촉진됩니다. 그러나 의식의 구조는 동일합니다. 동물이라고 해서 바뀌는 것은 아니죠. 그러므로 개인의식의 발전이나 정체성의 성장에는 아무런 한계가 없습니다. 몸 안에 있든 밖에 있든 의식은 자신의 활동 범위와 수준을 찾게 마련이죠. 다시 말해 개가 또 다른 삶에서 개밖에 될 수 없는 것은 아니라는 의미입니다.

하나의 주체가 복잡한 육체를 조작하기 위해서는 일정한 수준의 의식과 지식, 에너지 조직에 관한 이해가 필요합니다. 여러분도 알다시피 의식은 개인성을 유지하는 동시에 게슈탈트에 합류하는 성향을 갖고 있습니다. 동물의 의식도 죽음 이후 다른 동류의 의식과 함께 그러한 게슈탈트를 형성하죠. 거기에서 그들의 능력이 모이고 공조가 이루어짐으로써 종의 변화가 가능해집니다.

이런 경우에도 타고난 개인성은 결코 사라지지 않습니다. 의식은 그 본성상 변화해야 하며 그에 따라 각각의 정체성도 변화되어야 하지만 갑이 을을 지워버리는 식이 아닌 갑이 을의 토대가 되어주는 식으로 이루어지죠. 그것은 마치 계단 하나하나가 없어지지 않고 차례차례 이어지는 것과 같습니다.

이러한 상호 관계에서 각각의 계단, 즉 하나의 정체성은 다른 정체성들의 체험을 통해 한층 풍요로워집니다. 앞에서 말한 바와 같이 생각은 나름대로 전자기적 실체를 갖고 여러분이 인지하든 못하든 형체를 이루게 됩니다. 생각이 떠오를 때마다 다른 현실 세계의 존재들에게 분명한 현실성을 갖는 형상과 이미지가 여러분의 내면에서 나옵니다. 마찬가지로 다른 현실 세계의 퍼스낼리티들 역시 여러분의 세계로 에너지를 보낼 수 있죠. 그런 현상은 여러분의 세계에서 비롯된 것이 아니기에 여러분으로서는 그것의 의미를 이해할 수 없는 것입니다.

| Q14 |

진화론은 사실입니까, 사실을 왜곡시키는 이론입니까?

찰스 다윈은 진화론을 증명하는 일로 말년을 보냈지만 그 이론 자체는 실질적인 근거가 없습니다. 그것은 매우 편협한 시각에서만 근거를 갖죠. 의식이 형체를 진화시키는 것이지 형체가 의식을 진화시키는 것은 아닙니다. 모든 의식은 동시에 존재하기 때문에 다윈이 주장한 식으로 진화하지 않습니다. 의식의 진화는 여러분이 무대에 등장하는 시기, 거기에서 관찰하기로 선택한 것, 그리고 그런 관찰을 위해 무대에서 맡은 역할에 따라 진행됩니다.

진화한 의식은 갖가지 패턴으로 자신의 형체를 만들어 현실 속으로 들어가죠. 의식은 어쩌다 우주 속에 흩어진 원자와 분자로 만들어진 것도, 타성적인 물질이 갑자기 활발하게 움직이면서 만들어진 것도 아닙니다. 의식이 먼저 존재하고 형체를 진화시킴으로써 그 속에 자신을 나타낸 것입니다.

이제껏 시간과 삶의 동시성에 대해 이야기해온 내 말에 진정으로 귀를 기울였다면 지금쯤이면 진화론이 성경의 창조론만큼이나 아름다운 이야기라는 사실을 눈치 챘을 것입니다. 그 둘은 모두 이야기를 전하는 데 용이한 방법으로 각자의 시스템 내에서는 현실에 부합되는 것처럼 보이지만 크게 보면 결코 그렇지 않습니다. 아무리 잠재력이 크다 하더라도, 아무리 다른 물질이 덧붙여진다 하더라도 물질 스스로 진화하여 의식을 갖출 수는 없는 노릇이죠. 의식이 없었다면 물질은 우주에 모습을 드러내지 못한 채 자신에게 현실성, 의식, 존재성을 불어넣어 또 다른 요소를 기다리며 차원과 차원 사이를 떠돌아다녔을 것입니다.

| Q15 |

시간이 동시성을 띠고 있다는 것을 좀 더 설명해주시겠습니까?

지구의 모든 시대, 즉 과거와 현재의 시대가 존재하듯 미래의 시대도 분명히 존재합니다. 어떤 생물체는 현재 시간 속에서 계발되고 있다가 여러분이 미래 시간에 도달했을 때 육체로 나타날 수 있죠. 그것은 마치 과거의 공룡처럼 지금도 존재하고 있습니다. 여러분은 단지 특정한 시공간의 영역에 의식의 초점을 맞추기로 하고 그것을 현실로 받아들이면서 다른 현실을 의식에서 배제해버린 것입니다. 복잡한 육체 형태는 이전의 간단한 형태에서 진화된 결과가 아니며 모두 동시에 존재하고 있습니다.

다만 복잡한 육체의 구조물을 구성하고 그 속에 들어가 생기를 불어넣기 위해서는 역시 복잡한 의식 구조가 필요합니다. 모든 물질 구조는 의식에 의해 만들어지죠. 소위 파편 의식은 여러분 자신의 것으로 계발되지 않은 의식에 불과합니다. 자연의 살아 있는 부분은 자아 에너지의 파편과 투영, 창조의 결과입니다. 존재하는 모든 것으로부터 나온 에너지는 여러분을 거치면서 그 자신의 이미지 표현체를 만들어냅니다. 여러분이 자신의 표현체를 만들어내듯 말이죠.

여러분은 미래를 인지하지 못하고 삶이 모든 방면으로 전개된다는 것을 이해하지 못하기 때문에 현재의 형체가 과거의 형체에 토대를 두고 있다는 이론을 논리적으로 받아들이고 있습니다. 그러면서 그런 이론을 뒷받침해주지 않는 증거에는 눈을 감아버리죠. 다시 말해 곧장 발전으로 치닫는 발전이란 존재하지 않습니다 여러분이 한 종족으로서 외부에 발산하는 파편 에너지는 곧 여러분 자신의 육체 현실에 보탬이 됩니다. 왜냐하면 외부와 내부의 절묘한 균형이 유지되지 않고는, 즉 그러한 공조가 원활하게 이루어지지 않고는 여러분의 현재 환경이 성립될 수 없기 때문이죠.

자신의 자아상을 제한하는 것은 자신을 아주 부당하게 대하는 것과 같습니다. 자신의 존재가 피부라는 경계선 안에 묶여 있지 않고 비자아로 보이는 육체 환경에까지 뻗어나간다는 사실을 이해할 때 보다 큰 정체성, 보다 많은 자유, 힘, 사랑을 얻게 될 것입니다.

자신이 생물학적으로는 지구와 그 안에 있는 모든 것의 일부라는 사실을 이해해야 합니다. 이를테면 여러분은 지구의 다른 생물과 똑같은 요소로 만들어졌고 똑같은 공기를 호흡합니다. 공기를 허파 안에 저장하고 '이것은 내 것이니 밖으로 내보내지 않겠다'라고 말할 수 없습니다. 물론 그렇게 해보면 자신이 자연에 의지하여 순간순간 살아가고 있다는 사실을 금세 깨닫겠죠.

여러분은 생물학적으로나 화학적으로 지구와 긴밀하게 연결되어 있습니다. 뿐만 아니라 지구의 환경은 여러분에게서 투영된 심령 에너지로 자연스럽게 만들어지며 인간과 계절 사이에도 심령적인 상호작용이 있음을 고려해볼 때, 자아상은 반드시 훨씬 폭넓은 관점에서 이해되어야 합니다.

그런 관점이 있을 때에야 비로소 많은 형체들이 겪는 삶의 체험을 공유하고 이전에는 상상하기조차 힘들었던 에너지와 감정의 패턴을 이해하며, 자신이 독립적인 부분으로 포함되어 있는 세계의식을 감지할 수 있습니다.

| Q16 |

당신은 시時와 분分도 각각 의식을 갖고 있다고 말했습니다. 이에 대해 구체적으로 설명해주시겠습니까?

여러분이 시간으로 인지하는 것은 여러분의 세계로 침투한 다른 사건의 일부입니다. 대개 사건을 분리하는 공간상의 움직임, 비공간적으로 사건을 나누면서 시간의 개념을 사용하지 않고는 정의 내리기가 불가능한 무언가로 해석됩니다.

하지만 실제로 사건을 나누는 것은 시간이 아니라 여러분의 지각입니다. 여러분은 사건을 한 번에 하나씩 지각합니다. 그렇게 해서 여러분에게 비추어지는 시간이란 체험의 심령적 구성이죠. 사건의 시작과 끝, 탄생과 죽음 따위는 모두 높이, 너비, 무게와 같은 체험의 또 다른 측면입니다. 그래서 어떤 결말이 특정한 체험이나 개인적인 사건의 일부일 경우에 여러분의 성장 과정이 그러한 결말을 맞는 것처럼 보이는 거죠.

우리는 지금 다차원의 현실을 이야기하고 있습니다. 전체적인 자아, 본체, 영혼은 3차원의 형체로 완전히 물질화될 수 없습니다. 다만 그중 일부가 3차원으로 투사되어 시간적으로는 오랜 세월 자신을 확장시키면서 많은 공간을 점유하죠. 하지만 영혼은 시간 요소, 즉 나이를 포함한 모든 개인적인 사건을 체험의 또 다른 특징 내지는 측면으로 바라봅니다. 그렇다고 해서 개인적인 사건의 의미가 완전히 탈색되는 것은 아니며, 단지 사건의 진정한 리얼리티가 3차원 세계에서는 제대로 나타날 수 없다는 뜻입니다. 그러한 숨겨진 리얼리티는 여러분이 인지하지 못하는 원자와 분자로 구성되어 있습니다. 그것들은 강도 면에서 육체적으로 인지 가능한 수준을 넘어서거나 못 미치는 범위에 들어가지만 각기 나름대로 의식을 갖고 있습니다.

크게 보면 분, 초, 순간은 존재하지 않지만 시간, 즉 외적 시간 사건의 배후에 자리 잡은 실재는 의식을 가진 개체들로 구성되어 있죠. 그 의식체들이 여러분에게 시간으로 비쳐지는 것을 형성합니다. 마치 원자와 분자가 여러분에게 공간으로 비쳐지는 것을 구성하듯이 말입니다.

이러한 의식체는 빛보다 빨리 움직이면서 물질화를 일으키지 않고도 물질 속에 침투해 영향을 미치는 고급 에너지의 근원입니다. 그 의식체들은 다른 세계에서는 지구와 다르게 해석될 수 있습니다.

| Q17 |

(롭은 지난밤에 유체 이탈을 경험하고 그에 관해 세스에게 물었다.)

유체 이탈 경험은 아주 즐거웠지만 그것의 엄청난 잠재력은 매우 중요한 의미를 담고 있었습니다. 우리는 어째서 그러한 능력을 자각하지 못하는 것일까요? 어째서 계발해서 사용하지 않을까요?

서구인은 외적인 방면에 에너지의 초점을 맞추고 내면의 현실을 거의 무시하는 삶을 선택해왔습니다. 그래서 서구의 사회적·문화적 측면, 심지어 종교적 측면은 자동적으로 그들이 그러한 체험을 할 기회를 억제해왔죠.

여러분의 사회는 유체 이탈과 관련하여 아무런 혜택도 제공하지 않으며 오히려 그것에 대한 금기만 잔뜩 만들어놓았습니다. 물론 이는 현재의 서구 문명에 참여한 사람들 스스로 선택한 길입니다. 또한 중용과 이해에 도달하기 전에 균형을 맞추는 작업이 필요합니다. 그래서 이전에 너무 내면에만 집중한 나머지 육체적인 조작이 서툴렀던 퍼스낼리티들은 일부러 외향적인 사회에 환생하기도 하죠. 인간은 내면과 외면의 현실을 모두 이해하고 건설적으로 사용하는 법을 배우는 중입니다.

유체 이탈은 여러분이 기억하든 못하든 수면 중에 발생하기도 합니다. 그 체험은 그만한 이유가 있을 때, 즉 모종의 쓰임새나 성취와 관련되어 있을 때, 꿈이나 유체 이탈을 매우 유익한 것으로 간주하는 사회에 살 때에만 기억할 수 있습니다.

현재 육체적인 이동을 강조하는 삶을 경험하고 있는데, 이를테면 꿈속에서 하늘을 날았던 것을 희미하게 기억해낸다면 비행기나 로켓의 발명에 대한 영감으로 이어질 수 있습니다. 하지만 자신의 의식이 실제로 몸 밖으로 나가 여행할 수 있다는 사실을 이해하고 있다면 육체적인 이동 방법을 계발하는 일에 대한 자극은 그다지 강렬하지 않을 것입니다.

| Q18 |

어떤 퍼스낼리티들이 다른 존재의 일부분일 수 있다는 말은 무슨 의미입니까?

자아에는 한계가 없으며 자아의 발전을 가로막는 장애물은 있을 수 없습니다. 어떤 퍼스낼리티는 본래 특정한 존재의 부분이었다가 발전 과정에서 관심사가 전혀 달라질 수 있죠. 이 경우, 그것은 홀로 고독한 길을 걸어가기도 하고, 자신과 관심사가 비슷한 다른 존재에게 붙거나 이끌려 들어갈 수 있습니다. 그렇다고 해서 본체와의 연결이 완전히 끊어지는 것은 아니며, 새로운 연결 관계가 이루어지고 형성되는 것이죠.

| Q19 |

전에 내면의 감각에 대해 언급한 적이 있는데 그에 관해 좀 더 이야기해주십시오.

이야기할 내용은 더 있지만 여러분의 세계에서는 거의 일어나지 않는 경험과 관련이 있습니다. 세포는 어떤 기관으로도 성장하며 몸의 어떤 부분이라도 될 수 있습니다. 다시 말해 세포는 감각 기관으로 발전할 능력을 갖고 있죠. 가령 세포가 무릎이나 팔꿈치로 성장한 경우 역시 그러한 능력은 항상 잠재해 있습니다. 그런 발전 능력은 자신의 종족뿐만 아니라 타 종족의 영역으로 확장될 수 있죠. 말하자면 모든 생물 조직에는 동물이나 식물의 생명체를 이루고 각 종족 고유의 지각 구조를 발전시킬 수 있는 근본체가 있습니다.

이론적으로 보면 여러분도 개구리나 새, 개미의 눈으로 세상을 볼 수 있는 능력을 갖고 있죠. 육체 감각에 대한 이야기이기는 하지만 내면 감각도 마찬가지입니다. 여러분은 의식이 특정한 위장 체계에 초점을 맞추는 동안 오감을 사용합니다. 하지만 여러분 내면의 자아는 그밖의 감각도 갖고 있습니다. 보통 그런 감각은 잠재된 상태로 남아 있으며, 육체 언어로 표현하는 것이 불가능해 비유를 들어야 본질을 설명할 수 있는 것도 있습니다.

| Q20 |

고대 이야기꾼들의 언어에는 그림과 상징이 들어간다고 말한 적이 있습니다. 그렇다면 제인이 당신의 도움을 받아 트랜스 상태에서 몇 가지 그림이나 상징을 복원할 수 있을까요?

가능합니다. 하지만 지금은 그것들로 연상되는 내적 이미지가 많이 왜곡되어 있어 때가 아닙니다. 문명권이 아닌 곳에서도 일부 그림 문자나 상징을 사용했습니다.

| Q21 |

제인을 통해 메시지를 전할 수 없었다면 다른 사람을 통해서 메시지를 전했을까요?

나는 다른 이들을 통해서도 이야기해왔습니다. 하지만 루버트와 나는 현재 이 일을 하기로 약속되어 있었죠. 물론 루버트가 이 일을 꼭 했어야 하는 것은 아닙니다. 만일 그가 받아들이지 않았다면 내 메시지는 다른 방식으로 이 세상에 전해졌겠죠. 특히 이런 식의 이야기들은 나오지 않았을 것입니다. 왜냐하면 이런 작업에는 파트너와 특별한 유대 관계가 있어야 하고 파트너는 분명한 퍼스낼리티 특성을 갖고 있어야 하기 때문이죠. 메시지는 다른 사람을 통해 훨씬 단순한 형식으로 전해질 수도 있었지만 나는 가능한 한 왜곡되지 않고 여러 측면에서 충분하게 표현되기 바랐습니다. 루버트가 아니었다면 메시지는 현재 여러분의 세상에 살아 있으면서 창조적인 분야에 관여하고 있는 다른 이야기꾼에게 주어졌을 것입니다.

나와 전생에 깊은 유대 관계를 맺었으면서 현재 지상에 살아 있는 이야기꾼은 당신들 말고는 아무도 없었습니다. 아마 다른 이야기꾼이 선택되었다면 지금과 같은 트랜스 상태가 아닌 꿈속에서 대부분의 정보를 전해 받아 글로 남겼을지 모릅니다. 그러나 사실 루버트는 이번 생에 이 일을 맡지 않았다면 다른 생애에서 했을 것이며, 나는 그때까지 때를 기다려야 했을 것입니다. 결정은 언제나 그의 몫이죠.

당신은 이미 이런 일이 있으리라고 예견하고 있었습니다. 오래전에 당신이 그린 그림은 이러한 심령적 활동을 확실하게 예견한 작품이죠. 지금 내 초상화가 걸려 있는 곳에 한동안 걸려 있던 그림은 조셉의 모습, 즉 당신이 당시 직관하고 있던 당신 자신의 내면의 주체를 그린 것입니다. 그 그림은 또한 현재의 수준에 만족하지 못하고 더 많은 이해와 지식을 찾는 당신의 일부를 표현하기도 합니다 이 작업에는 당신과 루버트 사이의 세속적인 관계가 필요하기 때문에 당신의 허락과 수용 역시 빼놓을 수 없는 요소였습니다.

당신들 두 사람이 부부가 되지 않았다면 이런 대화를 나눌 수 없었을 것입니다. 당신들은 똑같은 본체에 연결되어 있죠. 그래서 비록 그 본체로부터 떨어져 나왔지만 여전히 둘 사이의 내적인 관계가 작업에 필요한 힘을 더해주고 있습니다. 말하자면 당신의 존재가 접속 상태를 안정시키는 데 도움이 되는 것입니다. 게다가 당신은 루버트에게 도움이 될 만한 에너지와 자극을 일으키고 있습니다.

이러한 대화를 나누기 위해서는 적당한 사람을 선택해야 할 뿐만 아니라 많은 요소를 고려해야 하죠. 이를테면 조셉 당신의 창조적인 능력은 루버트에게는 물론 대화 자체에도 도움이 됩니다.

이 모든 일은 여러분이 현 생애를 시작하기 전에 나와 함께 결정한 사항입니다. 루버트의 지적인 의문과 뿌리 깊은 반발은 작업에 도움이 되도록 조정한 결과입니다.

이 메시지는 원래부터 믿는 사람이 아닌 지적인 사람, 그리고 자기 자신뿐만 아니라 같은 의문을 품고 있는 모든 이를 위해 의구심을 품을 수 있는 타고난 채널러를 대상으로 삼고 있습니다. 그러므로 루버트는 자신의 이해력을 높이고 발전을 계속 할수록 자기 자신 외에 자신의 길을 따라올 다른 모든 이를 위해 성공하고 있는 셈이죠. 그렇지만 다른 한편으로 그는 내면의 균형을 원했기에 당신이 부지불식간에 내적 정보의 가치와 그 자료의 중요성을 직관하는 존재로 그의 곁을 지키게 된 것입니다

물론 더 깊은 단계에서 루버트는 아무런 저항심도 갖고 있지 않습니다. 만일 현실이 그 수준의 세계였다면 루버트의 능력도 그런 식으로 발전하지 못했겠죠. 그러나 작업 초기에 비판력은 그의 에고를 안심시켜 그것이 어떤 식으로든 도외시 당하거나 상처 입지 않게 해주었습니다.

채널러가 되는 데 필요한 특성은 지극히 창조적인 사람이 되는 데 필요한 자질과 매우 비슷합니다. 특히 초기 단계에는 강력히 뒷

받침해줄 수 있는 에고가 필요하죠. 위대한 창조력에는 인격의 심각한 혼란기가 따를 수 있습니다. 이때 에고는 자신이 창조력에 완전히 압도되는 것은 아닐까 두려워한 나머지 지나치게 경직되어 창조적인 경험으로 스스로를 확장하는 일에 지장을 초래할 수 있습니다.

이러한 문제는 다른 모든 창조적 활동에서처럼 우리의 작업에서도 일어날 수 있었습니다. 하지만 루버트의 에고는 점차 그러한 경직성을 버림으로써 에고를 포함하여 전체적인 퍼스낼리티가 확장되었습니다.

존재하는 모든 것은
사라지지 않는다

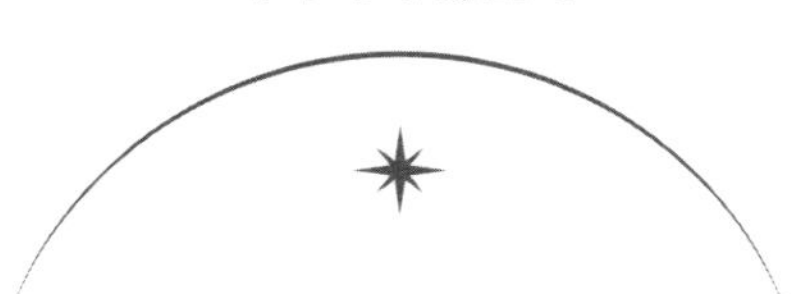